黑社會之華人幫會縱橫史

書評讚譽

馬丁·布斯的《黑社會之華人幫會縱橫史》釐清了我們對黑道的認知。書中有詳盡的細節說明三合會之起源、組成份子、目標、手段，及其無遠弗屆的影響。華人祕密幫會組織已經發展成為一種全球現象，諱莫如深的黑道中人，在布斯筆下全部鮮活了起來。這是一本大揭密的書。

——《華盛頓郵報》

一場引人入勝的追尋，探索惡名昭彰的三合會兩千年發展史……。從傳統的三合會儀式祭壇，到今天紐約黑社會仍在使用的手勢密語，三合會洋洋大觀盡在其中。

——《達拉斯早晨報》

《黑社會之華人幫會縱橫史》一書涵蓋了三合會在環太平洋各地區的活動——他們掌控澳門賭場經營，橫行香港電影製片場，只要有華人社區的地方，全球都有他們的蹤影。

——《紐約客》雜誌

【目錄】

第一篇 龍的祖先

第二篇 政客、軍閥和會黨

第三篇 木楊城內

第四篇　蛇頭與幫會

第五篇　征服蠻夷

第一篇　龍的祖先

第一章　移民到異域

今天，大約有六千萬華人居住在中國境外，占全體華人的百分之五；除了早先淪爲奴隸或後來自願外移的非洲裔黑人之外，海外華人是散居外地最大的單一少數民族。全球每個國家幾乎都有華人定居，但他們並不是動見觀瞻的一個國際族群。不論是出於天災或政治動亂而自願外移或流亡出國，海外華人大多悄悄定居，即使在若干國家已經是經濟生活的主力，依然低調地維持本身的民族認同和文化認同。只有在東南亞地區，華人已成爲最大的少數族裔，人數甚至已超過當地原住民，才使他們受到矚目。

然而，不論這些移民在哪裡，幫會組織三合會也都接踵而至，設立據點。幾百年下來，他們已經成爲華人社會無可分割的一部分。

華人大規模外徙，散布到全球每個角落，並不是近年才發生的現象；不過，過去兩個世紀外移人口數字加速成長，則是不爭的事實。華人人口外移至少已有兩千年之久，之所以鮮爲外界知曉，是因爲華人外移一直是個漸進的過程，不是突然大舉外遷。好像是中國具有東方人無與倫比的決心，慢慢地把人民「漏」出去，終至散布到全世界每個角落，而不是一舉派出士兵、商賈或傳教士，浩浩蕩蕩進犯。

中國商人不論到任何地方，不只帶去絲綢和剪刀，舊習也不輕易改變。由於深知海外居大不易，加上好幾百年來守望相助、疾病相扶持的習慣深鑄人心，他們帶著儒學的同姓、同宗、同鄉、同胞觀念，來到海外。這不但保護他們免受朝廷干擾，還可在異國陌生之地有些安全感。不論在什麼城市落腳定居，他們保持傳統與宗教信仰、文化認同，雖然與當地人混居，血緣上並不混同。

這些海外移民帶去的種種社團、組織之中，不免就有祕密社團，相沿多年，就出現了三合會。追本溯源，今天的三合會可以上溯至周朝因團結、愛國、自保而形成的傳統祕密社團。群聚一起，互相照料彼此利益，這一點很容易理解；愛國行動，則稍微複雜，需要進一步說明。

中國的帝王被視若神明，奉有天命，號稱天子，統治庶民。身爲至高主權的統治者，他不僅奉天承運統治，還得以本身的正直、孝順、仁慈爲表率，在道德、精神上號召臣民心悅誠服、效忠尊重。如果他不能維持高標準的行爲，將被視爲有負天命，臣民可以起義推翻他——這種行爲被視爲人民對天神的職責。洪水、饑荒、地震、海嘯、颱風、乾旱、日蝕、彗星等等都被視爲天神不悅的跡象，是上天不滿意帝王，認爲他有負職責的徵兆，老百姓可以起而推翻他。因此，從中國遠古歷史相沿，起義推翻不符天命的帝王，乃是天經地義的事。

中國歷史史籍所載的第一個祕密社團，起源於山東省，由於其黨羽把眉毛染紅，以示猙獰可怖（魔鬼的眉毛爲紅色），因此稱爲「赤眉」。赤眉的頭目樊崇是個愛國志士，決心推翻在西元九年顚覆西漢、篡奪大位的王莽。赤眉在倒王莽上發揮重大作用，導致王莽遇刺，東漢於西元二五年建立。王莽殞滅，赤眉繼續存在，卻成爲流寇盜匪，使得他們協助建立的東漢朝廷大爲尷尬。朝廷派兵剿撫赤眉，將軍馮翊用計，下令官兵也把眉毛染赤，伺機進剿，赤眉分辨不清敵我，在亂中被官兵殲滅。

赤眉就殲，卻締造一則歷史性的先例——一個響應愛國運動的祕密社團，立下汗馬功勞之後，卻遭到它所支持的政權迫害。

除了基於本身利益或愛國情操而結成祕密社團之外，祕密社團之成立還受到中國社會另一特性的影響——中國領土廣袤，難以推動絕對統治，不論哪個朝代，都必須分劃出有若干自主權的省、道而統治不可。中國自從西漢就建立一套文官體系，這套文官體系雖然直接聽命於皇帝的中央朝廷，卻罕與中央溝通往來。這些地方行政機構是貪瀆腐敗的上好地盤，由於它獨立、專制，又不民主，實際上很難予以拆散。這套政府組織建制，綿延歷兩千年之久，直到一九一一年民國肇建，才告終止。即使到了今天的共產中國，它的餘孽猶存，黨的幹部、各地黨委、地區機構，多少仍不脫與中央分庭抗禮之勢。

身為文官，受到高度敬畏。一般被尊稱為「大人」的文官，掌握生殺大權，在轄區內集權而來，是偌大的利益。大人既有收稅之權，又活在上貢進奉習以為常的體制裡，可以說是財富、權勢兼而有之。毋怪乎，唯一的晉仕之途——科舉考試，競爭極為激烈。每年數十萬士子參加科考，當然落第者不乏其人，不過，若非飽讀詩書，打一開始也不會有資格參與基層科考。這一來就產生大批飽讀詩書的士子，科考不第，就業任官無門，對社會體制一肚子牢騷與不滿，形成一個有顛覆傾向的次階級，對於不能接納他們的政府有著滿腹的敵意。

絕大多數的中國人，過著非常基本、十足的農業生活。中國直到現代之前，一直維持著日出而作、日落而息的農村經濟。農民生活勉可溫飽，因此很容易滿足於帶來安定和安全的東西。跟其他人團結起來，就是提供安全的一項手段。民間結社如雨後春筍般出現，以保護稻農或麥農不被市場剝削；金工、紡織工和石匠也組成相同的團體。這些團體成為科舉落第士人培養異議的理想平台。

一旦這些團體變成準政治、異議組織，勢必要轉為祕密組織。中國歷史異議份子被屠害的事例屢見不鮮，因此要保命，就必須靠成員的忠貞，而要求成員忠貞不貳，唯有嚴格執行紀律。它們運用一些如宗教和道德義務的要求。儒、釋、道乃是三大哲學或宗教基礎，三者都有它獨特、豐富的符記、形象、儀式和密語。

老子所創的道教，結合了黃教、煉丹術和祖先崇拜。把儒家的箴言再加上去，就成了社團的最愛，因爲強調家族、宗族的延續、忠誠、敬老和正義。道教有時具有顛覆性質，不時受到排斥，和佛教差不多。兩者在受到鎮壓的情況下，往往成爲祕密會社。

西元一七〇年左右，華北出現一個頗孚民望的領袖張角。張角被從徒奉爲神仙，自稱具有治病癒人的超自然力量，是老子的後人。他的聲名傳揚開來；一八〇年時，從徒成立「黃巾」組織。三年之後，在三十六名將領率領下，黃巾已控制華北絕大部分地區。黃巾原本因對政治不滿而成立，不太像政府，反倒近似具有自私動機的宗教組織。它不像歷朝的許多宗教團體那樣，以愛國主義號召，黃巾領袖追求的是個人財富。

黃巾之亂使朝廷動搖，漢室因而覆亡。大局既亂，開啓了三國爭雄時代。此後四十五年，中國分裂爲吳、蜀、魏三國。可是，在這段群雄紛起的亂世，出現三位後世傳頌的英雄人物。到了西元三〇四年，華北又分裂爲十六國，華南則建立東晉帝國。西元五八一年，隋朝一度短暫統一中國，重新建立曾遭取締的道教與佛教，重修長城，爲大唐盛世奠下基礎。然而，在唐朝治下數百年間，佛教三度遭禁，轉入地下，建立自己的祕密組織，它充滿象徵意義的儀式，成爲此後三合會儀式的精要部分。

唐朝於西元十世紀初覆亡，開啓一段史稱五代十國的四十年紛亂時期。西元九六〇年，宋朝崛起，重申儒家價値，並依傳統精神重建文官制度。但是，祕密會社依然興盛，宋徽宗時期（西元一一〇二至一九年）以盧俊義和宋江爲首的一股勢力，就非常有名（編按：即梁山泊）。宋朝末年，中國迭受蒙古侵凌威脅。蒙古人終於推翻宋室，忽必烈於西元一二八〇年自立爲元朝第一位皇帝。中國又淪於異族統治之下。

各地漢人抗拒蒙古統治，但缺乏協調統一，只集中在華南地區——南宋末代皇帝和兄弟逃到親宋勢力最強的南方，在今日香港的九龍半島建立流亡政府。然而，反蒙古勢力逐漸發展成爲三大集團：方國珍領導的一支海盜集團、曾經削髮爲僧的朱元璋集團，以及白蓮教。（編按：東晉慧遠的白蓮社，與南宋茅子元所倡的白蓮宗，皆繼承了佛教淨土思想，屬於宗教性質的社團。但其後不斷分化演變，融合各家教義，到了元中期以後出現的「白蓮教」，其祕密結社的性質大於宗教團體的性質。）

白蓮教可上溯至四世紀時，著名的佛教僧人慧遠在廬山唸佛結社，弘揚彌陀淨土信仰。該社團留下十八高賢的傳說，經歷數百年的禁佛迫害，一再改名，先後稱爲白陽會、百合會避開滲透和破獲。它也和其他宗教團體如八卦教、九宮道和天地會結合。

西元一三四四年，韓山童重振白蓮教，和劉福通、李二、杜遵道、徐壽輝等人先後起兵抗元。韓山童僞稱是宋徽宗血胤，宣稱彌勒佛即將下凡轉世爲明王。這支頭綁紅巾的大軍，搞得元朝根基動搖。曾經削髮爲僧的朱元璋，也加入這個組織。朱元璋是個經驗老道的謀略家，於西元一三六八年推翻元朝，自立爲大明皇朝洪武皇帝。過去，從來沒有一個祕密會社推翻整個政府，建立新皇朝。

明太祖洪武皇帝是漢人，這一點極爲重要。中國終於又回到漢人統治之下，一個眞正出身江南省分的漢人成爲皇帝——直到今日，中國人仍普遍有個概念：一個人的祖先愈是接近百越之地，就愈被認爲是漢人。朱元璋是漢人，也給白蓮教掙到地位，被公認是勇敢、維護國家的社團。

明祚三百年期間，大體上白蓮教不介入政治，官方未予以承認，也沒有取締（編按：朱元璋因出身會黨，對於祕密社團頗有顧忌，故制定嚴厲的法律鎮壓。但明英宗之後政策轉而寬容，民間教門林立）。然而，天啓年間（西元一六二一至二八年），白蓮教支持徐鴻儒作亂。它爲何參與反天啓皇帝的亂事？原因不詳，但是必然與某一程度的愛國情操有關：中國當時陷入乾旱、饑饉，天啓帝的法統天命動搖。北方入侵者也激起動亂，天啓帝在戰役中陣亡。（編按：徐爲大乘教〔原名聞香教〕眾，起義後即自立爲中興福烈帝。白蓮教是否予以襄助，則有待考察。）此後多年，騷亂頻仍，白蓮教卻一直蟄伏不動。一六四四年，明朝覆亡於滿人之手，清祚綿延到二十世紀。

有關白蓮教的下一項文獻紀錄，見於清朝第二任皇帝康熙於一六六二年頒發的一道上諭，把祕密社團和佛教、道教等同視之，均予取締。佛寺、道觀均被封閉。道教徒被貼上迷信的江湖術士標籤，道士販售符咒，一旦被抓到，立即處死刑。康熙可謂自陷絕境，他雖然統領全中國，同情明朝的人民卻爲數不少，終滿清一朝勢力不衰。後來的好幾道上諭，對百合會、聞香教、渾源會和洪門等祕密社團一律取締。這些祕密社團走入地下，成爲支持明祚的逆臣集結之地；它們之間相互結盟，發展出共同的儀式、祕密記號和切口。

白蓮教的名稱慢慢消失。然而，它似乎並未死亡，只是不斷發展演變，或和其他祕密社團融合。最後一次聽到白蓮教的名號，是一八一四年北京皇苑內宦官作亂，據傳是白蓮教在幕後唆使——也有一說是三杜香會、白羽會、天理教（八卦教的一支）唆使，其實它們都相互關聯。這場亂事由李文成和林清策畫，得到若干太監協助，呼應河南和山東的亂事。忠於皇室的太監敉平了內廷之亂，但省裡的城鎮遭亂軍占領，官員遭殺戮，爾後清軍才敉平亂事。河南滑縣兩萬人民雖然大多數未參與亂事，全數遭到屠戮。這是白蓮教最後一次公然發起亂事，不過它並未就此滅絕，只是參與其他團體的亂事而已。到了一九〇〇年，它在華北仍然存在，信徒禁絕菸、酒和鴉片。

白蓮教逐漸演進，改稱爲三合會，把世界看做是天、地、人等自然界三大力量的結合。三合會早年用在儀式或作戰時的旗幟，都有個三角形記號。在華人以外的世界，一般都以此一名字和記號，稱呼華人所有的祕密社團爲「三合會」（Triad）；華人則用其各自的名號稱之，或者是統而稱之爲「黑社會」。

洪門究竟確切成立於何時，今日已不可考。它可以說是由許多團體集結發展而成的一個組合。十四世紀時雖然已有一個相同名字的組織存在，洪門極可能是在一六七四年（清康熙十三年）才成立，到了一七〇〇年已經勢力牢固。洪門活動重心在廣東和福建兩省，特別是廣州。起先，它以宗教爲主，拜關帝，而今關帝已被許多祕密社團尊爲聖神。洪門爲了避免清廷鷹爪滲透，經常變換名稱。

毫無疑問，有一個人物奉大明正朔進行反清作戰，他就是著名的海上英豪鄭成功，西方人習稱他爲「國姓爺」。鄭成功在他的家鄉福建省，勢力鼎盛。他在軍事上雖然屢次告捷，終究還是被清兵逼迫退台灣。鄭成功於一六六一年率兵驅逐在台灣屯殖的荷蘭人，建立反清復明基地，進而爭取已移民到菲律賓的華人支持。但隔年他死時僅三十八歲，壯志未酬。有些人認爲洪門是鄭成功創立，其核心價值來自中國兩部著名小說，一是《三國演義》，一是《水滸傳》——後者描繪嘯聚在梁山泊的一群亡命之徒的故事。不過，這個說法並無法證實。

康熙之子雍正繼位（一七二二至三五年），更加強化其父的禁令，下詔取締各祕密社團，包括百合會、白蓮會和天地會（這是洪門最常用的別名）。洪門以天地會之名，揭櫫其道德意識改革之目標，推行宗教信念、鼓舞漢人民族意識，創造出三合會史上最著名的一句口號——反清復明。

三合會眞正的歷史起源可以追溯到雍正朝。關鍵事件乃是少林寺之毀，不過，其確切日期迄今無定論。少林寺僧人是高超的武略家，武功卓絕，協助皇帝征服西魯國。然而，當他們打敗西魯之後，卻被視爲政治上的威脅，走上和一千五百年前赤眉同樣的命運——狡兔死，走狗烹。我們將在本書第三篇詳述，三合會如何以此一事件演繹其歷史和傳承。

其他的亂事起起伏伏。一七六一年，乾隆皇帝下詔取締洪門、明尊教和白雲教。一七七五年，白蓮教劉松糾合會眾起事，亂事一直延續至一七九四年。在劉之協率領下，這支部隊橫行華西，並且擁立王發生，宣稱他是大明皇室後裔。這場亂事進行了十年之久，死者成千上萬，朝廷國庫爲之空虛。王發生後來消失無蹤。同時，另一個洪門會眾王倫亦於山東起兵，死者上萬，王本人則被捕，處以極刑。

然而，洪門繼續存活下來。

第二章　天地會

到了十八世紀，天地會發展十分順利。這個祕密的地下政治組織，在矢志反清復明的漢人知識份子領導下，藉由宗教性質的儀式結合在一起。雖然許多人當它是個政治組織，其實它更接近今天在香港及全世界各地華人社會常見的宗親、會館組織。這些宗親、會館組織成互助、交誼社團，現今經營醫院、孤兒院、寺廟、學校、老人活動中心及其他種種慈善活動，在特定節日向各界籌募經費，也接受樂善好施的生意人捐助。

天地會就是這樣的組織。中國人民的生活最多也只能以艱苦來形容。在滿清統治下，漢人結結實實受到貶抑；根據大清律，男性漢人必須剃頭紮辮以示臣服。農村經濟就在大小災難交乘而至之下熬過，中國的邊界也向外擴張——滿洲人是擴張主義的殖民主。同時，中國人口大幅成長，未開發地區逐一開墾，終至所有可耕之地全告飽合。中國人口過盛的大問題（迄今仍是全球最巨大的社會和生態環境問題），也因清朝歷代皇帝要求農民墾地務農，維持農業經濟，而益發嚴重。

農民若是沒有土地，或是找不到工作，就陷入絕境，必須向天地會這類以協助弱勢族群為職志的社團求助。土地壓力日增，農民被迫外移，離鄉背井。一旦移到異域，身為異鄉人，他們集結起來自保和互助，或者在業已存在社團的地方，他們就加入了組織。歷史就這樣重覆！彷彿周朝年間，根據姓氏、宗族和出生地為基礎，出現許多照顧自身利益的組織。華南地區在人口移動的初期，仍有土地可供開發，移民不僅建立兄弟互助組織，也組建自己的村莊，有些還築牆圍柵以抵禦外來威脅。

天地會出現之時，正是祕密社團如雨後春筍萌生的時期。其創會人出身福建省漳浦縣，徙居四川，與當地一名道士結盟，成立一個今天名字已不可稽的互助社團。後來，他們把這個社團又遷回福建。另一名和尚萬提喜（編按：僧名提喜，俗名鄭開）加入，在雲霄縣高溪村觀音亭落腳，吸收了三名信徒。他們又吸收更多從徒，把組織延伸到福建各地，再渡海到達台灣。由於民眾遷徙，這個組織擴張到廣東、廣西省，會員已涵蓋三教九流，有商人、苦力，也有儒生、不識之無的農民，以及僧道。有些是外地移居者，也有人是本地居民。天地會成為社會整合的重要媒介，把形形色色的人結合在一個共同目標之下。

做為互助組織，天地會不只擔保慈善性質的支援，還給外來移民提供認同功能，適時保護他們，在華南各地廣設社會安全網絡，成為會員的「會館」——來自同一縣府的人，群聚其下，組成同鄉會館。對於華人來講，能夠追本溯源到本鄉本家，極具文化和精神上的意義：許多海外華人，今天即使生長在異鄉他國，仍然懷抱著「歸鄉」之夢，即使只能歸葬故園，和祖先同一墳地，也是好的。對這些離鄉背井的農民而言，會館的功能萬千，它是社交集會的場所，也是臨時棲身的住所，更是營生餬口做生意的地方，同時亦辦理貸款，形同原始的銀行體系，流通資金。會館也協助成員媒合親事，料理喪葬，代辦旅行車（機、船）票和各式文件，管理本身擁有的物業財產，同時也像同業公會組合，規範生意往來規矩。總而言之，會館就像一個社會性的公司，在自設的廟寺向會館供奉的神明膜拜頂禮時，向事業有成的成員收取捐款。

天地會比起一般的會館較為開放。它沒有那麼嚴格限制入會資格，但也提供同樣的服務功能，並於提喜畫像前舉行宣誓儀式入會。所有的會員都得立誓效忠本會、奉行宗旨、保護同袍會眾，並介紹新丁入會以壯大陣容。一旦入會，會眾都獲頒（通常印在棉布或絲綢上的）花帖做爲會員證明，會裡的祕密，如手勢信號、切口祕訣和祕密的禱詞祝語，也就傳授給他知曉。

＊

天地會很快就成爲華南各地「械鬥」的工具；事實上，有許多天地會的分支組織也是純以械鬥爲目的而成立。各個不同宗族或會館集團，演變成持久性的暴力社會衝突，延續到十九世紀，成爲清廷揮之不去的治安夢魘。

天地會的資金來自許多源頭。向會館自設的寺廟捐獻現金，從置產收租，放款收利息，但是最大宗來源仍是會員上繳的會費。新會員不僅得繳交入會費、常年會費，還得向介紹入會人捐款。在會裡居於相當職位的人，因爲有權介紹別人入會，得以享有穩定收入。會費和捐奉約略等於一個普通農民的一個月所得：一八〇八年，在台灣的入會費高達兩塊銀元，可以買到一頭耕牛！在有些省分，會員必須另外繳交常年會費，才能拿到花帖。因此，會員不僅因入會得到保護而有利，也因介紹別人入會得以彌補自己的支出，可轉而收受捐款。

因此，原本天地會成立的諸多宗旨之一是保護其成員不受勒索，卻出現了榨取本身會員的現象。從此之後，距離犯科作姦也就不遠了；到了十八世紀末期，在台灣和廣東有若干天地會根本就是以行搶爲目的成立的黑道兄弟組織。他們不搶自己的會員，只搶敵對的宗族和社團之成員，而且往往以械鬥爲名進行搶劫之實。這又成了入會的另一個誘因：入會以免被搶。

此外，天地會也接受政治層面的任務。這是社團領導人有意識的抉擇，可是仍涉及若干犯罪行爲。早在一七六七年（乾隆三十二年），天地會第一次起義的領導人盧茂，就積極吸收會眾入會；在他們宣誓入會之後，獲悉將要劫掠地方官署的倉庫和財庫，以及仕紳、地主的家，好籌集反抗清廷的資金。用不著說，盧茂在這上面賺到錢，不只收取會員入會費，更在劫財上分到利潤。這場起事於翌年，奉宋室後裔趙良明之名義發動，但遭到朝廷敉平。

一八二〇年，廣東某個天地會組織攻擊和他們作對的若干村落，又掀起動亂，朝廷派兵介入。實際上，絕大多數這類自命的政治革命，其實無非就是械鬥罷了，或是誇大不實的官方紀載，根本與「恢復明祚」毫不相干。

一八〇七年，在另一場亂事之下，清廷頒布上諭取締一個「天后會」，據報，它涉及若干犯罪活動。朝廷派兵進駐華南，與天后會會眾交戰。其實，這是謊言。統率部隊的將領揣測上意，向皇帝稟報喜聽的消息，隱瞞眞相。然而，皇帝曉得眞相：這些祕密社團已藏身到諸如暹羅、交趾支那，甚至北方的朝鮮等地。因此，當局再次重申前令，剿滅這些祕密社團。主司官員聲稱已經把每個成員誅殺殆盡，這又是另一次的虛報眞情。光是要誅殺每個成員，起碼全國人口要殺掉十分之一，因爲宣誓加入天地會的老百姓已經到了數以萬計的程度。

天地會沉寂了幾年，到了嘉慶年間又以各種不同的名義復出，然而，此後天地會大多數活動局限在廣東境內，尤其以省會廣州爲主要基地。這時候，它又自稱「三河會」——此名頗爲恰當，因爲廣州正位於西江、北江和東江三條河流匯流之處。既然以廣州此一主要港埠爲基地，不久它就擴張到今天爪哇、馬來西亞等地華人移民社區，甚至遠及印度、錫蘭等地。

天地會愈是成長，清廷就愈加努力要敉平。但是，清廷未能成功。要和祕密社團交戰，難之又難。祕密社團在壓力下，益發轉入地下，其成員愈來愈成為社會邊緣人，鋌而走險，成為危險的不法之徒。

第三章　三合會的誕生

天地會由福建向外移民者建立，並不獨特；廣東人也有自己的社團。商人、碼頭裝卸工人、帳房、文員、洋商買辦、農民、木匠、中藥師傅、醫生等等，各行各業都有社團，往往也居於地下祕密結社性質。當局把它們全當做有滋事的潛在可能，因此它們多數也弄個合法門面掩護。除了合法的社團之外，那些海盜、劫匪或專業黑道份子，利用包括天地會在內的這些組織，掌控賭博、勒索、保護，甚至綁票的行當。由於若干天地會已經淪於黑道，不久所有的社團統統腐化了。

黑道兄弟組織財源廣進，除了入會費、賭博及其他犯罪所得之外，從十八世紀末期起，又從鴉片買賣大發其財。鴉片在中國絕對不合法，但是洋商，特別是英、法、美國的商人，透過開放和洋人通商的澳門、廣州等口岸，大量進口。中國生意人立刻和洋人掛鉤，行賄、打通關節，直達省級督撫大員。毒品登陸工作由犯罪組織或舢舨、帆船公會負責，他們已買通派在各地衙門的河官或文官。從商人棧房配銷出去的工作，通常交給職業歹徒經手。那些不參與毒品交易的黑道，則以行搶，或向運毒上岸的船隻收取保護費，開闢賺錢蹊徑。

和許許多多難以計數的宗親會、同鄉會會館一樣，這些團體也是各自獨立，並沒有一個中央委員會可以節制大家。不過，卻有一個俗用名詞可以涵蓋他們：洪門兄弟。這個稱呼具有重大意義，因爲它得自明朝開國太祖皇帝（譯按：洪武皇帝）；此名經常出現在佛教預卜吉凶的經文裡，做爲冥思符咒之用。「洪」字既神祕又神聖，以致大家罕把它掛在嘴上，而是把這個字分解開來。洪字左側爲三點，底部兩撇形似漢字八，正中一橫代表一，右上方則爲二十。爲了避諱，洪門兄弟就說3—8—21或5—21。

中國的祕密社團通稱爲「會」或「教」。當局則另外給它們取名爲「邪教」、「僞教」、「教匪」、「淫教」和「妖教」。所有的會、教，在政治上都屬於異議份子，不論他們還搞些什麼其他活動，這些團體統統反對皇帝的威權。領導人的權力，取代了皇帝的威權，成爲最高的絕對威權；會眾不僅因爲立下重誓而效忠領導人，更往往因爲出自同宗、同鄉而效忠領導人。有些三合會乾脆就以家族自居，而不稱爲會。

在許多事例上，尤其是海外華人地區裡，「會」成爲社會的主導力量。官方公權力微弱的地方，會就擔負起其功能。他們設立自己的法庭，審判自己的犯規違紀者，罰鍰、毆打或行刑處死；遇有爭端，進行仲裁；見證婚事和生意契約；執行社會福利活動；華人地區和地方官署之間發生衝突時，出面做中間人折衝；一旦遇到急難事件，也出來賑濟撫卹。

然而，整體而言，他們還是殘暴的非法之徒，打著「劫富濟貧」的旗號，打劫、殺害和敲詐地主與商人階級。這些人稱不上羅賓漢。他們攻打衙門官署、皇室上貢軍隊、政府店舖、皇室漕船，甚至攻打軍營、監獄，拯救同袍；但是，劫奪而來的戰利品大部分都送進會本身或領導人的金庫去。

偶而，老百姓不堪其擾，也會反擊，只不過相當罕見。原因不在三合會勢力強大，怕它報復，而是因爲受害人（還有許許多多民眾）相信，三合會具有近乎神聖的權利去爲所欲爲；他們以宗教號召組成，植根於中國歷史與傳統。《水滸傳》英雄聚義的故事膾炙人心，使得三合會沾染傳奇色彩，在中國這樣的國家，傳統具有極大的影響力。

這些會的異議不僅表現在政治層面，也呈現在宗教層面。他們的宗教觀基本上仍以儒家思想爲主，但是與正統的儒家思想不同者，在於他們又把佛、道乃至若干異教教理，和儒家思想混雜一起。這些祕密會社的儀式上，神靈與妖魔、先知與卜卦者、術士和聖賢、風水和招魂，全部都和道、佛思想混在一起，藉由這個宗教思想大雜燴，保證會眾永生和來世幸福。

三合會既重視宗教面，又追求永恆的幸福，對於構成會眾主力的農民，極具號召力。只要會能夠加強組織的此一宗教、神祕色彩，就愈發有吸引力。三合會的集會總是挑在深夜舉行，神靈充斥的時刻，地點也儘可能挑在人煙稀少的山嶺，避開農業社會朝廷勢力可及的平原和谷地。當然，夜影可以隱蔽集會，高地往往也是林木森森，難以接近，且人跡罕至，不過這些都不是重點。重點是神明居住在深山，追求永生的人必須進到山裡，設法與神明溝通。迄今，三合會的最高領導人依然被尊稱爲「山主」！

隨著十九世紀時序推進，三合會開始吸引更廣泛的成員加入。除了傳統上不滿朝廷的儒生、農民之外，新社會層級也紛紛入會。商人出於防範被搶之考量而入會。衙門官員爲了增加收入而入會（中國文官薪水向來不高，官員爲求藉助其他方法增加收入而入會，遂導致貪瀆成風）。解甲軍人也加入，原因是只有發生危機，才會徵召軍人入伍，一旦亂事稍靖，他們就解甲歸田，若是無田可歸，即淪爲流民，而流民是可以被當局處死的。十九世紀初期起，中國逐漸開放口岸與西方國家通商，廣州、廈門、福州、寧波、上海和香港等沿海口岸，湧進大批外地人口。這些新到人口，絕大部分是鄉村農民，離鄉背井，脫離了熟悉的生活環境。唯一能夠提供他們安定的因素就是祕密社團，於是乎他們成群結隊被吸收入會。

許多商人和地主之所以加入三合會，其動機卻不是購買保險；他們把三合會當做是本身增加財富的工具。簡單地說，他們投資在三合會的活動上，出資協助綁匪、提供武器和匿身住所，指認可以勒索大筆贖金的肉票對象，藏身朝廷偵測情報，積極從事鴉片生意，賄賂與他們交往的官員，或藉由名下合法事業協助銷贓。加入三合會，或與三合會配合，人人發財。富人加入三合會，是個重要關鍵。現金流通一直是個大問題，光憑入會費根本不足以支應開銷所需。三合會其實挺像金字塔式的老鼠會，必須不斷擴張，才不會崩潰。到了一八九〇年，富人參與三合會的活動已經大到成為中國開發中的經濟結構上一個主要成分。

總而言之，三合會和所有的人統統脫離不了關係。對清廷統治者而言，他們是最難纏的異議份子，危害社會秩序，襲擊各地防軍，不斷煽動叛亂。對農民而言，他們是英雄，保護、支持農民，給予農民認同的對象，經常也給予農民工作機會。對於富人而言，三合會猶如心腹之刺，但同時也是可以用來發財致富的工具。對宗教界而言，他們雖是異議份子，卻維繫住宗教的生命。對會眾而言，他們是精神和物質可以改善的依靠，符合自利的安全環境。

符合現代意義的三合會，首樁發起的亂事發生在一七八七年的台灣。林爽文在彰化東方山區發動反清戰事。一八一四年（嘉慶十九年），三合會領導人被捕處死，因而爆發第二起亂事。第三起亂事發生在一八一六年，清水教擁立某王室後人，但旋即遭官方逮捕，處以極刑。翌年，廣州一場亂事遭到官方敉平。直到一八二七年，清廷又有一場勝仗，自信大有斬獲，當然這是錯誤的認知。三合會就像八腳章魚，只是斷臂求生罷了。咸豐年間（一八五一至六一年）廣西省在李立廷等人領導下迭有亂事，造成朝廷大舉清剿，數以千計的三合會眾被迫四散逃亡。

到了十九世紀中葉，三合會已成為勢力龐大的另類次文化，徹底融入中國社會，針對朝廷官府的不公不義打抱不平，成為一股莫之能禦、無可取代的勢力。

第四章　洪秀全、耶穌和紅巾賊

鴉片戰爭期間（一八三九至四二年），廣東陷入大亂，爾後十年，開始崩解。三合會鼓動風潮，大肆招收會員，發起鬥毆，掀動反夷情緒（不過依然提供補給給洋商船隻），也高揭反清口號，推動愛國情操。整個村莊都來入會，以缺乏宗親會或同鄉會組織的偏遠地區最厲害。村裡長老主持社會秩序的權責，移交給祕密社團，而祕密社團則帶進年輕一代嚮往的新價值——神祕氣息令人嚮往，歃血為盟情同手足，教授武技可以防身，而且隱然有振翼作為的氣慨。

三合會因成功而膽氣大壯，向地方督撫大員也需索保護費！官員為了維持和平，保全性命，竟然也付錢，全然不顧上級交待的反黑幫律令，隱瞞實情不呈報上去。一八四六年，官員付保護費給黑道的消息走漏，出現新一波緝拿三合會的動作，此次動用的是從地方上召募的團練民兵。追剿行動失敗。團練既由地方紳商支付經費，紳商又與三合會互通聲息，焉能成功？三合會為了維持廣東的現況，沉寂了一陣子。其他地方，則照常活動。新加坡華商陳慶眞在廈門創立小刀會，旋即被捕，經過一番拷打之後，陳某遭絞刑而死，但是小刀會由黃位繼起領導。一八五三年，小刀會在廈門起事，占領了好幾個月，才轉進上海，於廣東籍的三合會領袖劉麗川指揮下，據守上海歷兩年之久。後來，清廷得到外國部隊之助，方才把小刀會逐出上海。劉之所以能據守上海如此之久，是因為清廷同一時間面臨一個更大的危機──忙著和太平天國亂軍作戰。

太平天國之亂由洪秀全發起。洪秀全（一八一四至六四年），生於廣州花縣福源水村（後來移居官祿土布村），是個客家農民之子。洪秀全是個怪人，可是他差點完成三合會數十年來夢寐以求的推翻滿清之任務。三合會之所以未能成功，部分是因為他們只為私人目的努力，徒眾之間不團結。洪秀全的信徒則精誠團結。

洪秀全是個儒生，曾於一八三六年參加科舉考試落第。然而，他的落榜未必是因為能力不夠。客家人是一六八〇年代由華中南遷而來的少數族裔，因此往往不被當做是本地的廣東人。儘管客家子弟參加科考，並沒有受到歧視，對於客家人多少仍有族裔偏見。另外，他在廣州應考，當地考官對他的農民出身背景也不是沒有猶豫之心。科考不第，令洪秀全和歷代儒生一樣憤懣不平，但是他沒有投向祕密社團去緩解怒意，反而走上一條不同的路途。

此時，基督教已在廣東立足。洋教士在廣州和澳門努力宣教，印行經文，爭取信徒入教。廣東人梁發（又稱梁阿發）由馬禮遜（Robert Morrison）親自施洗，信了基督，開始四處宣揚耶穌福音。這位馬禮遜可是不是尋常人，他把《聖經》譯成中文，在廣州科考闈場散發傳單給應考儒生，以宣揚基督福音。洪秀全接到一份傳單，拜讀之下，決心針對滿清皇帝、本地地主和現有宗教，發起一場聖戰。洪秀全組織一個「拜上帝會」，其宗教基礎乃是基督教（羅馬天主教和新教兼而有之）、儒、釋、道的大雜燴，再加上他自己的創見和發明。他詮釋、再詮釋、扭曲和操弄各種宗教理論，只要能吻合其需要即可。到了一八四八年，經歷和清廷之間若干初期挫敗，終於成就一支強大兵力。太平天國之所以有吸引力，可分三方面來談：第一，它以反清的愛國主義為號召；第二，它具有（某種程度的）革命性宗教基礎；第三，它主張打倒貪婪搜括的地主。

起先，滿清當局認為拜上帝會充其量只是暫時性的一個邊緣教派，不值得動用兵力鎮壓。三合會最近才在廣西省和珠江三角洲一帶大肆招攬成員，也透過位於香港（剛成為英國新殖民地）的中間人，購進西方現代武器，重新武裝起來，使得清廷大傷腦筋。三合會在著名的領導人凌十八大膽率領下，包圍梧州城，沿著由西迤邐至廣州附近入海的珠江岸邊，設立柵站，對過往船隻課徵稅款。由於此處是本地區樞紐要道，這等於是獲利豐厚的一門好生意。賭博雖不合法，在中國社會卻無所不在；廣州當局持續取締，它被迫轉移陣地，到西江上游三百五十公里的廣西省桂平去營運。當局面對黑道如此囂張，投入全力對付三合會；海盜船隊為了躲避英國人在香港周圍緝拿海盜的行動，也躲往上游。等到太平天國起義坐大，滿清當局已無力追剿，眼睜睜看著亂事如野火燒遍華南各省。

太平軍所到之處，清軍望風披靡。儘管對基督教教義一知半解，洪秀全和其信徒成為狂熱的耶穌信徒，把一股狂熱掃向中國既有的宗教和朝廷權威。寺廟道觀夷平，宗祠付諸一炬，偶像被推倒，僧尼遭屠戮，所謂「順我者生，逆我者亡」，根本沒有什麼基督徒的仁慈可言。敬畏上帝，可說另具一番意義。

三年之內，太平軍打到長江流域。一八五一年，南京城陷落。洪秀全把南京改名天京，宣布建立太平天國，自立為天王。太平天國力挺到一八六四年才告覆亡，洪秀全自殺身亡。據估計，太平之亂全中國有三千五百萬人死亡，半壁江山淪為廢墟。

究竟太平天國得到天地會何種程度的協助，迄今仍是謎團。滿清當局認定兩者結盟聯手，但是太平軍領袖卻堅決否認。他們聲稱，他們要的是建立一個全新的王朝，不是恢復一個舊王朝。洪秀全自己也頒布

「十誡」，明訂喝酒、吸鴉片和賭博為罪行，實際上指向三合會。他甚至公開指控三合會為「邪惡」。可是，眞相迄今未明。

姑不論兩者究竟有什麼聯盟關係，至多也是露水姻緣。三合會並不想和大雜燴、稀奇古怪的太平軍有長長久久的關係；太平軍在儀式上滿口《聖經》教條，祭祖拜天時行道教之禮，又承認佛教的十八層地獄之說，可是一遇到佛寺道觀，一律付之一炬，碰到僧尼道士，統統殺無赦！不過，三合會非常務實，並不積極和太平軍抗爭。這樣做，不符做生意的原則。何況，太平軍也的確能把滿清鷹犬引走，不來騷擾。

清軍忙著和太平軍交戰，三合會也不得閒，忙著在華南集結一支武力。劉麗川和小刀會進占廈門和上海，其他的三合會則包圍廣州和桂林。雖然這些成績可以輕易整合起來，可是太平軍和三合會並沒有這麼做。為什麼不做？這又是一個謎團。或許他們彼此之間的確是有某種程度的鬆散聯盟，若是整合起來，可能會侵犯到洪秀全的利益。或許他們過度伸張勢力，已無足夠財力和兵力。也可能是三合會已經失去政治意志，在黑道犯罪行為可以發財致富之下，「反清復明」的理想早已消逝。

太平軍或許未和祕密社團結盟，但是只要符合本身利益，也不吝伸出援手。他們和在華北及東北坐大歷十五年之久的「紅鬍子」互通聲息。「紅鬍子」成立於一七九七年，得到農民支持；他們把臉塗黑，鬍子染紅，乍看之下猶若戲台上出現的妖魔。紅鬍子藉全國騷動之勢崛起為一方之雄，比政府更能行公義，撫民怨，然而，到了一八六八年，終究還是被清廷敉平。

*

廣東和廣西的滿清當局一則因太平天國之亂而疲於奔命，一則也因三合會勢力坐大而焦慮，決定發動強力攻擊。然而，鎮壓行動卻帶來財政危機。由於局勢動盪，與洋商生意衰退，稅款和關釐收入都告降低，不久，清軍就餉銀不濟。爲了支應軍餉，他們就向富有的地主和商人要求捐獻；地主、富商遵命捐輸，反過頭來向佃戶提高租金，而佃戶早因颱風、洪水而收成欠佳，苦不堪言。許多農民遷離到廣州，才發現省城也陷於形同無政府狀態。補給供應被北邊的太平軍切斷。洋商不是生意清淡，就是已移碇到香港、澳門，遠離這片是非之地。不久，百姓就公然起而抗稅。官方面對此一情勢，展開鐵腕鎮壓。村民奉命要交出三合會成員，若是不從，官府就把全村老少一律處決，房舍放火燒平。這種作法可謂不智之至，正好激起民怨，海盜應運而生，率眾起事。

一八五四年，著名的紅巾之亂爆發。不消幾星期，整個珠江三角洲地區，從香港至廣州，再往澳門，然後沿海岸直到赤溪，全陷入綁上紅頭巾的十幾個叛變集團之手。他們攻打清廷辦的學校，也劫掠富有的地主，更大膽進攻地方守軍和衙門官署。在他們的煽動下，各地村民紛紛響應，成立自己的三合會，加入作亂團隊。清廷打開廣州軍火庫，幫助大地主組織團練，也有若干團練出動剿匪。但大體上，這些民間團練並不介入；畢竟，他們之中有不少與三合會暗通款曲。到了一八五四年夏天，紅巾會已完全掌握了珠江三角洲。

紅巾會情勢似乎一片大好——其實不然。他們理念相同，卻又各自爲政。不久，糧餉開始吃緊。如何籌款？如何分配地盤？在在引爆爭執。在缺乏中央領導之下，劫掠轄內富農只能逼迫民心背逆。叛黨的領導人力量薄弱，無法號令部眾，乃聽任部眾行搶，來換取他們效忠。地方仕紳因之產生異心，原本冀望紅巾來拯救他們免受清廷苛捐雜稅，豈料現在紅巾劫掠需索更勝清廷。許多戰略要衝，竟然是劫掠之地，紅巾根本不遑占領、據守。

地方上反對亂黨的力量上升，當局逐漸占了上風。一八五五年三月七日黃埔（廣州之東）之役，紅巾戰敗。當局展開大清鄉，屠戮甚重。每天都安排了集體行刑，連劊子手都得排班輪番動刀才能應付需求！此時，線民舉報大爲流行，有人因出賣鄰人而發利市，也有人挾怨報仇，械鬥可說是彼時最慘烈的行徑。

在這段恐怖時期，許多三合會眾發覺必須逃亡他鄉才能保全性命。他們必須找到清廷勢力不及的安全處所才行。他們乃成群結隊化爲船伕、苦力，逃往香港。

香港乃是英國殖民地，受到英國保護。他們在此安身，紛組新的三合會，在許多小島的山頂利用夜幕掩護，吸收黨羽入會。不消幾個月時間，他們就徹底融入本地生活。

第五章　齋教、吃教的、洋鬼子

隨著十九世紀時序推移，滿清權勢面臨新問題。一八六三年，中國境內穆斯林起事，通稱「回亂」；七年之後，中國的土耳其斯坦（Turkestan，即新疆）也發生叛亂。從一八六四年太平天國覆亡至一八八五年間，中國爆發約一百起亂事。這兩項乃是其中最大規模者。這些亂事有些是由三合會策動發起，但大部分卻與三合會不相干。許多三合會團體已改變宗旨，轉而保障會員權益，改組成勞工組合（編按：即工會）式的組織。還有許多團體，雖然脫去政治色彩，卻仍以黑道兄弟組織繼續存在，依然幹些雞鳴狗盜、勒索敲詐的宵小行徑。不過，大約同一時期，它們也找到另一個新方向：反對洋人勢力進入中國。

歐洲人最早來到中國叩關通商者，首推葡萄牙人。一五一四年，葡萄牙人在香港島西北西方二十三公里處的屯門漁村附近，建立一座碉堡和貿易站。但旋即遭到當地居民攻擊，碉堡全毀，葡人盡皆遇害身亡。直到一五五七年，中國皇室准許葡萄牙人在澳門建立據點，歐洲人才算有固定落腳處。此後，中國與西方的貿易往來逐漸上揚。

歐洲人並不以此爲滿足。中國輸往西方的物品有茶、絲、珠母貝、糖、紙、樟腦、金、銀、漆器、琺瑯器、大黃、竹和陶瓷等。中國則向西方買入棉織品、毛織品、金屬、鑽石、珍珠、鐘錶、珊瑚、琥珀，以及燕窩、魚翅——還有鴉片。鴉片之所以銷往中國，是因爲中西貿易太過失衡：洋人想要輸出的，遠大於閉關自守的中國所想輸入者，因此鴉片被用來開創市場，而它也終究不負使命。我們曉得，鴉片並非由歐洲人引進中國，早在九世紀，阿拉伯人就把鴉片賣到中國。中國人自己也在雲南種植鴉片，只是其品質不若洋人從印度或波斯所進口那麼高檔。

康熙皇帝於一六八五年正式批准中國和外洋之貿易，開放廣州供歐洲洋夷商貨往來。但是，這些夷人受到嚴格管控，住居、工作限於某一特定區內，不得任意外出。所有的生意往來受到〈八條禁例〉規範。根據這套規範，洋人不能和中國百姓直接打交道，必須透過「公行」往來。所謂公行是由八到十二個華人行商所組成的卡特爾（cartel）組織，擁有與洋人來往的專利權。公行成員必須向習稱「戶部」（hoppo）的粵海關總監申請貿易許可；這位大員藉由核發營業許可，替皇帝（當然還有他本人）賺進大筆錢，他還索取賄款，分配、打點相關人員。由於公行在法律上需對洋人一切行爲負擔法律責任，一旦洋人有所逾越，他也負責訂定罰鍰。這樣一張營業許可，代價約等於今天的五萬英鎊，還不包括行賄支出，不過依然划算。加入公行的成員變得非常富有。伍秉鑒以「浩官」的名號做生意，是一八三〇年代著名的公行成員。當他逝世時，身價超過五百萬英鎊（以當時幣值計算）。

鴉片是公行主要的進口大宗，而英國東印度公司是主要的供應商。一六六四年，英國東印度公司於澳門註冊成立，直到一八三三年，一直享有英國對華一切貿易往來的專屬特權。中國當局完全明白鴉片的害處。雍正皇帝於一七二九年頒布上諭，禁止鴉片用在醫藥之外的用途上。非法擁有鴉片者，可處以杖刑一百，及關入枷籠示眾，罕有人能熬過這項重刑。販售鴉片或鴉片煙館東主，處以絞刑；雇員施以杖刑，再徙置邊疆。走私偷運鴉片者，刑罰同上。然而，這道上諭並未禁絕鴉片進口，而進口的鴉片必須上繳重稅。生意當然照常做，皇帝也照常抽取關稅。直到一七九九年，嘉慶皇帝才頒令，禁止鴉片進口，不許吸食鴉片，也不准種植罌粟。

有組織的走私行動旋即開始。生意人和公行賄賂滿清官員，對禁令陽奉陰違，故意不認眞執行。載運鴉片的船隻往往僞裝爲洋人船隻，而且經常有武力護航。一七九九年以前，鴉片一向在黃埔卸貨，現在既已遭到官府緝拿，遂改到澳門外海，用兩艘船固定泊碇，成立一個水上交易站。後來風聲稍靖，私梟把一艘較大的船泊靠到黃埔附近水面，鴉片要運上岸就容易多了。公行商人會付出賄款，講好聽點就是「茶錢」，其實意思就是「抽頭」。

鴉片交易和卡特爾組織正好吻合三合會的運作。他們有人手可以擔任接駁船伕，他們的海盜同志對珠江三角洲的溪流岬口瞭如指掌；他們是武裝人員，一旦與官兵交手，可以推諉是「反清復明」遺孽作怪。他們的報酬極高，不時也傳出黑吃黑，把船貨統統吞沒。他們明白，雇主必須和他們通力合作，如果公行商人膽敢背叛他們，他們就會宰了他或其長子，以示報復。當然這種情況相當罕見，公行經常也是三合會事業的幕後金主。

公行和三合會是相濡以沫、互助合作。每一家洋行公司，例如怡和洋行（Jardine Matheson & Company），都透過買辦和公行打交道。這個華人洋行買辦必須是個萬事通，也是個第一等的中間人，上至達官貴人乘舢舨出遊，下至打點日常用品供應，一手包辦。買辦和公行商人一樣，屬於可以上下其手發大財的有利地位。他們不僅替洋老闆做事，也成立自己的生意。何甘棠是怡和洋行的一位買辦，他在國內各大商埠遍設自己的貿易行。何東（一九一五年成爲第一個被英王封爵的華人，西方人一般稱他爲羅伯特爵士，也是買辦出身）曾經掛名十八家公司董事，最後成爲昔日雇主怡和洋行的大股東。

很少有洋人跟三合會直接打交道。絕大多數洋人一輩子也碰不到一個三合會份子。三合會往往也刻意迴避洋人，至少在中國轄內是如此。在香港，情況就不同了。歐洲人士一定會碰上三合會份子，因爲他們在節慶之日會上街遊行，也搞些舞龍、舞獅的陣頭。就殖民地當局而言，中國祕密社團不過是東方社會一種不可免的景象，不過，它們會滋生的麻煩倒也不會被忽略。譬如說，殖民地當局起初頒布的一些律令，就和三合會有關。(一八四五年香港剛割讓給英國爲殖民地，其第一號和第十二號律令就是。)

然而，畢竟洋人在中國終究要和三合會正面碰上，其結果可說極爲可怕。

*

到了十九世紀末期，歐洲人已深入到中國內地各省。他們沿著主要河流遍設通商口岸和交易站，商業經紀人四處走動做買賣。中國經濟在外來影響之下快速成長，資本主義首次抬頭。西方國家就跟他們在非洲的行徑如出一轍，開始瓜分東方的勢力範圍。俄羅斯人伸手進入新疆和東北，奪走黑龍江以北廣大地區。英國人除了香港之外，稱雄長江流域，併呑緬甸，接受尼泊爾進貢。法國奪占安南、柬埔寨和交趾支那(今越南南部)，組成法屬印度支那。葡萄牙正式宣布擁有澳門。德國也在山東建立據點。西歐列強在各自勢力範圍內，獨占貿易，開始興建鐵路和公路，也派駐軍隊防衛。

滿清政府對於列強侵凌，一籌莫展，只能逆來順受，使得大多數漢人大爲不滿。商人特別氣憤官府，指責他們鼓勵鴉片進口，允許夷人勢力滲透，令銀洋大量流失(的確如此，銀元被用來支付鴉片貨款，由於貿易逆差大，遂大量外流)，出賣國家利益，破壞對祖先之敬拜，傷害儒釋道教條。許多生意人靠與洋人做生意而致富，彷彿無關宏旨。

對於農民而言，洋人的出現沒有帶來任何損益，不管是誰統治這片土地，似乎都與他們無關。農民的農耕生活多半不受影響，只有住在城市或通商口岸的居民，才得利於逐漸增加的貿易和小規模的工業發展。然而，他們受到祕密社團的影響，也開始蔑視洋人。

出賣國家這項指控，對於以「愛國護民」自居的三合會可謂正中下懷。他們視夷人如毒害，可是又明白，有洋人的地方，就有生意可以做；貿易興盛，就會產生富商，他們就有機會敲詐勒索，大發不義之財。可是，有一種夷人他們不能容忍。這些人不是商品交易商，而是心靈交易商——傳教士。

基督教傳教士在國家沒有提供多大保護之下，就湧進中國各省，成立教會醫院和學校，照顧病患，爭取華人改信基督教——這些人通常被稱做「吃教的」（Rice Christians），指的是他們爲了塡飽肚子才信奉基督教。其實，這頂帽子不公平，雖然爲數不多，的確有若干人成爲極爲虔誠的基督徒。

三合會不喜歡傳教士，有幾個原因。第一，基督教提供了有別於祕密社團的宗教思想，對他們構成威脅。很可能，打著基督教旗號的太平天國能成功，正是基督教信仰強大潛力的另一個跡象。第二，傳教士得到其母國政府的保護，這些洋政府又與清廷友善，因此傳教士被視爲是同情清廷的人。第三，傳統中醫不好的病，往往被傳教士醫生治癒。第四，傳教士教師往往教導學童一些有違宗族、家庭傳統的東西，尤其是破壞對祖先的崇拜，簡直是數典忘祖。基督教傳教士人數雖少，但遍及中國各地，又有良好組織，著實令三合會憂心，深怕他們若是有了大批信徒追隨，豈不就是祕密會社的末日？

仇外、仇視傳教士的情緒，大體是由若干祕密社團所煽動；它們若非實質上的三合會團體，也全都和三合會有盟友關係。它們打出各式各樣的旗號，如：金丹會、八卦教、九宮道、一柱香教、白蓮教（我們並不清楚這是原來的白蓮教再現江湖，還是新組織借用舊名）、哥老會和齋教等等。根據羅馬天主教駐香港主教的統計，在一八八〇年代，全中國有三千六百多個形形色色的祕密社團，不過其中有不少只限於一村、一姓；而且此一統計爲了宣傳目的，毫無疑問也有諸多誇大之處。

上述社團當中，以齋教最有名。這個大型教派成立於福建省，劃分爲九大群，各由一個人負責領導轄下農民信徒。它具有宗教色彩，但並不是具有現代素食意義的人士組成，信徒是接受漢方草藥治療的人士，又結合了三合會的敬祖禮佛和儒、道思想。據說，它的信徒能夠藉由草藥戒除鴉片煙癮；這使得它不僅有正面的反夷可信度，還有執行社會善事的名譽。他們藉由收取入會費籌募經費，也像僧尼一般靠化緣過活，只不過捐款的人未必是爲了心靈救贖的目的，而只是爲了保命罷了。他們的主要儀式和一般的三合會儀式不同。貢品呈給下列八種蔬果之神：瓜乾和瓜子、紅棗和黑棗、金橘和陳皮、核果和龍眼乾。龍眼是齋教的象徵。

從一八八五年起，排外、反基督教的攻擊事件開始出現，並逐漸增多。教會被攻擊，中國教徒被毆打或殺害，禮拜堂遭火焚。到了一八八七年，據信大刀會和白蓮教在山東省結合起來，針對洋人，尤其是對基督教會發動恐怖攻擊。他們聲稱，參加入會儀式，喝了奠酒、佩掛護身符之後，傳教士的刀槍都傷不了他們，這一年迅速號召到大批信徒，讓住在偏遠地區教會和交易站的洋人大爲恐慌。一八九〇年（光緒十六年），四川省龍水一座天主教堂遭到三萬名民眾攻擊（編按：龍水鎮位於大足縣，史稱「第二次大足教案」）。然而，這個運動不久就沉寂下去，領導人被處死，徒眾也回到原本的農民生活。

到了一八九一年底，中國各地一再發生針對基督教會的攻擊事件。廣州、澳門和香港的洋人報章一致抨擊，指控中國祕密社團指使、教唆。列強也向清廷抗議，但朝廷並沒有採取動作。可能是清廷不願意去捅三合會這個馬蜂窩，也可能是自忖沒有能力對付他們。朝廷當然也不希望被人民看做是和夷人站在同一邊對抗人民，無論這些人民是如何被剝奪，或反抗帝國的統治。

列強外交官認爲，仇視教會主要出於政治動機，旨在擾亂太平天國覆亡以來列強與滿清皇室已有的友好關係，並孤立依舊是祕密社團主要打擊對象的滿清皇帝。可是，這個解讀並不正確。因爲，祕密社團並沒有良好組織，他們只是利用仇視傳教士做爲工具，製造動亂，藉機牟利。

很少人記得基督徒遭到屠殺的情況。理由很簡單：罕有人僥倖活下來，講出事件經過。不過，西方世界的確保有若干鮮明的目擊者紀錄。有一則故事是發生在一八九五年八月一日，福州西北西方八十公里華山地區，替英國聖公會婦女宣教會（the Church of England Zenana Missionary Society）工作的傳教士家庭，遭到齋教殺害。這批傳教士住在古田南方二千英尺高的山區。他們蓋了幾座房舍居住，卻在這裡遇害。齋教教徒大清早由通往古田的小徑走來。上午六點四十五分許，幾個傳教士的子女在森林裡摘花。其中十一歲的凱莎琳・史都華（Kathleen Stewart）描繪經過如下：

蜜德莉和我在屋子外，我們稱之爲花園的山坡邊摘花。因爲這一天是修伯特的生日，我們打算摘些花裝飾餐桌。我們看見有些男人走來，起先我認爲他們是苦力。蜜德莉看到他們持長矛，叫我趕快逃，可是我害怕地躲進草叢裡，希望他們或許看不見。可是，他們看到我，抓住我，扯住我的頭髮往房子拉，到了房子前，我跌倒，他們開始毆打我。

她設法掙脫，跑進屋裡。暴徒尾隨進去，把她的雙親殺了，弟弟修伯特被打成重傷；女佣海倫娜・葉洛璞（Helena Yellop）想保護嬰兒，也給殺了。桑德斯家的妮莉和托璞絲兩姊妹，也被亂刀砍死。蜜德莉和凱莎琳被暴徒追殺，前者被刀嚴重砍傷，凱莎琳的腳差點從膝部被砍斷。雖然受了重傷，她們仍掙扎著從育嬰室救走小嬰兒伊兒。齋教教徒找來一桶媒油，放火燒房子。這些孩子逃過一劫，不過修伯特翌日還是傷勢過重，宣告不治。

原本因宗教信仰差異而滋生的事件，一轉眼變成打劫。許多場合都是重演這齣戲碼。原先可用來做裝飾詞的道德掩護，立即惡化成貪婪自利的醜劇。

三合會錯估了情勢。他們原本認為，攻打教會可以令夷人喪膽，逃離中國。不料，事與願違，攻擊的效果是適得其反。夷人更加堅定意志，也找到新藉口來干擾中國事務。華山屠殺事件只會使傳教士堅信：「上帝之子也會執干戈作戰。我們知道誰將是勝利者。」

*

在這數十年裡，不僅只有傳教士和商人受苦受難，反清情緒亦十分高漲。一八八六年，廣東出現三千多名客家人執戈而起，反抗官吏高壓的事件。事件很快遭到官府敉平，首腦逃亡到香港和新加坡，有些人則乾脆在華南沿海當起海盜。六年之後，又發生一樁類似的事件，一樣迅速遭到敉平。

這都只能算是小騷動，只是歷史洪流裡少許外國人遭到攻擊的事件罷了。可是，它們替一場大動亂舖下基礎，這場大動亂改變了列強對中國的態度，也改變了中國未來的發展途徑。

義和拳於十八世紀中葉成立於河南省。它是八卦教的分支（編按：此說法承襲清朝勞乃宣的《義和拳教門源流考》），早期領袖（可能也是創始者）郜生文於一七七一年遭官方處死。高死後，徒眾散去，躲到河南、江蘇、山東和陝西各省。西方人士稱義和拳為「拳民」（Boxers），此名是替上海《華北日報》

（*North China Daily News*）撰文的傳教士所取，他們練習一種手腳並用、踢箱子的武術，用在赤手空拳作戰，有點像今天的泰國拳。

義和拳成爲中國祕密社團使用暴力的象徵。它的興起，對中國政治局勢起極大的推波助瀾功用。儘管太平天國覆亡之後，滿清當局發憤練兵，打造現代武備，一八九四年中日甲午之戰，中國仍然慘敗於日本之手。中國輸掉的不只是面子。俄、法、德三國協助中國交涉（譯按：以免遼東半島被日本占領），但是轉而要求中國借一筆款項做爲國家現代化之用。英國反對，未果；中國承諾以年利百分之四，借來四億金法郎。俄羅斯更乘勢需索，取得清廷同意，准許西伯利亞鐵路穿過東三省，駛抵海參崴。

清廷在列強施壓下，簽署了一系列條約，做出種種喪權辱國的讓步。英國人在香港擴大勢力，於一八九八年簽下一紙九十九年的租約，取得新界。英國另外爭取到中國開放更多通商口岸，重劃中緬國界，並且透過英資匯豐銀行（Hongkong & Shanghai Bank）對中國興建全國鐵路網計畫，提供融資放款。法國也要求清廷開放更多通商口岸，設立租界。德國要求租借山東膠州灣爲艦隊加煤、補給基地；清廷不許，德皇逕自下令艦隊強行占領。中國屈服，還同意授予德國採礦、修建鐵路的權利。俄國堅持租借大連灣、旅順，並且興建鐵路，連接西伯利亞鐵路。凡此種種既成事實，逼得中國顏面全失。

此時，出現一股維新運動，要求改革。這一派人士認爲，中國應師法新近戰勝天朝的日本，採行泰西各國之長，實施現代化，必能在十年內成爲不可輕侮的大國。維新派說服光緒皇帝接受他們的主張；一八九五年七月十九日，上諭要求各省督撫實施改革，推動現代化。但是強硬的傳統派人士以及皇族成員，包括恭親王和慈禧太后在內，都反對革新。不過，一八九八年，改革措施開始出現：科舉考試大改造；鼓吹商、農、礦、工業；設立京師大學堂，革新教育；廢除若干督撫官位。這些措施必然使滿清政府、人民和祕密社團的某些人大爲不痛快。

局勢變得動盪不安，慈禧太后覺得她必須有所行動。到了十月，因爲擔心軍方出手干預，慈禧太后接管兵權，決心阻斷改革，把光緒幽禁在紫禁城裡一座小島上，立慈禧寵信、夙平仇外的端王之子溥儁爲王儲。大體上認爲中國未來就是力圖提振軍力，而非維新改革。外交政策，以及國內處理洋人的政策，可就十分明顯了——中國不對外發動戰爭，但也不接受外來侵略。

政策既然如此公開承認，也就無怪乎祕密社團日趨活躍。這裡蘊含著一個機會，可以捍衛中國、消滅夷人和傳教士，爭回面子和國格，或許——只是或許——也有機會同時得以推翻滿清。當時，國內局勢也是一項因素。一八九八年八月，山東和直隸境內的黃河決堤，淹死數以千計人民，大批農田和家畜也都遭到沖失（譯按：作者在此誤稱直隸爲今之安徽省，應是河北省）。次年，稻作歉收，全國又鬧蝗災。即使北京也出現糧食短缺現象。按照傳統觀念，皇帝必然有過失，人民會起而反對這樣一個失去天命的君主。不過，現代政治這時卻起了作用。皇帝或許有過失，但洋人更應負責。洋人搞來什麼上帝，惹惱中國諸神。中國的基督徒竟然不許參加「本土」節慶，也不許參加帶有宗教色彩的社區活動，更不准敬拜自己的祖先。不僅神明生氣，連祖先在地下有知，也要動怒。

一八九八年五月，在孔夫子的老家山東省，祕密社團活動開始增強。山東巡撫張汝梅奉旨調查，維持秩序。他遵旨辦理，義和拳也首次見諸官方文書。然而，此時義和拳改稱「義和團」，以民兵團練自居。一連五個月並沒有作亂，只是一再搧風點火，舉行公開遊行，叫囂「驅逐洋人」的口號。他們也散發傳單，揚言「打倒洋鬼子的宗教」。基督教經常被詆毀是「天豬叫」（把基督畫成一隻釘在十字架上的豬）。外國人被輕蔑地稱做「白鬼子」、「夷人」、「外國豬」或「大鼻子」。

數以千計的農民被吸收加入義和拳；不過，絕大部分並不活躍，他們加入只是爲了不遭欺凌毆打。儀式包括宣誓、唸咒以及表演拳術；練拳被認爲是神聖之舉，因爲能促進注意力集中、強健體魄，也能提振精神。過程中也有集體催眠，由上級頒發護符，保護佩戴者不受洋人槍彈所傷。義和拳自稱能夠控制自然因素，特別是雨。好像就沒有人想到，如果他們眞能夠控制雨水，豈不是就能避免當時的旱、澇之災？

拳勇服飾很簡樸。在普通衣物之外，頭綁紅色頭巾，腰纏紅色腰帶，腳綁紅色綁腿。掛在脖子上、懸在胸口兩側的是一條類似基督教傳教士的聖帶；另外，還繡有一小紅布，用黑墨寫著「扶清滅洋」。

吸收入會者並不限於男人。十二歲以上的男童可以加入青年隊，十二歲至十八歲的少女則參加「紅燈照」，由一個自稱具有神力的婦人「黃蓮聖母」率領。紅燈照的女眾走到哪兒，都持小紅紙燈，據說，紅紙燈往空中拋去，不分遠近，要哪座房子起火就能讓它夷爲平地。

一八九八至九九年那個冬天，拳亂加劇；到了一八九九年三月，整個義和拳運動起了大變化。山東巡撫易人，由反洋、反革新的毓賢出任。他是由統管重要官職任派的慈禧太后欽點的方面大員，一八九九年由夏入秋，義和拳到處滋事，殺害基督徒，火燒基督教堂。若是拳勇被官方逮捕，毓賢反倒把逮捕拳勇的官員打下大牢。十二月初，在列強外交官施壓下，毓賢遭罷黜，調回北京，可是新任巡撫還是奉指示，照樣寬貸。

一八九九年除夕夜，義和拳殺了第一個洋教士布魯克斯（Brooks）。英國人抓到兇手，立刻由英國領事開庭審判，裁定有罪，迅速處死。中國當局正式表示遺憾，但毫無動作。

北邊的直隸（譯按：原文誤作安徽）也發布一系列命令，准許各村鎮組織地方自衛民兵，形同開放准許義和團招兵買馬。一九〇〇年五月發生一起嚴重的反基督徒暴亂，一千名義和拳殺害六十八名基督徒，受害人大多爲華人。直隸總督裕祿沒有什麼行動，只說應該緝兇。朝廷要他別輕舉妄動，否則會招致大禍。官方的政策是：外國人必須加以保護，但拳勇不宜用武力彈壓。

義和拳受到鼓勵，只要碰上有外國影響的事物一概動手破壞，他們侵入房舍、殺害基督徒、拆毀鐵軌、燒毀火車站、搶劫工廠、切斷電報線。到了六月的第一個週末，局勢已非官方所能掌控。軍方奉命介入，展開剿滅拳匪動作，可惜事已太遲。義和拳向北京推進。

六月一日，英、美、俄、法、義、日組成一支僅有三百四十人的多國部隊，來保護被困在北京城裡一小塊洋人居住區內的外國代表團。北京之南，義和拳殺害了兩名英國傳教士，同時，象徵洋人影響的北京跑馬場，閱兵台也被燒了。義和拳開始和其他祕密社團交相搶劫店家，殺害百姓。

慈禧太后原先並不太願意進行反洋人行動。這個狡猾的老太太對洋人頗有戒心，對他們的能耐也心知肚明。洋人只要有一支千人部隊，就能殲滅至少十倍的清軍。她已經向外交壓力低頭，接下英國駐北京公使竇納樂（Sir Claude MacDonald）的一封半官方書函。竇納樂在書函裡已提醒她，英國不能接受她悄悄把幽禁的光緒皇帝廢黜的作法。慈禧太后雖然接受他的建言，卻愈來愈厭憎洋人。六月六日，慈禧太后下詔安撫義和拳，不過也批准彼輩若反抗、作亂，當局即予彈壓。大學士剛毅夙來同情義和拳，「叛黨」領袖被召來和他碰面。義和拳要求軍隊後退，不要攻打他們，而是去攻打天津的洋人部隊。剛毅雖然沒有掉轉兵力攻打洋人，倒是接受他們第一項要求，處罰兩個反義和拳的縣官。義和拳形同可以決定政策。

三天之後，端親王命令清軍阻止由英國海軍將領西摩（Sir Edward Seymour）率領的一支聯軍，由天津乘坐火車入京。同一天（六月十日），大批義和拳民湧入北京，京師陷入無政府狀態。

西摩率領的這支聯軍有兩千一百二十九人，其中半數爲英國部隊。聯軍六月十一日坐上火車，由天津出發，在廊坊與義和拳遇上，擊敗拳匪，向北京挺進，旋即遭到更大股的拳匪伏擊，被迫撤退。日本使館書記杉山彬也在北京街頭遭到拳匪殺害。所謂義和團之亂正式開始。

外國財產和教堂紛遭放火，使館守衛亦被攻擊。外僑退入使館區。聯軍派出武裝小組冒險進入北京城，企圖搶救中國基督徒。能被救的，畢竟是少數。六月十六日，由英、美、日使館守衛組成的一支巡邏隊，碰上一群拳匪正在一座廟裡殺害基督徒，把他們切腸剖肚、斬首！巡邏隊開槍，擊殺四十六名拳匪。性愛遊山玩水、兼任《泰晤士報》北京特派員的莫理森（Dr. George Morrison）就殺了六個。清軍袖手旁觀，倖免者得救。

滿清當局接下來的動作就等於是求戰了。它照會各國使館，要求西摩退兵。但是，即使各國使節團想答應，也辦不到，因爲義和拳早把電報系統切斷！慈禧太后召開御前會議，下詔徵召所有年輕、健壯的拳勇加入部隊。

清廷和列強的外交關係終於崩解。使節被要求離開中國，否則就面臨軍事後果。慈禧太后此時相信，洋人啓釁，侵略中國，中國即將亡了，但是她絕不能背著列祖列宗去向洋人投降。六月二十一日，清廷宣布向列強開戰，義和拳要和清軍共同驅逐夷人出境。

就困在使館區裡的人來講，宣戰與否，並無關宏旨。他們從六月十八日起就被義和團團團圍住，遭到一波波的攻擊。（義和團也一波波倒下，號稱刀槍不侵的護符根本起不了作用。）這一圍就圍了五十五天，直到一萬七千名八國聯軍攻抵北京，打敗義和團，並且火燒圓明園，劫掠紫禁城。在這段期間，有六十六個洋人被殺，八人死於疾病或自然因素（其中六人爲嬰兒），受傷者不到兩百人。使館區內另有三百多名華人死亡。包圍圈之外，拳匪和清兵死者一度堆了三層。究竟總共死了多少人？無從知道，但必然極多，可以千爲單位計算。這並不奇怪，因爲絕大多數拳匪用的武器是刀劍、中國傳統的長矛；即使配備現代來福槍的清軍和拳匪，也不曉得怎麼使用。洋人從死者手上拿過來的槍，有許多連準星都校不準。

慈禧太后和朝廷百官亦出亡北京，西狩西安。一九〇一年九月七日，滿清和列強簽署和約，中國政府承諾分期四十年，支付四億五千萬兩銀子的賠款（以當時計，約略等於六千八百萬英鎊），退讓更多的貿易權利，准許列強在中國領土派駐軍隊，以防日後發生類似事件，同時由海岸至北京維持一條安全走廊。

朝廷百官既已倉皇離京，義和拳形同瓦解，農民歸田耕作，傳教士不再受害，商人再度深入中國內地省分做生意。有些拳匪加入其他黑道組織，有些則加入具有政治意義的三合會，從此更堅信滿清喪權辱國，必須徹底把它打倒。

義和團之亂乃是中國歷史上祕密社團活動的頂峰。自從少林寺和尚協助皇帝驅逐夷人離開中國以來，從來沒有一個祕密社團和官府正式結盟。它失敗了，而且是在列強干預下失敗的。此間諷刺意味十足。然而，這場亂事也展現出祕密社團的潛在力量，它很快就在中國歷史上扮演重要的新角色；它們不再在政治上卑躬聽命，而會在政府決策過程扮演樞紐角色。

第二篇　政客、軍閥和會黨

第一章　孫逸仙和新帝國

義和團之亂過後，中國陷入一片混亂。清室與民間日益脫節，政客和權力掮客紛紛卡位，舊秩序逐漸瓦解。看來滿清氣數已盡，一個新中國在混亂中崛起。

變革，部分出於外國之影響。中國學生紛紛出洋留學，香港、上海等十里洋場的中國男性雖然身穿長袍，也戴上美式軟呢帽。海外華人覺得時機已到，應建立新秩序，應幡然放棄滿清猶豫不決的作法，敞開胸懷接納前瞻的現代化。

滿清王朝最後如何覆亡；在其中，會黨扮演何種角色，都要往上再追溯二十五年前，一個農民之子的誕生。

孫逸仙生於一八六六年，原名孫文，在家中三個男孩排行最幼。孫文的父親是個勉可餬口養家的農民，在廣東省香山縣（澳門北方）的老家翠亨村兼當更伕。孫文的大哥孫眉，比他年長十五歲，於一八七〇年代初期移居夏威夷，經商有成。孫眉起先在農場打工，後來開店供應同鄉，並把盈餘拿來在茂宜島（Maui）購買土地，蓄養牲口。他在一八七八年回到廣東，遵父親之命結婚，並說服母親讓年僅十二歲的孫文跟他一起到夏威夷。

孫文在夏威夷先進入火奴魯魯（Honolulu）——華僑稱之為檀香山——的一所英國國教教會學校唸書，旋即升入歐胡學院（Oahu College）。他認真向學，對基督教教義頗感興趣，立志將來要當個淑世救人的醫生。孫眉對於幼弟研習基督教義，大為震驚，趕緊把他送回中國。回到中國的孫文，卻裡外不能適應。他部分出於無聊，部分出於叛逆個性，參加了地方上一個三合會組織。當時，香山縣附近有若干三合會活動，在農民之間惹是生非。孫文跟著這些新夥伴學起武術，還為了打破迷信，跑到廟裡褻瀆神像，因而被逐出鄉里。他只好前往香港，投宿在朋友家，並進入一所英國教會學校唸書，再轉入中央書院（Queen's College，今皇仁書院）。孫文在十八歲時由香港的美國傳教士喜嘉理（D. Charles Hager）施洗，成為基督徒。喜嘉理給他取另一個中文名：逸仙。

孫眉認為這個小弟需要嚴加管教，把他召回夏威夷，讓他在店裡擔任店員。孫逸仙厭惡這份工作，加入檀香山的一個三合會組織，向朋友及此一三合會夥伴借了盤纏，不顧大哥的意見，又返回中國。二十歲的他，在廣州進入博濟醫院附設醫校。孫眉對弟弟如此意志堅決，一心學醫，十分動容，也就原諒他不告而別，答應替他出學費。後來，他又轉學到新設立的香港大學醫學院，自此改變了一生。

英屬殖民地香港是中國革命思想的溫床，三合會成員若在中國覺得不安全，就躲到香港來。他們在這處殖民地勢力興旺，掌控了華人生活的每一層面——或至少插足每一個層面。碼頭苦力、黃包車伕、街頭小販、鴉片煙館老闆、妓院老鴇、剃頭師傅，甚至街頭藝人，全都要向三合會交納「保護費」，要不就是成為其中的一員。三合會開設廟宇，主辦宗教慶典；鴉片在香港合法，三合會卻走私鴉片，逃避高額稅款；對於在本埠卸貨的米糧、麵粉，課收相當費用，並且經營苦力棲身客棧，控制市場。

孫逸仙又加入香港當地之三合會，並與何啓交好。何啓是個醫生，又到過英國研習法律，也是律師，他還是三合會成員，且是老一派的三合會，堅決主張反清復明，四處宣講滿清之腐敗。孫逸仙結交另一位醫學院同學鄭士良，兩人皆有強烈的反清思想。鄭士良出身廣東客家農村，也是三合會成員，和華南各地三合會有深刻交情。鄭士良精嫻三合會各種祕語，提到發動革命時，可以借重會黨力量。孫逸仙也結識陳少白，陳成為孫往後十年事業上的左右手。

孫逸仙的另兩位革命夥伴是楊鶴齡和尤列（編按：時人稱陳少白與孫、楊、尤等人為「四大寇」）。楊鶴齡是香港「中和堂」的山主，尤列的地位也不低，是宣法，可能也屬於中和堂。他們也向孫逸仙提到會黨的政治潛力。他們攜手合作把中和堂發展成為其政治鬥爭的流動總部。由於與其他三合會組織（不分是否為黑道）保持良好關係，中和堂發展成為一個極有效率的情報蒐集組織。

一八九二年畢業後，孫逸仙在澳門成立一家中藥舖兼看診，但旋即被當局關閉。他遂搬到廣州，開設一系列藥舖，開放給朋友來經營（這些朋友往往都是三合會成員）。這些藥舖販售西藥及中國傳統藥方，也動些簡單的外科手術。他在香港醫學院唸書時，即在實驗室裡製作簡易炸藥，現在技藝更加精進。儘管有這些祕密活動，他還未全心全意從事革命，仍存有科舉仕宦之念頭，因而上書給當時漢人文官首輔的李鴻章。孫逸仙明白，晉身權力之階是取得官職。一八九四年，他抱著親自陳述意見的理想，北上天津，求見李鴻章。途經上海，有個星期天上午，他在摩爾美以美教堂外，經人介紹見到一名華裔商人宋查理（即宋嘉樹）。

宋嘉樹和孫文兩人極為相似。兩人都出身華南，受過西方教育，受洗為基督徒，都有雄心壯志，而且說一口流利的英語。兩人都是三合會成員。

宋嘉樹的身世相當離奇。他本名韓教準，出生在海南島。少年時期赴美國，為南北戰爭時期曾任南軍軍官、後因香菸業致富、樂善好施的朱利安・卡爾（Julian S. Carr）所收養。宋嘉樹虔信基督，於一八八〇年十一月七日受洗，聖名爲查爾斯・瓊斯・宋（Charles Jones Soon）。身爲美以美教派信徒的卡爾，在這個中國青年身上看到可以教育成傳教士的特質。卡爾打算栽培他，然後送回中國宣揚美以美派教義。他資助宋到北卡羅萊納州德翰（Durham）唸三一學院，再進入范德畢大學（Vanderbilt University）深造。一八八六年元月，美以美會派遣宋以牧師身分，回到中國展開宣教工作。

宋在卡爾支持下（現在他自稱宋查理），開辦美華書館，印行中、英文版的《聖經》、讚美詩、祈禱書、美以美教派論文和教育性質書籍。卡爾卻不知道，宋查理也是上海若干三合會組織的幹部，它們也出錢資助美華書館。這些組織包含了三合會（孫逸仙也是會員），以及勢力強大的紅幫。一八九二年，宋查理向南方美以美中國宣教會請辭，投身支持中國革命。

紅幫不只是個黑道組織或政治性的兄弟會，而是中國最有勢力的一個祕密社團，在上海和長江流域極有影響力，從雇用苦力到河船營運，無所不管。由於幕後財力雄厚，表面上是一個互助組織，帶有愛國色彩；其實，這是一個組織精良、慓悍的黑道團體。其高級成員包括商人、買辦、大官、金主；在上海，要想出人頭地，若不是加入紅幫爲成員，就得和紅幫要員保持密切關係。宋查理替紅幫印名冊、證書，也印煽動文宣品。

孫逸仙在上海短暫逗留期間，宋查理介紹他認識兩個紅幫成員——一位是有錢的買辦鄭觀應，一位是知名報人王韜。

到了天津，孫逸仙投刺求見，卻始終等不到李鴻章允諾接見。失望之下，他和歷代科考不第的儒生一樣，黯然回到上海，借住在宋查理家中，一頭栽進推翻滿清、驅逐韃虜的革命大業。終於在日後，以推翻中國世襲君主制度，建設共和而名垂青史。

孫逸仙很快就發覺做爲三合會成員的聲勢和潛力。主張君主立憲的保皇派，同樣也試圖透過商人、地主等入會以求保護的三合會成員，爭取三合會的支持。這些人一入會也發揮若干影響力，但還不夠強大，共和派還是占了上風。

*

宋查理和孫逸仙都曉得，必須在能夠號召充分支持的地方發動革命；他們若能和當地文化融合，才有成功的機會。顯然，華南地方，尤其是廣州，是個理想的起義之地。那兒不僅是漢人居多數的地區，反清意識濃厚，也是孫逸仙的老家。他有人脈。如果革命黨人能奪占廣州，就可以有堅強的基地據以擴張。

孫逸仙逐步展開革命的準備工作，不料局勢發展比他的動作更快。一八九四年春天，有個重要的親日派朝鮮政客在上海遭到謀殺。兇手是誰並不清楚，但極有可能是紅幫下手，因爲其人遺體由中國海軍軍艦運回朝鮮，艦上有紅幫水手；遺體到了朝鮮再被肢解，公開示眾。日本人大爲震怒，八月一日中日宣戰。

清軍忙著在北方作戰，孫逸仙曉得南方海岸空虛，宜於起事，可是他並未有充分準備。他既無充足經費、又沒有多少追隨者，政治知名度也不高。他再次前往夏威夷，認爲革命若要成功，一開始必須先從海外凝聚氣勢，因爲海外華人具有濃厚的共和意識。十一月底，孫逸仙創立一個愛國的準祕密社團「興中會」，迅速號召到一百二十人入會。鄧蔭南是個富農，也是檀香山大同會重要職員，對孫賞識，竟然變賣所有家產，贊助革命，與孫逸仙一道坐船回到香港。他將在日後的革命運動扮演重要角色。孫給他的回報是，派他做廣東兩個重要縣分的首長；鄧蔭南從這個職位收回他投注在革命的「創業投資資金」，死時再度成爲富商。

做爲中國第一個革命組織，興中會成爲祕密組織，有它的道理。保密可以保命！不過，這裡還有其他的動機，因爲如果興中會像個祕密社團，就可能吸收祕密社團成員——孫逸仙估計，中國參加會黨的成員高達三千五百萬人，可以說是現成的一支革命軍隊。基於安全考量，興中會落腳在香港，得到香港和夏威夷華人的支持；他們大都是知識份子，盼望中國能夠效法西方現代化起來。其揭櫫宗旨是推翻廣州的滿清當局，要動員三合會和其他會黨，並利用珠江三角洲農民對清廷的不滿情緒，號召民眾。

興中會成員幾乎全都來自祕密社團存在已有數百年之久的中國東南省分，這個地區畢竟就是洪秀全太平天國起義的誕生地。鄭士良奉命廣招會員。他利用與三合會的連帶關係，找到許多會黨份子加入革命事業。興中會的入會儀式模仿三合會，譬如第三十六條誓詞就強調：「既入洪門，就與結拜兄弟合作，忠實、盡力反清復明，爲五祖報仇。」然後再加上：「建立合眾政府。」

興中會開始運作，宋查理亦從上海發來電報報告佳音。清軍在朝鮮遭日軍擊敗！民眾對國家遭此奇恥大辱，莫不義憤填膺，此時乃是起義之大好時機。

孫逸仙與一批同志前往香港。在香港，他見到同樣具有革命思想的楊衢雲，可是楊衢雲也僅有少許追隨者，資金也不夠。

清軍在一八九五年春天，又連續吃敗仗。到了夏天，孫逸仙仍然只有一百五十三名從徒。他和楊衢雲決定不能再等，計畫在農曆九月九日（陽曆十月二十六日）起事。選在這一天有特別考慮，因爲九九重陽，正是掃墓、祭祖、敬老、團聚之日。不僅可以展現起義不忘光耀祖宗之意，更因此日爲節日，當局戒備較鬆弛。

爲了解決人手不足的問題，孫逸仙把三千名紅棍（在三合會等於是軍官）、四九（普通成員，相當於步兵）等級的三合會成員納入興中會。他們在香港集合，計畫佯裝成普通旅客搭渡輪到廣州。武器打算利用九龍波特蘭水泥廠（Portland Cement factory）的水泥桶，偷運進去。到了廣州，他們將分組，分別狙殺或俘虜滿清官員。還有一些人則利用廣州城南的溪流、灣道潛入。這支部隊由北江地區的海盜、土匪和三合會成員組成，由綽號「大槍梁」的一名土匪率領。起義部隊全都配紅色腰帶或紅色頭巾，以資辨識。

孫逸仙和負責總指揮的楊衢雲起先都很擔心，這批烏合之眾的佣兵部隊不會有堅實信仰，不能堅持到底。可是，他們也相信，只要革命的槍聲響起，有人流下第一滴血，佣兵立刻會感染革命熱情，號召鄉間的三合會成員響應，組成一支大軍。

儘管人數不多，孫逸仙卻相當有信心必能奪占廣州。然而，情勢發展並不盡照計畫走。首先，消息走漏，不過清廷認爲這是不實傳言；後來，打擊部隊竟然沒搭上渡輪——沒錯，沒搭上船。這群烏合之眾來到香港碼頭，爲了誰該配到精良武器吵了起來，吵得太認眞，沒人注意到渡輪開航了！孫逸仙這下子麻煩大了，他在廣州的三合會眾已經箭在弦上，卻不能沒有援軍就動手。他不得已，只有付錢請他們散去。楊衢雲並不知情，讓佣兵在次日搭上渡輪趕往廣州。緊密注意三合會一舉一動的香港警方，發覺此一陰謀，用電報知會廣州當局。渡輪靠岸，滿清已守在碼頭。五十名義軍和佣兵的領頭（絕大部分是夏威夷三合會成員）落網。兩人遭斬首，一人重杖打死，另一人則用刀砍死。

義軍潰散，孫逸仙逃出廣州。他先躲在一名基督教傳教士家中，再男扮女裝潛赴澳門，然後搭船到香港。此後十六年一直流亡在國外，踏不上中國領土。

*

直到此時，孫逸仙衣著服飾和一般中國人無殊，還蓄著長辮子。逃到香港短暫停留期間（因爲香港警方代表滿清當局全力緝捕他），他買了西裝。孫逸仙買櫂躲到滿清勢力不及的日本，在那裡把辮子剪掉。他從日本再轉往夏威夷。一八八四年或一八八五年，他在家鄉娶了盧慕貞爲妻。在大部分的婚姻生活中，盧氏留在老家，服侍公婆，他則浪跡天涯，奔走革命。由於籌畫革命，爲安全考量，他已先把盧氏和兩個孩子送到夏威夷，現在則是和他們會合，並重整旗鼓的時刻。一個可以仰賴的後援，當然就是三合會。

一八九六年春天，孫逸仙以紅棍身分加入致公堂；他能跳過四九這一級，是因爲已經有可觀的經歷。能夠跳級，也因爲得到致公堂高級職員楊文納的協助，楊乃是孫逸仙的母舅。致公堂創立於廣東，專門吸收珠江海盜、土匪入會，也積極參與太平天國起義。太平天國敗亡，致公堂許多成員逃亡海外，絕大多數躲到夏威夷和北美洲，把致公堂發揚光大，成爲北美大陸最爲強大的組織之一。

有了致公堂會員身分，孫逸仙前往三藩市（San Francisco，華僑又稱之爲舊金山）。他在三藩市拍了一張照片，這張照片卻被一名線民取得，送交北京，洩漏了孫的西式外貌。他努力聯繫遍及全美各地的會黨。這項工作，得到三藩市致公堂山主的默許和支持；他也替山主重擬致公堂章程，使其能對在美西各地紛紛成立的支堂，加緊控制。可是，他的成績並不理想。他接觸的這些會黨，對他的目標冷淡，對中國國內政治不感興趣，對中國的局勢也不關心。不過，他們多少也解囊捐助他若干款項，只是不若他預期的那麼多。孫逸仙在他的自傳裡記載，美國洪門已失去政治色彩，變成互助組織。許多洪門會員不再正確瞭解組織的意義和確實宗旨。就這一點而言，孫逸仙這段話也對、也不對。對的是，他們已失去真切的政治色彩，有些已轉變成互助社團；不對的是，也有許多洪門很清楚確切的目標：從同胞身上多榨取一些錢。

一八九六年，他從美國轉到英國，卻遭到滿清駐英使館綁架，預備把他押解回國公審，才予處死。然而，他得到當年在香港大學唸書時的老師、世界知名的痲瘋病專家康德黎（Dr. James Cantlie）的援助，而非三合會的幫助，才得以脫險。

英國的情況和北美洲一樣，在人力、財力方面都爭取不到太多支持：中國移民人數太少，根本起不了作用。下一站，他轉赴歐洲大陸，至少在啓迪革命思想上面，有了相當成績。他向在法國、比利時、荷蘭各國留學的中國學生演講，得到若干回響。在美國方面，他也爭取到政治支持，因爲美國正試圖在遠東擴張勢力範圍；而歐洲各國則希望見到一個穩定、現代的中國。

一八九七年，孫逸仙回到日本，在勢力強大的日本極右翼祕密社團組織黑龍會的支持下，居住長達八年。黑龍會在他身上看到可以令中國不安定的機會，盼望能和他攜手合作，驅逐滿清皇室，把中國建設成爲現代的東方國家，和日本結盟，把列強趕走。黑龍會構想一個東方大興盛——他們可以說是替一九四一年日軍進襲珍珠港，播下種籽。

孫逸仙回不了中國。香港也以他是革命黨人、與三合會有關，而不准他入境。義和團之亂前前後後鬧了一陣，他都住在日本。由於宋查理的傳遞訊息，他對中國國內局勢發展頗有掌握。

義和團之亂失敗，孫逸仙得到外界相當的支持。中國已遭列強擊敗，喪權辱國，莫此爲甚。中國需要有眞正的漢人來領導。孫逸仙是漢人，因爲革命未成，遭到清廷懸賞重金緝拿，可以說是理想的領導人。

一九〇五年七月三十日，他在東京糾合各方同志，組織同盟會，號召反清組織集合起來革命。

同盟會並不是單純的祕密社團，而是各種壓力團體的大集合。有生意亟待保護的商人、地主、激進的思想家、對時局失望的學生、滿懷理想的知識份子、退伍軍人和愛國的共和派，全都來加入。三合會也欣然入盟。可是，孫逸仙最看重青年學生，認爲他們具有改革的潛力。他認爲年輕的理想主義者，比起追逐自我利益的老一輩，是更合宜的革命夥伴。他們結束海外留學課程回國後，可以組織一支宣揚革命思潮的大軍。他向學生灌輸共和主義思想，強調會黨在革命運動中可以扮演的重要角色。他強調會黨的價值，要求學生也加入會黨。學生將因此和會黨同志成爲歃血兄弟，自動向已在三合會居於高位的他宣誓效忠。他又聲稱，三合會過去是股強大的破壞力量。但如果有了適當的、有思想的領導人，就可以轉化爲一股建設性的力量。學生可以發揮此一作用，把新思想導入三合會，再往下散布到農民群眾去。他宣稱，這可以導致會黨確保革命得到大眾支持。最後，他再三耳提面命，不得輕蔑三合會。這一點相當重要，因爲學生大多來自富人階級，習慣把三合會看做是覬覦富人財物、只知興風作浪的歹徒。

孫逸仙希望能打造吻合其政治意志的三合會，但終究還是發覺不可能，被迫承認事實——或許能夠利用他們，但絕對不可能改造他們。他必須接受他們畢竟還是有自己的利益目標。既然改造不了會黨，他也就不去打擾他們，只是儘可能把他的理念灌輸給會黨。

往後六年，孫逸仙成爲清廷背上的芒刺。他在遠東和東南亞四處旅行，向富裕的海外華僑演講、募款，宣揚共和主義。他就像蜘蛛織起一面繁複的大網，爭取支持，鼓動人心。

孫逸仙四處奔走旅行，有部分出於不得不然的因素。日本政府對於牽扯中國政治動亂的首腦竟然寄身在日本，開始擔心起來，於一九〇七年悄悄地誘他離境。他同意了，但並不是空手離開。日本拿錢收買他，傳聞是同意分期支付他五百萬美元，請他走人。另外，每到一處，滿清駐地使館就立刻施壓，要求當地政府驅逐他出境，也逼得他流離各國，居無定所。

他在法屬印度支那，得到三合會的推薦和引介，從河內和西貢人數眾多的華僑社會，募得大筆經費。法國殖民政府也同情革命，他們從中國的鴉片貿易上賺到極大稅收，也和寄身在上海的法國科西嘉黑手黨保有密切關係，而這批黑手黨又與上海三合會密切合作。事實上，整個法國殖民政府都和犯罪集團勾結在一起。法國支持的叢林作戰單位，在寮國北部山區從事鴉片生意；孫逸仙也運用他們，向中國邊區發動攻擊。當然，三合會也參與作戰。他到新加坡和蘇門答臘，宣揚共和思想。一九〇八年十二月，他在曼谷惹上麻煩，暹邏政府受到中國使館壓力，下令將他驅逐出境。他要求給他一星期時間收拾未了公事，以及請教本國大使應該怎麼處理此一狀況。暹邏官員不免好笑，本國大使？他以爲他是誰呀？孫逸仙立刻跑到美國大使館，聲稱他是美國公民。孫逸仙出示了幾張宣誓書，是由據稱他在夏威夷出世時就認識他父親的友人所簽立的。當時夏威夷還不是美國的一州，但已於一八九八年被美國兼併，因此歸屬美國轄管；雖然孫逸仙「出世」時，夏威夷仍是一個獨立王國，這似乎已經無關緊要。爲了支持證明書的效力，孫逸仙還掏出一張夏威夷出生證明以及一本美國護照。這兩份文件都是檀香山三合會所僞造出來的贗品，可是卻產生作用。

孫逸仙搖身一變，現在變成「美國人」，到處旅行就很少再遇到問題了。他的網愈佈愈大。他再三加入各地會黨，不僅成爲籌款的革命家，也是三合會實質上的巡迴大使。不管到哪裡，孫把他們介紹給政治界人物，使得會黨高級職員因爲參與革命，備受尊敬，顏面有光！

*

孫逸仙周遊各國鼓吹革命之際，中國國內也不是沉寂無事。廣州起義失敗之後，若干同志四散到華南各地。一八九九年，陳少白沒有受阻，回到香港，重新組建興中會香港分會。鄭士良也悄悄住在香港，極力發展和香港、澳門、廣東各地的三合會之關係。同時，孫逸仙也派出同志到河南、湖北，與哥老會取得聯繫。傳聞指稱孫加入哥老會，但並無證據存在；但從另一方面來說，只要能爭取到支持，他樂意加入任何組織，因此他派出的同志也是會黨中人並非不可信。

和許多典型的會黨職員（尤其是今天在黑道組織的幹部爲然）一樣，孫逸仙也絕不錯放任何機會，逮到機會就擴張個人權力。興中會誓言第二十四條規定，兄弟們不應自我膨脹。孫卻違背，藉長江流域哥老會之擁護，把楊衢雲趕出興中會。哥老會的四九們甚至開始稱孫是他們的「總辦」（即會長）。爲了兄弟團結，也爲了不製造爭端，楊衢雲同意下台。

陳少白和鄭士良把他們的活動整合起來，歸香港興中會統領，同時亦拿錢收買其他會黨。用錢買效忠，可遠比借重政治或意識型態契合，來得有效。爲了強化關係，陳少白也正式加入三合會，不過，據說陳少白實在不怎麼喜歡祕密社團和那些裝神扮鬼的儀式，入會儀式簡潔多了。他只對政治結盟有興趣，看重的是三合會有能力提供驍勇善戰的四九。然而，他一入會，在和他有所聯繫的各個會黨心目中，他的可信度提升不少。

一八九九年仲冬某日，一群哥老會龍頭大哥，包括長江流域的分支金龍會、飛龍會首腦，來到香港。在陳少白的安排下，他們和華南三合會的山主會合，與興中會組成一個大同盟，擁立孫逸仙爲共同總理。他們舉行了一場三合會儀式，以米酒混雞血，歃血爲盟，宣誓擁護反清大業。這個同盟取名爲興漢會。

興漢會不是會黨，是個自由組合。參加的每個組織都沒有失去原本獨立的身分。這個組合甚至也沒有任何堅實的政治基礎。的確，某些與會代表的忠誠度頗堪懷疑——特別是來自華北省分者，因爲他們的組織較易受到清廷特務滲透。有些組織日後果然因爲敵對單位出價較高，就退盟而去，更證明了此一懷疑不是無的放矢。所有的與會代表都按照三合會習俗，發給一袋「來喜」（幸運錢）。興漢會不是會黨，但刻意模仿會黨，以爭取各方支持，增加孫逸仙的全國知名度。

哥老會除了可以拿來做公共關係之外，還有別的重大用處。不論孫逸仙在哪裡，哥老會與他保持密切接觸，提供他國內情勢消息，把官方及軍事動態向他密報，也替孫逸仙苦心購得的軍火負起收貨、保存和運送的工作。

孫逸仙顚簸流離奔走革命的這幾年裡，會黨和革命黨人之間的合作關係，非常密切。會黨不只支持他，接受他的錢，幫他走私軍火。他們還把革命思想向構成會員主力的農民廣爲宣傳，分發宋查理印刷的政治文件。共和黨人經常加入會黨，而三合會也經常參加共和黨人集會，協助召募黨員。當共和黨人有些齷齪勾當或危險事情——如政治暗殺或整治對手——有待處理，就交給三合會去辦。

共和黨人也從精通游擊戰略、驍勇善戰的會黨學到重要教訓。爲了爭取忠心，賦予鄭重、嚴肅氣氛，革命黨人採用會黨的入會宣誓儀式，搬出全套神祕兮兮的切口、祕語、祕密手勢，只要能加強保密、增加兄弟團結的方式，全都採用。他們也運用米店、客棧和茶肆做爲聯絡站，一方面是政治保密，一方面也可供窩藏同黨之用。

一九〇〇年，中國革命的時機已經成熟。日本在甲午之役重挫中國，奪走朝鮮，令中國蒙羞；義和拳呼喊著反基督教的口號，到處攻擊洋人。外國銀行也侵入中國經濟活動，民眾稅賦加重。農民已經民不聊生，準備起義，只是尙缺統一的領導中心登高一呼。三合會可以伸出援手，可是他們要不是忙著自己的生意，就是太雜亂失序。

廣西方面，情況又略爲不同。廣西農民比起其他地區農民稅賦更重，要負擔本省向外人借債的另一償付責任；本省滿清官員特別腐敗，西江也已經決堤兩年，淹沒良田，沖走許多村落，溺死者數以百計。一八九七和九八年，廣西三合會在山主李立亭率領下兩度起義。孫逸仙試圖讓屬下響應，但兩次都到得太晚。兩次起事都撐不了太久，但是孫逸仙從中得到啓發，若能借此動盪局勢再度舉事，必能取得政治資本和名聲。

一九〇〇年七月，革命黨人選中惠州爲第二度起義之地，盼能一洗五年前廣州起義失敗之恥。選定惠州舉兵，可能是出於鄭士良的主張。惠州位於廣州之東的東江河畔，距香港約一百公里，是客家人集中的地區，而鄭士良也是客家人。而且，雖然三合會新會眾來自廣東全省各地，大部分則來自惠州地區。爲了強化原本各擁山頭的會黨之力量，鄭士良引進一個素無淵源的人擔任總指揮——此計甚妙。此人即黃福，來自北婆羅洲某會黨一個有經驗的山主。黃暫時領導興中會，等候鄭士良由香港趕到惠州。

這支部隊是個大雜燴的雜牌軍，在附和的農民還未加入之前，三分之一成員不是會黨成員，而是基督徒，也有一部分兼具這兩種身分。鑒於當時的情勢，祕密社團和拳匪到處不分青紅皂白，殘殺中國基督徒，這番狀況還挺矛盾。不過，這也證明三合會並不特別反基督徒或反洋：大部分攻擊基督徒事件是由個別首腦煽動，並非出自三合會的原則主張。孫逸仙雖然只是透過幹部遙控領導，基本上已經強大到足以克服民間的仇外意識。在他的領導之下，傳統的反清意識又告復活。

革命黨人雖然已從客家地區召募到相當兵力，但還需要成千上萬人投入行列。爲了吸引農民，他們發表一份宣言，保證徹底改革教育，改造地方政府，嚴懲貪污腐敗。只要有機可乘，無不善加利用，甚至不惜利用農民易於上當受騙的特性，哄騙他們歸附。長江畔的宜昌，有一座圓錐形的山朝向城裡，山上有塊巨石，刻了「清丸」三個大字，用白漆漆上，這是某種提神飲料的廣告。然而，唸快點可眞像是「清快亡」。三合會借題發揮，穿鑿附會一番，許多農民竟然也相信在政治上這頗有深意。宜昌這下子吸引了許多同情革命黨的人，至於這飲料賣了多少給支持革命黨的農民，可就不清楚了。

革命黨的宣言聽在農民耳裡，宛如天上仙樂，迎合他們對官府深惡痛絕的心緒；對外國的同情者也頗有吸引力，投資人當然也覺得不錯。革命軍所到之處，宣言就貼在寺廟、市集牆上，或在民眾集會的場合宣讀。針對外國讀者，包括同情革命黨的人士及外國政府（後者對拳亂已經痛心疾首，北京外僑區好不容易最近才解困，也使他們心有餘悸），革命黨人自稱是「中華共和會」，也承認得到會黨支持。爲了讓外國人放心及爭取海外同情（特別是鄰近的香港），革命黨人在起事的那一天——一九〇〇年十月十日向報界發出一份聲明。聲明出現在香港的英文報紙上，相當明白地表示，他們不是「拳匪」，而是通稱三合會的「大政治家大會黨」。他們希望賦予外界自己乃是恢復明室的改革派、三合會、愛國者大結合的形象。他們沒有打出反清室立場，因爲彼時許多外國政府仍承認大清皇朝。

鄭士良和黃福精於組織。他們的通訊線一流，選擇秋收之後起義，農民不忙，天氣宜人，更是明智。義軍很快取得四鄉響應，不到兩星期，從廣州往東，沿東江流域蔓延到福建，但還是撐不下去。革命軍勢力愈擴大，通訊線就拉得愈長愈遠，而且部隊奉令要用錢買糧，不能下鄉行搶，錢一下子就用光。惠州起義迅即遭到敉平，但在革命作戰上留下重要教訓。惠州之役也建立起三合會的價值，不僅是提供兵勇的功能，還是能善加利用的網絡。

*

三合會的串連能力被孫逸仙發揮得淋漓盡致，這並不只是藉兄弟拜把就能有以致之，也是中國特殊的「關係」觀念的延伸。關係源自於儒家教導中國人要敬祖、不忘本，因而組成了各式各樣的同鄉會、宗親會、氏族祠堂等等。中國人走到天涯海角，都不敢忘卻本源；其他中國人只要和自己有一點點共同點，也都不吝敞開胸懷、歡迎對方。其結果就是古老的社會結構在全球永久屹立。

我們且從貨幣出現之前的中國社會基礎講起。農民可以拿一袋米向鄰人借犁耕作。養雞者可以用幾顆蛋，換來鄰居替他看守，以防狐狸來偷雞。大家互相幫忙，志同道合的人慢慢就形成關係。他們把家人、村落聚在一起，透過通婚，使得關係加強和延伸。幾千年下來，宗族已建立相當程度的「關係」網絡，發展出一種抽象、但很明確的價值。關係沒法出售，但可以交換、繼承、分享、擴張和傳承。

中國人開始向外移民時，關係也跟著走。有些人甚至還帶著書面紀錄，載明：我欠誰、誰欠我，以及我和某某有何種關係等等。來到異鄉，關係使他們能重建關係、組織互助（三合會）團體、設立學校和銀行，打造夥伴關係；有些機構流傳至今天，已經成爲世界最大的多國籍組織。很少有生意能夠不靠關係運作就成交，華僑能在海外創業出人頭地，靠的也是關係。在現代中國裡頭，沒有建立「關係」這項資本，就無從做生意，不是華人的外國人吃虧不小，得要等到建立自己的關係管道，才不再處處吃虧。

孫逸仙的關係資本非常大。他和三合會的關係淵源，使他每到一處，必有人供養資助。此外，他靠著出生地也另有一套關係網。海外華僑有九成以上出身廣東、福建兩省，而其中過半又來自三邑和四邑，都是廣州周圍、珠江三角洲的縣分。三邑指的是番禺、順德、南海；四邑則是新會、新寧（台山）、開平和恩平。孫逸仙的老家就在三邑的順德縣最南端。在這麼多錯綜複雜的關係交織之下，孫逸仙居於非常獨特的地位，廣爲串連。當然，這也表示他欠了不少人情債，幫了他、幫了革命的人，期待他日後會回報。

孫逸仙運用關係，奔走全球宣傳革命；宋查理也同樣忙碌。他為了生意前往美國，週旋於參議員和三合會之間，單在一九〇五至〇六年冬天，就替革命黨募到兩百多萬美元捐款，因而被指派為同盟會的司庫。

一九一一年十月，孫逸仙的革命黨人在武昌起義，革命迅即蔓延開來。三合會同樣扮演極重要角色。他們在某些地方乾脆出面自組政府，幹部掌控重要職位。同盟會（現已以上海、南京為基地）改組，成立一個涵蓋全國的政黨「國民黨」。

一九一二年一月一日，南京既已落到革命黨手中，各省代表決議宣告成立中華民國，推舉兼程回國的孫逸仙為臨時大總統。南北議和，北洋的袁世凱因較能號召各黨各派，組織聯合政府，孫逸仙迅即讓位給袁世凱。孫逸仙才讓位，三合會立刻轉而效忠袁世凱；袁世凱加強課徵稅收，以便建設新共和。農民起而反抗，袁世凱命令裝配新式西方武器的部隊前往鎮撫。三合會和官兵站在同一陣線。

南京方面，孫逸仙在當選為中華民國臨時大總統的次日，舉行莊嚴的儀式祭拜明代皇帝（明太祖十四世紀時定都南京）。反清復明，終於成為事實。這項祭典一般也被認為是尊崇過去兩百多年力抗滿清的祕密社團之表徵。一個月之後的二月十五日，孫逸仙在其短暫的任期內還有一項工作：前往明陵正式昭告百姓和明朝故皇：清祚正式完結。

＊

滿清覆亡、末代皇帝溥儀遜位，民國肇建，若無會黨參與，無從完成大業。然而，孫逸仙後來很少承認會黨曾經扮演的重大角色，也根本不曾承認他加入會黨。他曉得，三合會跟革命黨最多只是露水鴛鴦，他們與共和理念的關聯其實很薄弱。因此，孫在公開場合裝做會黨只是小角色，私底下則心知肚明，仍和他們保持密切的合作。他也勢必得和他們合作。因爲這些會黨可以輕易地動搖共和政府，或帶來嚴重的政治、社會麻煩。

三合會在革命成功之後，勢力無遠弗屆。往後幾年裡，會員人數大增。他們協助革命大業的回報，就是三合會得到實質的承認。三合會幹部出任政府高職，這是孫逸仙的回報之一；三合會勢力坐大，使得許多非成員的官員也來入會；因爲不論文武百官，入了會，就容易升官。當局對三合會的活動故意置若罔聞，三合會也得到特許地盤可以繼續從事非法活動，不虞當局干涉。

青島三合會和警察局長互助勾結，就是一個活生生的例子。這位局長在山主薦舉下得到職位，一上任就撤銷風化組。三合會得以百無禁忌在碼頭附近經營娼館，結果是娼妓增多，外國船員罹患性病者也達到傳染病的程度。有些外國船公司甚至不准船員上岸休假，深怕他們得了花柳病。情勢要等到這位局長大人再次高陞，榮調離職，才有改善。

其他人，特別是需要大批勞力的雇主，發覺只要有三合會成員身分，安全指數提升，相對的，獲利也提升。因爲苦力工會大多由三合會掌控。商人、銀行家立刻發現三合會會籍乃是商業機器的潤滑油。對西方人來說，這是大規模集體勾結，貪污腐敗。對中國人來說，這卻是淵源久遠的生活現實，是「關係」的延伸。

現在的中國已經不一樣，從延續兩千年之久的政府制度走出來，踏進嶄新、陌生、未經試驗的政治結構。帝制皇朝已經一去不復返，不再有恢復明室統治的問題。中國祕密社團的歷史任務（在他們本身都已日益無關緊要），也走到盡頭。在新得的權力和自由的基礎上，他們迅速從務實的愛國人士淪落爲關係繁複的黑道幫派。中國的貿易和工業發達起來，三合會也獲得巨額利潤。商人日益賺錢，他們付出的保護費和賄款，也會水漲船高。

三合會歷史即將跨進另一個新階段。

第二章　國民黨、共產黨和惡棍

民國肇建，掃除舊秩序，可是社會局勢依然動盪不安。農民依然貧窮困苦、備受壓榨，依然被貪婪無饜的地主課收重租、遭到政府課徵苛捐雜稅、受到祕密社團覬覦。旱、澇、饑荒依然不時發生。

農民的反應就是起而抗爭，只是抗爭的形式已經不同。不論過去是農民自動爆發的怒火，還是由祕密社團或革命黨人掀起的反抗，現在則是由雨後春筍般出現的數百個政黨所煽動。

這些起義大部分如曇花一現，若非在官兵抵達前就散去，也都迅速遭到敉平，的確是風起雲湧，波波相連。這些動亂被稱爲「運動」，以公開示威、暴動、停工，以及杯葛洋貨的形式展現，比起一瞬即止的活動又進了一層。然而，從一九二〇年代中期起，運動被一股新興形式的政治動亂所取代，而這股政治對抗演變成國民黨和中國共產黨之間的全面內戰。國共之爭，主要得到農民支持，但是又跟運動不同，因爲有政黨在後面做精密的組織工作，而且又把武裝作戰和政治教條結合在一起。

在這個政治相對自由的新時代裡，祕密社團邊緣化，不再是主角。他們原先所持的革命造反角色，已經過時。在許多人心目中，他們已經達成任務，滿清既已覆亡，三合會即已成爲過去。在上海、廣州等大城市裡，新興政黨取代了他們的地位。

主要的政黨，也就是孫逸仙的國民黨，必須力保共和及本黨於不墜。袁世凱已出現帝制自爲的野心。在一九一三年底正式被推選爲大總統之後，他著手把孫逸仙和國民黨邊緣化，解散國會，實行獨裁。一九一五年，他策動恢復帝制，數月之後便自立爲皇帝。

孫逸仙回到華南，領導反袁運動，逼得袁世凱在一九一六年四月放棄取得的帝位。兩個月之後，袁世凱也一病不起。這個勝利是由國民黨在三合會援助下達成的，孫逸仙的行動不可能沒有三合會參與。三合會跟國民黨已經牽扯極深，認同國民黨就是「我們的」黨。孫逸仙不太相信群眾，因爲群眾善變，乃號召三合會派出有經驗的紅棍幹部來指揮部隊。

孫逸仙下野之際，不僅努力不懈整合三合會，還和現已權勢傾國的宋氏家庭結親。

宋查理育有三男三女。三個兒子當中，有兩個成爲大金融家，對於中華民國的發展起了重大作用，另一位則出任行政院長。靄齡、慶齡、美齡三個女兒的重要性也不遑多讓：據說，宋氏三姊妹一個愛國、一個愛財，一個愛權。大姊靄齡愛財，是個精明的理財專家，擅於投機炒作，嫁給日後擔任財政部長的孔祥熙，並於美國建立企業王朝。小妹美齡就是愛權的那一位。二姊慶齡愛國，於一九一四年嫁給孫逸仙。她擔任孫的祕書已有一段日子。只是他們倆的關係有點曲折，因爲孫逸仙並沒有和第一任妻子離婚。在中國，這會引人物議；外國投資者也不免竊竊私議。不過，孫並沒有爲此受到傷害，他要面對的是更加棘手的問題。

袁世凱身故之後十年，中國陷入所謂軍閥混戰時期。中央政府積弱不振，各省落到猶如西洋中古時期諸侯割據的軍閥劃地稱雄境地。軍閥爲了確保權位，大量召募地方兵勇或雇用佣兵，許多軍隊配備由西方武器販子供應的最新西式武器。中國在這段時間，是西方軍火販子大發洋財的市場。

就政治色彩而言，軍閥涵蓋所有的光譜。有死硬的保皇派、有共和派，也有爭取獨立者。少數軍閥更是三合會成員。他們靠個人力量掌權，沒有堅實的政治理念；他們能夠掌握地盤的力量其實相當脆弱。

爲了籌餉募款，軍閥對農民的農作產品課稅，在河岸和公路上設關卡抽釐金，並且互相攻打，甚且種植、買賣鴉片。許多軍閥只能算得上地方莊園強梁，但也有少數幾個崛起成爲一方之雄，號令數省。張作霖控制東三省；唐繼堯固守雲南，靠鴉片發財；閻錫山盤據山西。河南還有個信基督教的將軍馮玉祥，他禁止部屬喝酒、抽菸或販售、吸食鴉片，違者一律槍斃。抓到民間鴉片菸販，先公開鞭杖，再上枷遊街示眾，脖子上掛牌子。有鴉片癮者，送醫勒戒。用不著多說，三合會不會喜歡這位基督教將軍。

爲了對抗軍閥，孫逸仙在廣州設立政府，藉俄國軍援來建立國民革命軍。國民黨和中國共產黨一度結盟，中共黨員還被選入一九二四年國民黨第一次全國代表大會之中央委員會。

國民黨代表推舉孫逸仙爲國民政府元首，可是他算不上中國總統，因爲彼時的國民黨勢力僅及於華南（尤其是廣州四鄉），得到農民、知識份子和青年學生的支持。國民政府在香港、三合會當中也有力量。

孫逸仙花了數年功夫，試圖統一中國，化解軍閥混戰，奉勸他們捐棄野心，共謀國家發展。然而，他在一九二五年三月逝世，齎志而歿。他的失敗並不意外：中國從來不是民主易於生根的國家，國民意識裡有太多反民主的因子。孫逸仙可謂一代英雄，可是他的成功乃是因爲他能得到三合會弟兄堅實支持所致。

*

孫逸仙辭世，中國已經預備進入下一個政治不穩定的階段，三合會也準備順勢發展。領導中國經歷動盪歲月的這位人物，和孫逸仙一樣，側身三合會，學會一身權力本事。

蔣介石，一八八七年十月三十一日生於浙江省奉化縣溪口鎮，本名蔣瑞元。他的母親是位鹽商的第三房太太，全家就住在鹽舖樓上。蔣介石幼年時，父親即逝，母親含辛茹苦守寡帶大幾個小孩，中國的寡婦當時幾乎沒有再嫁的機會。蔣介石個性暴躁、易怒，行爲很難捉摸。同伴常因他的尖嗓子和頭的形狀，譏笑他；後來美國情報機關也因他腦袋的形狀，給他取了代號「花生米」。

父親死後，無情的宗族覬覦他們的產業；地方上有人犯了小罪，蔣介石被栽贓，捉進官府。有一次，某人欠米商一筆錢，還不出來，這筆債卻賴到他頭上。根據中國的法例，家人、親戚或鄰居犯了錯，會株及到你頭上，蔣介石被迫負責還這筆錢。他這下子肩頭落了重擔，遂向三合會尋求庇護，加入一個靠敲詐勒索維持的街頭混混小組織。他可以說是理想的吸收對象——心懷怨懟、癖性暴烈。在兄弟相互扶持的安全意識下，被欺負的弱者可以轉身變成施暴凌虐他人的人。

蔣介石十四歲就奉母命娶了本地一個十七歲的女子毛福梅爲妻。他對這位入門的新娘毫無感情可言。十八歲那年，他決定不從事亡父舊行業，而靠母親節省下來的盤纏，前往奉化縣城一所學堂唸書。這所學堂打造出他的性格，能夠盡心深思，立志向上。一年之後，他離開學堂，於一九〇六年在另一所中學唸了幾個月書，旋即剪掉辮子，以示獨立，並東渡日本決心進軍事學校唸書。到了日本，他才發現，要入軍校一定得經由清政府推薦。一下子，他失去目標，淪落異鄉，和一群中國東渡華僑混在一起，因而結識孫中山的革命派同志。其中有位陳其美也是上海著名黑道組織「紅幫」成員，紅幫首腦就是人稱「麻皮金榮」的黃金榮。

蔣介石接受陳其美的勸告，折回中國，參加陸軍考試，及格後進入河北一所軍校，再取得批准轉到日本深造。一九〇八年，他進入著名的「振武軍校」研習三年，把妻子（毛福梅常遭他毆打、性虐待）和兒子蔣經國留在故鄉。蔣介石二次到達日本，陳其美介紹他加入孫逸仙的革命組織，蔣欣然從命。

蔣不時回國，表面上的理由是省視母親，其實大部分時間在上海和陳其美過從甚密。有一次，他加入上海最有名的黑道組織「青幫」。他參與青幫一般活動，如敲詐商家、持械槍劫、劫獄等，贏得冷面殺手的聲譽；他在上海公共租界警署裡的紀錄，逐月上升。英租界警方特別盼望要逮他，可是，儘管經常被起訴，卻從未有案件成立送審。他有些頗有權勢的朋友護航。

一九一一年，他從振武學堂結業，回到上海參加陳其美的十月革命隊伍。陳其美統率的第八十三旅，完全由三千名青幫四九組成，接受若干紅棍節制。蔣介石因為執行暗殺任務立功，在會裡迅速晉升為紅棍。革命戰事吃緊，蔣奉命親點數名勇士組織特攻隊，攻打杭州，協助遭到清軍猛攻的當地革命軍。蔣介石所率部隊擊敗清軍，攻克杭州城。革命成功，陳其美因功被推為上海督軍，於是回過頭來指派攻打杭州有功的蔣介石為團長。

一九一一年十二月，蔣介石首次執行政治暗殺任務。上海一個革命領袖、光復會領導人陶成章，顯然試圖搶奪陳其美的督軍地位，進而主導上海全盤政治。陶成章染病，蔣介石潛入醫院，等到陶的保鑣走開，進到病房，開槍打死陶成章。由於風聲太緊，陳其美認為蔣最好避避風頭，他遂前往日本流亡，直到一九一二年底才又回上海，重操舊業。

*

上海是全世界最酒色奢靡的一座城市，蔣介石放浪形骸，也過著尋花問柳的放蕩生活。據說，一九一二年的上海，每十間房子就有一家是妓院堂子，每五十個女人就有一個靠著不道德的方法謀生。男色娼館也到處林立。蔣介石縱情聲色，喝了酒脾氣更暴烈，誰也不敢招惹他。他流連租界的妓院，最愛光顧的地方就是「藍屋」（Maison Bleu），有一百多個女郎，以及一個傳統國樂團長駐；一九二〇年代，還有西方爵士樂隊駐唱。它和公共租界裡頭每家妓院一樣，都由青幫經營；大上海地區其他妓院，青幫若不擁有，也藉由威嚇可以控制。

在這種墮落和犯罪的環境下，蔣介石接觸了青幫許多高幹，其中有一人成爲他一生極重要的人物，也是中國二十世紀史上最重要的角色之一。此人就是杜月笙，江湖綽號「大耳杜」。

杜月笙是最聲名狼藉的黑道大老。他在一八八七年或一八八八年，生於浦東的高橋。當時的浦東是公認全國最糟的貧民窟。他的父親擁有一家米舖，但也僅能餬口，雇不起工人，全靠自己裡外奔走；他的母親則幫人洗衣。杜月笙三歲時，母親就撒手人寰；按照當時的習俗，他的小妹送給別人收養。杜月笙日後費盡不少金錢和功夫，想追查這個小妹妹下落，卻毫無收穫。他父親和另一個女人同居，兩、三年後也死了。一八九五年的上海發生大地震，緊跟著全市流行霍亂。杜月笙和這位「後娘」大難不死，她繼續經營著米舖。杜家孤兒寡婦，惹人覬覦，她旋即被地方黑道綁架，賣進上海娼館。大約十歲的杜月笙由一個叔伯撫養，此人不時虐待他，把他當佣人使喚。

十二歲的杜月笙已經是個強悍的街頭小混混，好賭成性，兇殘出名。警署裡的檔案記載，杜月笙是個長臂、鼠目、黃牙、孔武有力的青年。他才十多歲就加入紅幫，介紹人是個綽號「抽籤客」的賭徒兼老鴇；杜月笙在他底下當小弟跑腿。杜月笙一入了紅幫，就轉到紅幫經營的賭場工作，開始有機會在麻皮金榮家裡進出。麻皮金榮不僅是上海黑道最有勢力的老大、鴉片販子，也是今天南京西路和西藏路交叉口、舉世聞名的大世界娛樂場大廈共同的主人；他更是法租界警局的華探督察長。

十五歲的杜月笙逃離收養他的叔伯，一度來到法租界的大有水果行工作。黃金榮的夫人桂生姐本身也做鴉片煙買賣。有一天，一批生鴉片在交貨過程中被偷，杜月笙追遍上海，把貨找回來。杜月笙的幹練，使他得到黃金榮的賞識。不久，他就成爲黃金榮鴉片買賣的左右手，有時兼幹殺手。

行將二十歲的杜月笙把相貌打扮得更像兇神惡煞，理個大光頭，使得他那對招風耳更加醒目。他圓臉，雙眸緊閉，偶現兇光，大鼻、暴牙、脖子粗短，帶著叔伯痛打時留下的疤記。左眼瞼也因被打傷，半垂下來，使他像隻蜥蜴。

到了二十一歲，杜月笙已經掌控法租界一半的鴉片煙館，在康索拉路（rue du Consolat）經營自己的鴉片生意，也是高檔珠寶店「美珍華記」的獨資東主。他也經營一家放款公司，客戶不僅限於本地華人店家，還有不少外國人；這些洋人把房子押給他，向他借錢。

不久，杜月笙升爲紅棍，黃金榮開始把他當做親信。杜月笙大膽僭越向黃金榮建議，上海三大幫派，紅幫、青幫和較小的藍幫，應該聯手壟斷鴉片生意。黃金榮聽了建議，深覺有理，就要他去負責推動。青幫首腦覺得沒必要合併營業，杜月笙就把他殺害，並取而代之成爲青幫幫主。藍幫幫主張嘯林鑒於青幫幫主的命運，同意三幫結合。上海鴉片生意自此歸於黃、張、杜三人聯手壟斷。他們的生意地盤更延伸到浙江、江蘇，並且溯長江而上，直抵重慶，能夠直接進出中國盛產罌粟的西南省分。

上海公共租界內的鴉片貨源，長久以來都是由汕頭的潮州幫控制，其首腦在杜月笙遊說下，不敢逞強，決定把他的組織和青幫合併。三合會（包括孫逸仙和宋查理都是成員）似乎也不反對。透過這次合併，大耳杜與共和黨人有了密切接觸。

杜月笙不久後就把上海三合會解散。二十一歲時，他已經併呑上海所有黑道組織，只剩下市郊一個農民組合。不過，這個農民組合還是全面效忠他，保持紅幫名義，是個愛國團體，很少從事犯罪行爲，也繼續對杜月笙上貢孝敬。青幫從此在上海唯我獨尊。

黃金榮在上海黑道大結盟裡，依然被推爲山主；杜月笙則是副山主或香主。他迅速累積起巨額財富，三十歲時，據當時市價他的個人財富已在四千萬美元左右。上海就是他的私人采邑。屬下特務遍布全市，其消息靈通媲美任何情報機關。他甚至可以插手郵局作業，必要時可開啓或攔截郵件。他收買新聞界，必要時不僅行賄華人警察、法租界警察，連英租界的警察也花錢打點好關係。杜月笙透過威脅利誘、金錢收買，把上海洋行買辦幾乎全都籠絡到麾下，透過這些買辦，他對洋人生意有相當大、卻看不見跡象的影響力。其中一名買辦，受雇於江灣的滙豐銀行本部，安排高級職員把華、洋商人的信用資料交給杜月笙。有這些情報在手，杜月笙可謂掌控住上海十里洋場一切商業脈動。

一九一五年，杜月笙結婚，可是令他大爲失望的是，太太竟然不孕，不能給他傳宗接代。他們領養了一個兒子，而杜月笙也納了兩名年僅十五歲的小妾。他們全都住在法租界華格納路一棟大洋房——黑道大哥全都住在法租界，接受警署探長黃金榮的保護。兩名小妾總共替他生了六個兒子。杜月笙深怕遭人綁架，雇了白俄保鑣隨侍在側。三十多歲的他，雖然有鴉片煙癮，性生活仍十分活躍，後來又納了兩名小妾。

杜月笙的地位穩固之後，開始結交權貴富豪。透過宋查理的介紹，他結識許多有權有勢的生意人，也與宋家老少論交。他和宋的長女靄齡交好，經常和她在法租界美以美教會附近碰面。宋家住在法租界，也得到黃金榮的保護。靄齡嫁給孔祥熙，杜月笙和這位銀行家也熟起來。因此，孔祥熙的銀行王國（實則受到宋家掌控）和青幫有祕密結合關係。杜月笙藉此打進洋人商界，而由於他和信奉基督教的宋家結盟，他的社會地位又高了幾分。直到一九四〇年的二十五年間，這個關係從銀行、股票交易、地產炒作和企業併購等活動，累積了巨額財富。宋家、孔家、他們的政治盟友，以及杜月笙，幾乎全盤掌控了中國經濟。要到中國共產黨於一九四九年崛起，這個組合才失去掌控。

杜月笙交遊再廣闊，出入往來盡是豪門巨富，然而充其量他還是個黑道人物。柯傅爾（Parks M. Coble, Jr.）在他的研究《上海資本家和國民政府：一九二七至三七年》（*The Shanghai Capitalist Class and the Nationalist Government: 1927-37*）中，描述看到杜月笙抵達上海一家夜總會的情景：

> 一車子的先遣保鑣先到，把夜總會從廚房到衣帽間團團圍住，等候老闆抵達。杜月笙本人一向乘坐一輛大型的防彈轎車進出……在老闆座車後方，另有一車保鑣隨行。杜月笙總要等到保鑣團團圍住之後才下車。然後，他在左擁右簇之下，穿過走廊，進入夜總會。他的部下早已佈防在每個房間門口和轉彎處。一旦落座，他旁邊和背後都有保鑣，槍枝明顯可見。

對於沒辦法透過三合會結拜兄弟關係或共同利益去結交的人，杜月笙則藉由其他方法結交。秦家驄在撰寫秦家家族史《秦氏千年史》（*Ancestors: 900 Years in the Life of a Chinese Family*）時，就舉出實例，描述杜月笙如何網羅他做律師的父親。秦家驄的父親秦聯奎有個朋友叫朱如山，朱某常常到青幫主事的一家賭場去賭博。有一天夜裡，秦聯奎在朱如山引介下到杜月笙公館賭錢，輸了四千銀元。他掏出筆簽了一張支票付這筆賭債，然後就回家。他走了之後，杜月笙問起朱如山，你這個朋友究竟是何許人？朱答說，他是律師。杜月笙聞言，立刻請朱如山把支票退還，又說：律師賺的錢太少，那裡付得起這賭債。朱奉命送返支票，起先，秦聯奎不肯，但朱勸他恭敬不如從命，杜老爺賞的臉怎麼可以退返？會讓他太沒面子。不能跟他樹敵呀！秦聯奎只好收下支票，後來成爲杜月笙的律師。他們變成好朋友，經常稱兄道弟：這裡頭可能別有玄機——杜月笙可能爲他的法律顧問牽線，加入祕密社團。

杜月笙在上海社交圈進出，提升地位。一九三〇年代出版的上海《名人錄》記載杜月笙是：

目前上海法租界最有影響力的居民。著名的公益工作者……法國市政會議議員。正始中學創辦人、董事兼主席。上海急診醫院總監。總商會監事。杭州華豐造紙廠總董。大華大學（Great China University）、上海華商紗布交易所、大達輪船公司董事。寧波仁濟醫院總監。

爲了增進他在外國生意人、投資人心目中的可信度，杜月笙在一九三六年也受洗成爲基督徒。宋美齡在此時談到杜月笙信教：你可以確信杜月笙已經成爲虔誠的基督徒，因爲自從他信了教之後，上海的綁架已有顯著下降。

杜月笙的朋友並非盡皆出身上海上流社會，他也不是只光顧富人進出的酒吧舞廳。他經常出入青幫經營的妓院，而且他的性癖好不只限於小蠻腰、纏小腳的妓女，他也有龍陽之癖，喜好男色。他和蔣介石一樣，喜愛上藍屋飲宴，也就是在這裡，蔣、杜結識。

＊

一九一二年某日，蔣介石、陳其美和國民黨的參謀長黃郛，歃血拜把結義。這不僅是精神上的結盟，還把他們的政治、道義、精神、犯罪行為統統結合在一起。換句話說，他們不但立誓同甘共苦，還誓死互相提攜。與此同時，蔣介石也與另一個深受杜月笙信賴的青幫大老張靜江建立深厚友誼。張靜江是個有錢的金融家，同情革命。跛腳的張靜江，在西方人士的認知裡是個國際知名的中國古董交易商。他利用他設在巴黎和紐約的藝廊，替中國黑道朋友銷贓。日後，他變成蔣介石最重要的政治盟友，替蔣拉攏政治關係，替蔣洗錢，必要時替蔣出面和蔣不宜直接打交道的人談判交涉。

蔣介石和陳其美無可避免地成為袁世凱亟欲除去的眼中釘。一九一五年，上海充斥著各個政治陣營派出的間諜，陳、蔣兩人差點被袁世凱的警察逮到，不得不逃亡。他們潛往日本，但不時回到上海，做案，再逃亡。陳其美比起蔣介石更是袁世凱緝拿的對象，因為陳除了是通緝要犯之外，現在還是國民黨中央委員會主席。一九一六年五月，也就是袁世凱稱帝不成的一個月之後、去世的一個月之前，祕密警察盯上陳其美，把他給暗殺。杜月笙立刻支持、保護蔣介石，把蔣藏在公共租界。

摯友兼導師陳其美喪生，對蔣介石而言是個慘痛打擊，但是他藉勢運作，在政治上順勢崛起。陳其美死後不久，國民黨權力重新大改組。蔣介石成為孫逸仙的重要副手，一九一七年被委派為孫在廣州的軍事顧問，同時亦被派為孫的私人衛隊首長。然而，他不讓政治、軍事責任妨礙犯罪活動或個人活動。他和杜月笙合作，在上海成立一家股票、期貨交易號子，透過內線交易，兩人賺了大錢。蔣介石在交易所裡還登錄為經紀人。當時上海還流行一則笑話，說他之所以被稱作經紀人（broker），是因為他專門把跟他意見不合的人打斷（broke）手腳。杜月笙把生意上賺來的錢捐給國民黨，獲得國民革命軍少將頭銜。

軍閥時期，各地大小軍閥互相內戰，使得中國絕大部分地區動盪不安，但是中央政府並沒有受到太大影響。黑道生意也同樣不受影響。事實上，杜月笙還因為局勢不安而發財，因為他和各地軍閥都有來往，向他們買鴉片，賣軍火給他們，或介紹洋軍火商給他們而抽取佣金。軍閥如果需要招兵買馬，青幫也可以拿錢代辦。

任何有心人如果深入探究，就可以發現，一九二〇年代的中國政府跟黑道及其犯罪行爲，根本無從區分。整個政府組織已跟黑道的陰謀和機制交織在一起。國家的財政必須大量仰仗黑金支撐。

蔣介石好幾次在孫逸仙陷入危難時，隨侍在側，使得孫對他倚仗日深。不過，他的動機並非出於愛國或光榮。他在上海的一幫子提攜者——杜月笙、宋家，以及其他富有的工商領袖、銀行家——要他迎合孫逸仙。他們對蔣有一番期許和計畫。一九二三年，他奉派到莫斯科考察，目的在替孫逸仙的政府爭取蘇聯支持。蔣介石和他背後的提攜者並不贊同與社會主義的蘇聯掛鉤，因爲他們都是右派份子；不過，蔣還是暫時壓抑住他的政治信仰。翌年，國民黨第二次全國代表大會通過決議，委派蔣介石負責籌辦黃埔軍校。幾個月之內，他又出任國民黨軍事參謀長。

黃埔軍校在蔣介石的籌畫下順利開學。負責招生事宜的陳果夫，乃是陳其美的侄子。陳其美遇害之後，蔣介石遵誓，「照料」陳的後人和親戚。陳果夫召募了約七千名學生進入黃埔，大部分直接來自青幫的四九和紅棍；也有些是親戚或同宗。他們全都成爲蔣介石的私人鐵衛。

孫逸仙逝世，國民黨由誰來領導？結果爆發一場權力鬥爭。若干人選冒出來，但一般咸信廖仲愷最有可能出線。廖仲愷中間偏左，跟孫逸仙同樣懷抱民主和仁道的社會主義夢想。可是，政治圈內人都曉得，廖仲愷的機會不大，因爲他沒有恰當的後援。任何人要接掌孫逸仙的權柄，必須得到杜月笙的祕密支持、默許。杜月笙本人也樂於出來領導國民黨，但是此事根本不可能：據說光是上海警署裡，他的犯罪紀錄就有三十七個卷宗之多。此外，杜月笙也曉得他不需要接下孫逸仙的職缺——他可以點派自己人出任，此人即使不是傀儡，至多也是代理人。

孫逸仙死後數個月，中國又陷入動亂。中國共產黨已經控制了上海總工會，一九二五年就發動五百多次罷工，但罷工不全然是爲會員爭福祉。罷工也是政治動作。共產黨希望打破右傾的三合會，打破與三合會相關的工人組合對勞工市場的壟斷。此時，這些勞工組合也陷於混亂，因爲大耳杜和痲皮金榮也在爲誰當家鬧意氣。

要說杜月笙是個右派份子，還眞看低了他。他是個虔誠到近乎病態的反共人士，而且從一九二一年七月中國共產黨創黨那天起，就無時無刻不密切注意其發展。中共在上海密會組黨，杜月笙就派出間諜滲透其中。就他看來，共產主義不僅只是西方人想像出來的外來政治思想，這種意識型態會傷害到中國社會整個基本結構。他擔心如果中國共產黨起家，會傷害到他龐大的犯罪帝國。這種擔憂是其來有自，不是憑空想像。因爲中共組織勞工組合，推展勞動階級覺醒意識，正在削弱黑道對農民的掌控。在某些案例中，中共已因策畫大型工潮（如一九二二年癱瘓香港的海員大罷工事件）展現出潛力。杜月笙曉得，事不宜遲，不能不採取行動了。

張靜江銜命到廣州向蔣介石示警，要他準備好同步抓住權柄。不久之後的一九二五年八月，廖仲愷在廣州遭槍殺，兇手是從上海來的五名青幫幫眾。廖仲愷一死，左翼無人可以接替孫的地位；爲使情勢更加紊亂，謠言轟傳，暗殺是右翼溫和派首腦胡漢民策動的；這一來，胡漢民也失去機會出線。在這樣的權力眞空狀況下，採取中間路線、且在國民黨已迭有建樹的蔣介石就脫穎而出。蔣既當家，國民黨終於徹底黑道化。

*

蔣介石一上台，立刻就指派張靜江出任國民黨中央委員會主席。然後，人人升官，特別是有良好關係的人更獲拔擢。蔣介石和張靜江就此控制了整個黨。杜月笙已經把代理人送上壘，但很少人曉得他的角色，甚至中國共產黨也不曉得有他這個幕後幽靈。

蔣介石的權力似乎來自他具有領袖魅力的性格。他似乎能激發別人的忠心。軍隊堅決支持他，黨員也似乎全力支持他。可是，他的權力如曇花一現。他靠的是杜月笙在背後撐腰，必須按照三合會古老傳統，定期向杜月笙上貢。

中國共產黨從不鬆懈利用蔣地位不穩之勢，力圖找出蔣的弱點。一連十八個月，他們在全國各地組織罷工、罷市、罷課，主要是在大城市或重要交通線製造混亂。為了反制中共搗亂，蔣介石（背後有杜月笙支持）決心動用軍隊鎮壓中共，在上海則借重青幫徒眾，希望能夠全面撲滅社會主義。上海親共學生頻遭謀殺，且往往身首異處，死於非命，屍身則丟棄在街頭，以儆效尤。

一九二七年初，蔣介石的反共行動得到西方官員和商人的協助。上海公共租界警方開始對黑道活動睜一隻眼、閉一隻眼，不再努力查緝黑道。至少，沒有任何黑道份子因涉嫌殺害親共份子而遭到逮捕或起訴。西方國家暗中配合，動機出在擔心中共若掌權，可能會傷害到貿易。絕大多數外國生意人只要看看俄國的狀況，就知道未來前景，尤其一九一七年十月革命之後，大批白俄為了躲避蘇聯赤焰，逃到上海，不就是活生生的例子！他們深恐共產黨當家，就會搞國有化、沒收商業資產那一套。許許多多逃避馬克思主義的難民，積極以提供武器和情報來協助三合會。至少有一個白俄人擔任特務，加入共產黨，再向三合會通風報信。

公共租界裡，積極或消極、主動或被動支持三合會的行爲，十分普遍。法租界是鴉片生意的中心，生意網從上海沿長江往上游延伸至少一千六百公里，再像一隻大毒蜘蛛，擴散到中國各省。鴉片生意完全由青幫掌控，杜月笙從生產到消費通吃。他從波斯進口生鴉片，但也在雲南和四川擁有數千畝的罌粟田；他設法把生鴉片運送到長江下游，在南京、杭州和上海提煉。他在上海負責把生鴉片煉製成嗎啡、海洛因。一九二七年，他單從毒品生意賺到的利潤，按時價計算估計就達到兩百八十萬美元，使他不僅是上海首富，也富冠全國。他的所得占上海全市整體財經結構極大的百分比，而其中有極大部分再流進合法生意，以及他和蔣介石設立的股市。

爲了讓生意順利運作及青幫不受干擾，杜月笙每個月拿十五萬美元收買法國政府官員和警察機關。住在法租界裡，他不會受到中國警方干擾；不過我們也要說，他住在哪裡其實無關宏旨，他根本不會遭到干擾或起訴。他已經擁有國民黨首腦，因此他等於也掌握住警察機關；更何況，許多中國警察本來就是三合會成員。

青幫在上海的勢力無所不在，美國記者易羅生（Harold Isaacs）這個中國通，有很好的說明。他在一九三二年寫下，青幫幫眾包括：

> 貧民窟無產階級渣滓；法租界、公共租界和中國市警局裡多數警員及便衣偵探；本市警備司令部軍官；公安局官員；小政客和公職人員；絕大多數工廠領班；國民黨「勞工領袖」，以及許多小生意人。

青幫幫眾總數逾十萬人。

一九二七年三月，蔣介石開始調動部隊進入上海及附近地區。外國居民對此感到忐忑不安，深怕局勢有變。法國人卻根本不擔心，還向其他國家商民表示不用擔心。他們明白沒有必要緊張。蔣介石已透過麻皮金榮、大耳杜把計畫傳遞給他們。

部隊是接到情報才調到上海附近準備應變的。消息果然正確。三月二十日，中國共產黨號召八十萬名工人罷工，全市癱瘓。接下來，按照蘇聯顧問的訓練，中共黨員占領了諸如發電廠、電話局、火車站和電報局等重要設施。兩天之內，全市都落到共產黨手中，三合會組織也被趕出上海市的中國轄區。軍閥孫傳芳敗走，顏面全失。

四天之後的三月二十六日，蔣介石進城，和社區裡頂尖的中國領袖會商局勢。（會議是由張靜江安排的。這些人大多欠張靜江錢，張靜江借錢給他們，不僅只是圖幾文利息，目的也在本人或背後主人有需要時，能夠確保他們忠心不貳。）接下來，他與本市黑道大老黃金榮、杜月笙、張嘯林等人開會。他們在法租界密商如何奪回上海的大計。

起先，蔣介石公開宣稱和共產黨團結合作，共產黨給搞糊塗了，失去戒心。他又向勞工群眾表示，將會正視他們的苦難，也稱讚他們勇敢挺身捍衛權利。許多罷工民眾聽信他這番話，其中不少有武器者甘心交出武器，認定他率軍來協助共產黨，把他們從黑道宰制下解放出來。他又批評共產黨和罷工民眾的行爲不愛國。他講完這一番話，共產黨也搞不清政治風向了！不過他們依然相信蔣介石不會跟他們作對，只是想要找出和平妥協方案。

蔣介石和杜月笙悄悄與因罷工而蒙受重大損失的上海大商人展開談判。（杜月笙答應加入的前提是：

得到五百枝步槍和彈藥。）青幫和蔣介石以國民革命軍為後盾，挾持勒索整個上海市中國轄區。法國當局准許杜月笙部屬自由進出法租界，等於暗中伸出援手。

蔣介石和杜月笙忙著敲詐工商界之同時，共產黨也準備把一切可能跟它競爭的力量，尤其是忠於本地軍閥的部隊和與杜月笙無關的幫會，統統趕出上海。中國共產黨此時在上海的領導人，正是日後出任總理的周恩來。周恩來是否為中國最偉大的政治家，容或見仁見智，他曾一度在黃埔軍校校長蔣介石之下，擔任政治部主任。周恩來在皈依共產主義之前也曾加入三合會（入了共產黨之後，可能也沒有退出三合會），他被蔣、杜所騙，和勞工群眾準備歡迎國軍進城。

這是前所未見的黑道榨取保護費大戲。銀行家、貿易商、商人、碼頭東主、造船廠老闆和上海總商會集資數以百萬計的巨款，拜託蔣介石和青幫把共產黨趕出上海。他們還答應放款三千萬美元給蔣介石，表面理由是支應蔣在南京建立一個溫和、自由的政府之需。另外，大家還捐款兩千萬美元。蔣介石個人是否賺了外快，從來沒有人知曉。

錢已安全存入銀行，蔣介石開始行動。四月十二日，青幫發動攻擊，國軍暫時不動；蔣介石不希望外界認為國軍和老百姓交戰。何況，這也不僅是政治問題，還是宿仇對決。

這一場風潮就是所謂的白色恐怖（編按：即「四一二」事件）。任何地方只要和共產黨沾上一點關係，統統遭到攻擊。工會辦公室、黨組辦公室，以及共產黨領導人及同情者的住家都被查緝。共產黨領導人四散逃亡，但僅有少數人逃脫。全城血雨腥風展開集體處決。青幫幫眾全面獵捕共產黨員，街頭到處是屍體。青年女子被青幫暴徒逮到，先遭姦污，再剖腸開肚，並以其內臟綑綁起來。男性則先閹去生殖器，再按傳統黑道行刑手法，亂刀砍死。有多少人在這場上海清共事件中喪生？沒人知道。據估計，死者在五千人至一萬人之間。

上海清共之後，國軍和三合會橫掃全國，幾個月之內，蔣介石和三合會就控制了從南京到廣州的中國半壁江山。

第三章　政府幫派

一九二八年蔣介石在南京建立政府時，地方上的黑道都歡迎他；不久，西方列強也承認他是中國合法政權的領導人。許多外交使節或許不知道，或者刻意忽視，沒向本國上級報告：蔣氏和黑道牽涉極深。

在蔣介石以新王朝（帝制與否，無關宏旨）軍事最高指揮官身分統一中國的計畫裡，黑道扮演一種類似蓋世太保的重要角色，軍方藉此可以保持超然不介入黨派之爭的表象，爭取民心。蔣氏因之投桃報李，只要祕密團體不干預政府運作，或阻撓蔣本人之利益，就允許他們在犯罪行爲上無慮政府干預。此外，他擔保黑道關鍵大人物出任政府重要職位，也承諾全力剿滅共產黨，根本不去分辨他們是搞工運，還是眞正推行勞工改革。因此白色恐怖得以延續好幾年。每當某個勞工運動或類似組織遭到查緝（通常都以黑道間諜滲透入會爲開端）爲首者一律處決，普通會員則交予紅棍接管，讓紅棍成爲他們的新主子。

在農民和勞動階級的環境之外，黑道在政府裡愈有影響力，愈能掌控企業。他們很快就吸收了商人、銀行家、保險經紀人、船務代理人等等，紛紛投入門下。外國生意人，如重要的英國洋行買辦，都曉得確保生意不受黑道干擾，至爲重要。爲了不生枝節，他們支持蔣介石，借錢、賣軍火給他，而且爭先恐後想加入三合會。

地位最高的黑道大老被任命爲政府顧問。大耳杜除了掛少將軍銜，官拜顧問，痲皮金榮也少不了官職。他們的親信紛紛出任將軍、參謀官和高階文官。在蔣介石治下，中國無物不可出售，只要價碼對或恩惠夠大即可。貪瀆不再是遮遮掩掩、見不得人的事，而是一門藝術。法律程序交付給惡棍。警察和軍方按理是要打擊黑道犯罪和貪瀆，可是本身都徹底腐爛，受到他們應該捉拿的歹徒控制。

在青幫協助之下，蔣介石強迫上海的商人及富有的居民，除了繳稅之外，還要捐獻巨款給政府。這些不樂之捐絕大多數落入蔣氏本人，以及杜、黃等黑道大老私囊。至於向民眾募款方面，蔣氏發行政府公債，爲了廣爲推銷，運用青幫徒眾沿門兜售。上至公司經理人，下至苦力，人人都是推銷政府公債的對象。上海有個百萬富翁稍爲猶豫，他的長子就依照傳統黑道辦法遭到綁架；另一個富商的兒子則被栽上涉及共產黨反革命的罪名，抓進官府，等他老爸湊齊巨額捐款，才解除牢獄之災。數十年前的黑道行徑，現在成了政府政策。

儘管國民政府打的名義是公債、捐款、借款，沒有人期待它會還錢。蔣氏政府依舊入不敷出。宋查理的兒子宋子文被派任爲財政部長，但是他拒絕擔保這些訛詐來的借款，與蔣氏鬧翻了。大姊夫孔祥熙和大姊宋靄齡勸他識相，他怎麼能和現在自命爲「軍事委員會委員長」的蔣先生對抗？後來，宋子文變成蔣氏跟前唯唯諾諾、恭謹聽命的人。

在政府及地下世界範圍之外，蔣介石和杜月笙交往日益密切。多年來他們在黑社會的關係來講就是情同手足，倚賴極深。兩人交情之深有一則例證：一九二一年十一月，蔣介石要遣走現任愛妾，和元配毛福梅離婚，另娶一個女子陳潔如。蔣、陳交往之前，她是杜月笙的財產。這可不是隱喻，因爲陳潔如曾是青幫一家妓院的風塵女郎。他們倆爲什麼要結婚，原因不明。可能因爲她是可以具體表徵兩個男人交情匪淺的一個活生生的人吧，畢竟可以確定的是，兩人都是她的入幕之賓。然而，結婚不到數星期，蔣又移情別戀。這次他傾慕的對象和孫逸仙一樣，是宋查理的另一個女兒，人稱愛權勢的宋美齡。杜月笙動用他和宋靄齡的交情，協助撮合這樁好事。蔣介石終於在一九二七年十二月遂了心願，拋棄陳潔如，另娶宋美齡。

意志堅強、自信十足的宋美齡，現在已是中國的第一夫人，想要展現她的權勢。她向新婚夫婿建議，你已是委員長，不應該再向青幫繳付保護費。這是個大錯！杜月笙必然在蔣周遭的僕人或機要中安插了眼線，消息走漏，委員長夫婦蜜月回來不久的一天，蔣不在家，一輛汽車來到公館，表面理由是接美齡到大姊靄齡家。然而，司機並沒把她送到靄齡家，而是送到杜月笙在法租界的一棟宅邸。她被留置在那裡做客，下落也刻意傳出去。她哥哥子文打電話來問，杜月笙告訴宋子文，她一個人開車在街上亂逛，這對第一夫人而言，實在太危險了。萬一出事，豈不太可怕？杜月笙又說，蔣介石忙於國事，忽略了嬌妻安全。他邀子文過來，討論這個問題。當然，事後保護費是照交不誤。錢不是大數目，要緊的是原則問題。

*

杜月笙黑心錢的主要來源是毒品。他不僅搞鴉片煙生意，還生產「白粉」和「黃粉」這種吸食的海洛因，可以和菸葉混在菸裡；用水煙槍吸食的「金丹」；一種極純的吸食海洛因「快上快」；一種紙捲，兩手搓揉，就可透過皮膚吸進的痲醉劑；製成塊狀、一次可以刮下少許來吸食的「黑膏」；嗎啡和古柯鹼。

透過和杜月笙的密切關係，蔣介石及其政府變得非常倚重鴉片收入；蔣曉得，單憑毒品就能支應政府經費之需，使他掌握政權。他在接掌政府領導大權之後，有一項動作就是在宋子文協助下，籌設政府官辦的鴉片專賣單位，命名為「禁煙處」。蔣介石向開始正視全球毒品問題日益猖獗的外國政府表示，他希望由政府嚴格管制、勒戒有毒癮的癮君子。這當然是一派胡言，他的眞正用意是本人及其政府要從毒品管制、勒戒當中，分一杯羹。

這項專賣事業非常成功，賺了不少錢，直到擴及杜月笙在浙江、江蘇的鴉片種植區域。接下來又和杜月笙在上海從事鴉片貿易的三鑫公司發生衝突。杜一抱怨，蔣立刻裁撤禁煙處。可是國際間又有一股強烈反彈聲浪，蔣被迫端出「折衷」方案，把禁煙處改組爲「全國禁煙委員會」，宣稱：「國民政府不會企圖從鴉片煙稅裡拿走任何一分錢。如果把鴉片煙稅當做主要稅收來源，這個政府就不值得國人信賴。」

這話倒也不假。政府沒從鴉片煙稅裡抽取一分錢，而是透過黑道，或是託稱「取締鴉片」名目，從利潤裡賺取大筆銀子：一九二九年，取締鴉片項目下就獲利超過一千七百萬美元。宋子文也不錯失此一商機，以財政部長及個人身分，都投入了鴉片生意。一九三〇年，國產鴉片因爲氣候不佳、罌粟收成不足而告缺貨，宋子文投資了七百箱波斯鴉片，由杜月笙進口。國軍在上海碼頭負責卸貨，並駐守存貨棧房。政府旋即售出這批鴉片，宋子文賺到可觀的佣金。

次年，蔣介石渴望給予外界他和鴉片生意無涉的形象，便與杜月笙達成一項協議。青幫在各種鴉片生意上可以不受干擾，對政府派任緝毒官員可以擁有否決權，也可以保證獲得相當比例的利潤，條件就是一次預付前金六百萬美元。這項協議從未付諸實現，但其用意十分明顯。蔣、杜企圖利用四千萬癮君子同胞發財，其野心遠比列強鴉片販子利用快船運進鴉片的代價要大。

杜月笙的毒品買賣不僅使中國人上癮。起碼半數海洛因，還透過法國殖民地外交郵包出口到法國。上海法租界的警局主管，也就是黃金榮的頂頭上司費歐理（Etienne Fiori）是科西嘉人，也是科西嘉黑手黨一員。費歐理和法國總領事柯齊林（Koechlin）都受到杜月笙供養，杜月笙不斷提供他倆女色和金錢。費歐理跟他的部屬一樣，藉由杜月笙、黃金榮給付的「花紅」，收入增加三倍以上。費歐理安排杜月笙的海洛因由上海取道河內、西貢、馬賽，運送到巴黎。費歐理又安排另付賄款，打點沿路海關人員，及法國關鍵政客和文官。收買後者的目的，是要他們別插手管法租界事務。僅管有龐大的賄款，杜月笙也派中國資深外交官顧維鈞的太太做特使到法國斡旋，法國政府還是宣布預備調查上海的情形。（顧維鈞是中國出席巴黎和會的代表，參與交涉凡爾賽和約，無可避免也是三合會資深幹部。）杜月笙把這解讀成費歐理和柯齊林出賣他。一九三三年，他們退休要回法國之前的餞別晚宴裡，兩人都被下毒。柯齊林和同桌賓客死得很痛苦；費歐理僥倖沒死，但健康大壞。

蔣介石除了藉鴉片買賣、發行根本毫無價值的公債，並且靠其他種種無法無天的活動大發其財之外，還接受相當數額的外國援助，而這些外援大部分也消失在他私人口袋裡。他的貪婪惡名昭彰，以致於上海外交圈和外籍人士給他一個綽號：「淨開空頭支票斂財」。

爲了洗錢，他在一九三三年決定自己開一家銀行。表面上，這是替構成中國農業生產主力的農民、佃農和小地主服務的銀行，因此命名爲「中國農民銀行」，在公共租界裡，洋人卻嘲諷那是「鴉片農民銀行」。農民銀行總經理顧翊群是顧維鈞的親戚。蔣介石親自核定董事會所有成員的派令；這些人絕大部分是黑道人物，或是他可以影響、操縱的生意人。杜月笙、黃金榮，還有許多受蔣眷愛的黑道，都與農民銀行往來。除了洗錢之外，農民銀行也發行鈔票。蔣介石若是短少現金，乾脆就命令替他印鈔的「美國鈔券公司」（American Bank Note Company）再多印一些錢來供用。多年來負責經營財政、努力度支平衡的宋子文和孔祥熙因而十分緊張，可也拿蔣介石莫可奈何。農民銀行的提存準備金和帳冊，從來不接受檢查，道道地地是家黑道銀行。

如果說農民銀行是個拙劣的模仿，讓人看破手腳，一九三六年跟蔣介石五秩華誕時杜月笙送他的大禮，卻也還沒得比。杜月笙和蔣介石都曉得中國軍備極差，多年來花費大量金錢加強國民黨武裝力量。為了掩飾資金來源，杜透過孔祥熙買了不少新武器，其中較著者有一百二十架最新型的美製寇蒂斯（Curtiss）鷹式二號及鷹式三號飛機。杜月笙獻機祝壽，送給蔣介石一架鷹式XF11C-3飛機。飛機上半身漆上橄欖褐色，下半身為淺灰色。尾部髹上國民黨空軍的藍、白條紋，機翼則為青天白日徽記。機身兩側，也就是引擎後戶，則漆上飛機的名字「上海緝煙號」。這個名字惹來上海外國人圈子的揶揄，說是：「總算找到妙計，緝煙終於可以起飛。」除了鷹式飛機，杜月笙也向英國買進葛羅斯特武士（Gloster Gladiator）戰鬥機，還向蘇聯訂購其他飛機。

＊

見到墨索里尼極端民族主義的黑衫隊對付義大利社會主義派和共產黨人那麼成功，希特勒的蓋世太保SS部隊也發揮極大功效，蔣介石也效法成立「藍衣社」。藍衣社的任務是偵查、搜索、撲滅共產黨和不聽話或貪瀆（重點是不聽使喚）的官僚，以及國家敵人。國家敵人指的是政府、黑道或打手本身不喜歡或企圖消滅的任何人。從一九三七年起的四年之內，藍衣社至少執行了一百五十次暗殺行動，包括親日的上海市長都被幹掉。藍衣社全部特務大約一萬人，全在黃埔軍校接受青幫教官培訓。許多人忠於杜月笙，他們若不從事政府的齷齪工作，就兼差替杜月笙跑腿。

蔣介石空有中國委員長名銜，並不能統治整個國家。軍閥割據結束，他在南京建立政府時，勢力只能號令華東、華中數省。其後十年，他逐漸擴張勢力範圍，但仍然前途多艱。中國政治局勢起起伏伏，日益複雜。中國共產黨在毛澤東領導下，站穩腳跟。國民黨則分裂、再分裂，合併又分裂，派系林立。蔣介石的領導地位脆弱，必須和左翼領袖汪精衛結盟，政府因此受到軍派、CC派（陳果夫、陳立夫兩兄弟爲首）、改組派和政學系等派閥牽制、影響。蔣介石必須施出渾身解數，才能擺平各方政治需求。當然，他有黑道助他一臂之力。

黑道現已全盤演化爲犯罪組織，不論政治氣候怎麼改變，照舊蓬勃發展。在中國廣大的農村地區，包括三合會在內的祕密社團，大體上保持住傳統結構和宗旨，繼續介入各種農民動亂，不論誰當家掌政，都要代表民間爭取政府解決民瘼。

一九二四年，四川出現順天教，有點像是小規模的修正派義和團組織。他們光著上身，穿猩紅色長褲，自認可以隱身，目的在於對劫掠其莊園的土匪和地方軍閥部隊，展開報復。次年，華北出現紅槍會，目的同樣是阻止部隊和匪徒肆虐。他們的穿著外表比起順天教還更加傳統，紮紅腰帶，執節有紅色絲纓的紅槍。他們以武術高明著稱，能在半空中翻觔斗，左閃右躲以欺敵，和今天功夫影片裡的高手很像。不過，他們可不只是機靈的戰士，還有政治目的——希望獲致區域自治。

中國共產黨不消多久就注意到這些農民組織。紅槍會特別值得引以爲非常有用的盟友，因爲他們的根據地在華北，可以做爲夾擊國民黨的另一支武力。毛澤東刻意拉攏他認爲有利於共產黨發展的組織。他做效孫逸仙，設法利用他們的愛國意識以及要求改革的力量。不過，中共黨內仍有人對此舉表示憂心——周恩來就擔心祕密會社一向的害處。

周恩來的警語，沒人聽。共產主義福音在華中各省國民黨勢力不及、軍閥統治的地方散播開來之際，祕密會社和社會主義鬥爭的關係變得益發密切。他們不僅反抗蔣介石的國民政府，也反對貪婪的軍閥，而且影響到迷信、單純的農民之思想。一九三四至三五年的長征，穿越十一個省分，毛澤東在整個過程裡，積極鼓勵和農村祕密社團建立關係。他需要利用他們的潛力，就像蔣介石必須利用城市黑道一樣，而且用意也大體相同。祕密社團提供基層部隊，快快接受共產黨的政治主張，也會堅守誓詞、聽命服從。毛與蔣之不同在於共產黨不參與任何犯罪行爲，不過我們必須要說，這些祕密社團的確挹注金錢給共產黨，而這些金錢不可避免地來自若干恫嚇、訛詐行爲。

一九三〇年代，蔣介石政府開始興建公路、鐵路，黑道爭搶包工，組織「工會」，收取保護費以阻止營建苦力總工會罷工。已經相當龐大的國債，因爲擴張計畫逐一推動，益發債台高築，可是黑道才不在乎：只要能分得一杯羹，誰還去關心那些問題。

就絕大多數的中國百姓而言，生活和滿清末年根本沒有太大差異。這些改革根本沒影響到他們。中國依舊是個農民勉可餬口的國家，靠水牛耕田，苦力在紡織廠賣命，女性像奴隸般在田間辛勤勞動。減租法令、抑制地主貪婪、改善教育等等政府應許的改革，除了在城市（這是國民政府的權力基礎）之外，根本不曾實現。儘管一再高唱緝煙禁毒口號，鴉片依舊猖獗。

上海，鴉片在社會各階層依然公開供應。比較下層的煙館供應鴉片給苦力，奢華的煙館服務上層客人，至於鉅富人家，可送貨到府。鴉片罌粟栽種十分普遍，甚至有人在公共場所傑斯飛公園（Jessfield Park）的花床公然種植！浙江、山西、雲南和四川等地的種植、生產，根本不曾受到查緝。杜月笙繼續賺進大把的銀子。

一九三〇年代中期，國際聯盟派駐上海的一位代表伊羅娜・蘇絲（Ilona Ralf Sues），是個積極反煙毒的人士，對於已經有鴉片煙癮的杜月笙之形貌，有一段相當不堪的描述。她在一封信中痛加抨擊杜月笙從事鴉片生意，不料此信遭到杜月笙安置在郵局的「檢查員」攔截，呈報給已屆中年的杜月笙，她因而被找出去杜老闆「溝通」。她在自傳《魚翅和粟》（*Shark's Fins and Millet*）中描繪杜月笙是：「身穿藍色棉袍，油膩骯髒，腳登一雙舊拖鞋，剪短髮，前額稍禿，短脖子，牙齒泛黃，兩眼無神，活脫就是煙癮患者的神貌和身形……他伸出一隻冰冷的手和我握一握。這隻瘦骨嶙峋的手，留著兩吋長、帶著煙薰黃色的尖指甲。」

蘇絲藉機就直接與杜月笙討論起鴉片生意。當時，杜月笙是蔣介石親自派令的「全國禁煙委員會」委員，眞是請獅子看守羊群啊！他聲稱已盡最大努力消滅煙毒，沒收每一分一毫的海洛因。蘇絲大膽指陳，這個說法不正確。杜月笙動怒拍桌子，嚇壞了陪蘇絲前去的中國同伴，也引得杜的保鑣掏出槍來。她還是不屈服，向杜月笙指出，如果他眞能把鴉片趕出中國，必能在國際間揚名立萬，成爲一個英雄，解救中國人受到帝國主義壓榨的桎梏。這番論調起不了作用。其實，根本不會起作用。杜月笙靠鴉片煙毒，每個月賺進的錢就有好幾百萬！

然而，做煙毒買賣生意的人，可不止他一個。日本人也進口大量鴉片，在天津和其他都市自行製造海洛因，往往也不避人耳目，就在日本使領館建物之內生產起來。他們的理由很簡單，且有長期的野心——他們要全力癱瘓中國，銷蝕中國人心，以利他日入侵和占領中國。杜月笙和他的公司也從位於雲南省的罌粟園，販售毒品給日本人。因此，我們可以說，他私利薰心，協助敵人，腐蝕中國。

日本人終於在一九三二年春天動手，侵入中國東三省，併組成一個保護國——滿洲國，冊立滿清末代皇帝溥儀爲傀儡君主。蔣介石向國際聯盟提出強烈抗議，但並無任何結果，不久，他就遇到更加棘手的問題，亟待解決。

*

一九三四年，蔣介石面臨一個經濟上的大轉折。全國物價飛漲，通貨膨脹居高不下，經濟向下沉淪。他通過一條法令，要求所有銀行提出四分之一的固定資產投資政府公債。全國銀行界大嘩，但抗議無效。孔祥熙著手把不服從法令的銀行收歸國有。這項行動徹底、無情地執行，被外界稱爲「上海銀行界大變天」。沒有人得以倖免。中國銀行總經理張嘉璈，是勢力極大的交通銀行實質的主人，和蔣介石有拜把之誼，也不能豁免。談到白花花的銀子，歃血爲盟的兄弟情也不管用。張嘉璈先是被貶到位居孔祥熙之下，顏面大失；他向蔣介石申訴、求助，得不到回音，不久就退休移居洛杉磯，後來在加州一所著名大學講授經濟學。

次年，蔣介石爲了穩定經濟，決定廢除銀本位制，以免銀價波動動搖經濟基礎。拿什麼代替銀元呢？有人主張政府發行自己的貨幣「法幣」。中央銀行、中國銀行、交通銀行和農民銀行四大銀行（譯按：通稱「中中交農」），被授權在「發行準備管理委員會」監督下發行新的通貨。理論上，這是健全的經濟措施，可是這個監理委員會的成員卻包括宋子文、宋子良兄弟及杜月笙，杜還身兼掌控龐大的房地產質貸放款之「本國銀行監理委員會」委員。全國主要的銀行結構，完整落在一個銀行家卡特爾組織的手中，這些人若非黑道大老，就是仰其鼻息的同情者。孔祥熙兼有中央銀行理事身分，也是工業銀行東主；宋子文、子良和靄齡分別在交通銀行、中央銀行、昇華信託儲蓄銀行、中國農工銀行、廣東省銀行、廣州市立銀行以及工業銀行等銀行據有董事席次。杜月笙則是中國銀行、同華銀行、中匯銀行、江浙銀行的董事，也是中國通商銀行董事長。杜月笙在金融界的力量無遠弗屆，因此人們提到「上海銀行家」，往往不用提名道姓，指的就是杜月笙。

杜月笙在上海金融界家喻戶曉，並不令人意外。中匯銀行就是他獲利豐厚的自家銀行，辦公室座落在法租界愛德華七世大道一四三號，可以完全不受中國金融法規管制。杜月笙在中匯銀行二樓有個辦公室，要上樓，必須坐電梯，而電梯由一群武裝保鑣守護，其中一名保鑣是個獨眼的兇神惡煞，人見人怕。此外，他無論走到哪裡，都留下了慈善家的名聲，饒富社會良心。表面上，他是個可敬的仕紳；公平地說，他的確也捐出大量善款給醫院、學校和慈善機構，大部分位於上海市內及周圍城鄉。

他在商界的知名度並非永遠通行無阻，可是只要他想要，你又無法拒絕讓他如願，他已經強大到可以為所欲為的地步。一九三五年底發生了一件事，就是個鮮明的實例。英國政府派了一位經濟學家列斯—羅仕（Sir Frederick Leith-Ross）來協助中國進行法幣改革。他向孔祥熙抱怨，怎麼可以把杜月笙納入發行準備委員會呢？他關切的不只是杜月笙和黑道瓜葛繁雜。法幣推出時，傳說孔祥熙的太太宋靄齡向杜月笙透露，政府對外幣交易的政策即將有變。杜月笙誤解此一訊息，賠了五萬英鎊。他怪罪孔氏，要求中國銀行退還他這筆損失。孔祥熙拒絕。根據列斯—羅仕的回憶錄，不久之後，一群扛夫抬著一副中國傳統棺木，來到孔公館。次日，中央銀行理事召開特別會議，通過彌補杜月笙的損失。用不著多話，列斯—羅仕的反對被全盤推翻。

近年，有人試圖替杜月笙洗刷污名，指出他是個民族主義的愛國人士。這一點並無爭議。他的確對國民政府革命奉獻良多，可是他也的確犧牲全民利益，圖利自己。他應該先被後人以圖謀私利的歹徒看待，不應被視為忠誠的愛國人士。

起的急迫性不及日本人來得大。

＊

一九三〇年代，共產黨勢力逐漸坐大，構成威脅。他們的宣傳打動群眾，群眾飽受富人、祕密會社和政府重重剝削，已有不滿之情。到了一九三七年，長征已成為過去，中共腳步漸穩，可是突然間，中共崛起的急迫性不及日本人來得大。

一九三七年七月七日，日本人在北平西南方策動一場軍事對抗，在幾星期內即升高為中日全面戰爭，要一直打到日本在第二次世界大戰戰敗投降為止。比起國軍部隊，日本軍隊訓練精良、武器先進、軍官素質良好。他們也不貪瀆。在日本軍中，陞遷之道唯有靠能力表現；在國軍裡頭，官運要靠人事背景、奉獻上級紅包多寡，以及屬於哪座黑道山頭而定。

日軍推進神速。北平、天津在幾星期內即告淪陷。到了十一月，經歷三個月保衛戰（編按：即淞滬會戰），上海亦淪陷，南京旋即告危。到了一九三八年三月，日軍已征服黃河以北絕大部分華北省分，也攻占杭州、廣州和大部分的廣東，廣西海岸線也遭占領，海南島亦保不住。

一九三七年底，國民政府由南京輾轉播遷到重慶，南京防務大門洞開。蔣介石的黑道部屬和支持者跟隨他逃亡。十二月十三日，日軍開進南京城，在日本裕仁天皇命令下，展開惡名昭彰的南京大屠殺。黑道的愛國精神顯然未能擴展到冒一己性命，拯救南京同胞。四萬名中國人慘遭日軍姦淫、開腸剖肚、點煤油燒死，或做為活靶，拿來祭刀、斬首、砍殺。

蔣介石面臨兩面作戰，外有日本入侵，內有中共稱亂。中國陷入一片混亂。日本人在北平、南京扶植成立若干傀儡政府。他們得到本地黑道份子的默認和支持；這些黑道只要能夠維持發財機會，任誰都可以支持。

毛澤東在一九三六年曾經向蔣介石提議，國共暫時停戰，以便合作對抗日本。毛澤東判斷局勢急迫，日軍侵華之戰隨時會爆發，還批准中共中央發表談話，邀請若干祕密社團和中共結合，反制日本入侵之威脅。蔣介石卻接受頑固反共的杜月笙意見，拒絕國共合作抗日。然而，蔣遭到手下一位將領的劫持（編按：即張學良），做出某種程度的妥協；日本入侵之後，國共雙方終於妥協。中共部隊編入國民革命軍第八路軍。黑道組織在抗日戰役中亦扮演重要角色，紅槍會投入戰局，日本人剿緝無功，遂利用日本黑道，在中國也組織起親日的祕密團體「魚槍會」（Fish Spears），卻徹底失敗。

讓杜月笙大爲不豫的是，蔣介石不僅允許中共在重慶設立辦事處，還開始付給他們補助金，也准許中共把散布在長江南方的部隊，編列爲新四軍。毛澤東因而在中國心臟地帶有了立足點，在抗戰期間以此爲基礎，利用國民政府不遑他顧之下發展、坐大。

抗戰期間，中國政治上陷入一片混亂，一度出現五個政府，相互對抗。國民政府受到國際間承認，駐守重慶。毛澤東在延安自立共產黨政府；日本人在南京有其扶植的傀儡政府；東北有「滿州國」；新疆方面也出現一個親蘇聯的迷你自治政府。蔣介石面臨的對手分布各方，實在難以動用青幫同志去滲透、影響他們，而且似乎他本身也岌岌可危。拯救他的，不是黑道，而是日本人。日軍偷襲珍珠港，西方列強加入戰局，國民黨既然是「合法的」中國政府，突然間在軍事上、道義上和金錢上，得到英國和美國的支持，蘇聯也有較少程度的支持。俄國人和美國人一樣，有長期的計算，同時支持毛澤東和蔣介石。

抗戰之火燒得熾熱，共軍幹部在日軍占領區組織起農民游擊隊。祕密社團是抗日運動的主幹，很多團體和中共結成同盟；但並不是所有的祕密社團都和中國人站在同一陣線，也有許多人勾結日本人。上海、南京和北平出現「中國安清同盟會」等組織，公開支持日本人。一九四〇年汪精衛在南京成立親日的國民政府時，得到黑道的鼓勵。和日本人合作的祕密會社絕大部分寄身在城市裡，有著犯罪的動機：在任何戰爭裡，都有發國難財的機會。至於農村地區，大部分祕密會社都和日本占領軍對抗。

蔣介石和往常一樣，善加利用黑道勢力。國民黨令人聞之喪膽的特務機關「軍事委員會調查統計局」局長戴笠，是個非常資深的祕密社團人物，多年來已逐步吸收幫派人物加入特務機關，一方面利用他們的專長，一方面也好監視黑道的一舉一動。他能夠達成任務，有一部分是因爲和杜月笙有拜把之誼，不僅私交篤厚，還勾結犯罪。戴笠還把美國情報機關「戰略服務處」（Office of Strategic Services, OSS）駐華主管梅樂斯（Milton Miles）介紹給杜月笙。梅樂斯和杜月笙一見如故，形容杜月笙是個「和藹可親的老紳士」。一九四三年，有「中國的希姆萊」稱號的戴笠，和梅樂斯合組「中美合作所」（Sino-American Co-operative Organization, SACO）；戴笠當所長，梅樂斯爲副所長。中美合作所部分經費可能來自杜月笙，但必定得到杜月笙的支持。合作所在重慶附近一座訓練基地，培訓了兩千多名美國人從事游擊戰，許多講師是前黃埔軍校校友和黑道人士。日本人在一九四五年投降時，戴笠、杜月笙和梅樂斯三人與日本人及中國傀儡政府合作，祕密安排上海和平移交。

戴笠指示所有的祕密會社，包括他可以全盤掌控的藍衣社在內，在敵後地區建立情報網，潛伏特務，提供地下破壞工作人員，組織各團體大結盟；他親自督導、監督他們的情報任務，也確保他們各自保持自主自立。他有著杜月笙年輕時在上海部分完成的相同雄心——結合所有的團體，以自己爲最高的領導人。不過，他同樣壯志未酬。

除了軍事情報工作之外，許多祕密會社和國民黨並肩作戰。有人負責安排從敵後逃到大後方的路線。

在少數幾個案例上，他們協助英國戰俘逃出香港；在中立的葡屬澳門營運一個地下祕密郵件中心：協助英國特務機關「特種作業執行處」（Special Operations Executive, SOE）暗殺日本領事官。然而，就更多的祕密社團而言，戰爭根本沒有什麼不方便，反而是鞏固財富的大好機會。

上海青幫的歛財生意並沒有受到太大影響。不過，毒品生意卻有來自下列各方的強勁競爭：親日本的黑道份子固然要分一杯羹，日本當局本身也插一腳，汪精衛也有份（他擁有好幾家鴉片煙館），華洋黑道，龍蛇混雜，有志一同來搶市場大餅。洋人黑道又以白俄幫（往往是猶太人）爲著，他們和日本人及三合會勾結。一直要到戰爭末期，外來競爭者才開始嚴重侵蝕到青幫的煙毒利潤。

青幫的生意興隆。它爲本地商人提供保護，不受日本人干擾。替日本當局效勞的中國警察，也沆瀣一氣，分沾好處。幫會經營的妓院、賭館，莫不生意興隆。戰爭末期開始出現糧食短缺現象，黑道又經營起黑市交易，甚至供應物品給散居在上海市各戰俘營中的盟國戰俘——尤其以浦東地區爲多。他們不僅偷運食品進去，也能提供藥品，只是索價不菲，往往要求戰俘以黃金支付。到了一九四五年，很難再找到一個戰俘仍保有結婚戒指，甚至鋼筆尖也拿來換黑市蔬果。

鴉片生意其實不減反增。日本當局曉得黑道不好惹，他們若要滋事，亂子不會太少，因此和他們達成協議：只要上海黑道不涉入戰爭，日本人就不干擾黑道的生意。因此，他們果眞依約不介入戰爭，彼此相安無事，甚至還保護上海市的日本守軍據點！

青幫和杜月笙的利潤因而大增。杜月笙本人已無法租界的警察友人保護，又官拜國軍少將，很聰明地退出上海。一方面固然是因爲日本撐腰支持的黑道，要搶走他的地盤，令他顏面盡失，更大的因素是他要保護自己的性命安全。已經有若干對手買兇要殺他，杜月笙雖然防備森嚴，但畢竟上海的氣氛已經充滿爾虞我詐，出賣老大成風，最好還是提高警覺。

一九三七年底上海即將淪陷前夕，杜月笙搭乘法國郵輪，避居香港，住進半島酒店一間大套房。半島酒店是香港著名酒店，公認是倫敦和紐約之外最上乘的一流酒店。陪伴杜月笙流寓香港的，是他兩名愛妾之一；另一位愛妾則陪著他和杜所生的兒子在英國留學。

眼見上海不會太快光復，戰爭還會拖上一陣子，杜月笙搬出半島酒店，搬進他在港島半山區甘迺迪路購置的物業。由於種族歧視，華人不得在太平山最頂上置產，半山區已是華人能進住的最高級地段。他也在格洛斯特酒店（Gloucester Hotel）——檔次僅略低於半島酒店——租用一間私人套房會客、辦公。他爲了呈現紳商面貌，參加若干公益團體，打進香港社交圈。

他偶爾由香港進入中國內地，照料生意，給蔣介石出出主意。有一次，他接受英國作家歐登（W. H. Auden）和伊舍渥德（Christopher Isherwood）的訪問，談到他擔任中華民國紅十字會理事的工作。伊舍渥德在他們倆人合著的《戰地行》（*Journey to a War*）一書中描繪採訪經過：

> 到杜公館訪問，好比是進入戒備森嚴的碉堡。走廊起碼有十來名侍從肅立，我們入座，椅子後又站了好幾個人。杜月笙又瘦又高，臉龐似乎是用石頭雕鑿出來，道地中國版的人面獅身像。

訪問告終，杜月笙感謝他們「具有人道精神」，前來關心紅十字會活動。

日軍在一九四一年十二月中旬攻打香港前夕，杜月笙又遷到重慶。這個複雜難解的漢子之另一面，此時又呈現出來。他一面幫著蔣介石濫用外國軍援，一面又號召上海的徒眾成立一支反日的第五縱隊，由他出資組織的這批破壞份子取名「鐵血團」。他們炸毀鐵路，在街上行刺謀殺日本人，也在日本人眼皮下走私偷運民生必需品。杜月笙甚至提議，可以操縱上海、廣州和香港的勞力市場，也引起英國特務機關特種作業執行處的興趣。杜月笙當然有經驗、有人脈可以策動此一計畫，不過，後來並未付諸實現。鐵血團努力攻擊日本人之際，他們的幕後老闆卻在上海經營妓院，拿中國女子去服務日本人。

戰後，杜月笙的勢力終於開始式微。他現在年齡已大，受尊敬，但地位漸失，健康也因煙毒上癮而大壞。新起的對手在戰時發財，乘勢崛起，青幫由日正當中開始頹弱。杜月笙此時的地位，可由一九四六年一件事例見其一斑。抗戰期間，杜月笙的上海證券交易所關閉。汪精衛在漢口路原址，開了另一家證券交易所。抗戰結束，汪記交易所關閉，但杜記老字號並沒有重新開業。中國銀行、交通銀行和中央銀行三大行庫另行集資，籌組一家交易所。杜月笙不在其列。他接受律師勸告，把原來的交易所轉型改組爲地產公司。這家地產公司回過頭來，大舉投資三大行庫新設的交易所，他也就順理成章，又居於交易所董事之位，薑還是老的辣啊！

*

日本戰敗投降，蔣介石和毛澤東一度企圖交涉合作，但國共合作終究破局，中國再次陷入內戰。國共交惡，杜月笙繼續支持蔣介石，即使蔣已落敗，杜仍一本初衷，支持不渝。蔣氏在美國和黑道支持下，企圖撲滅中國共產黨。他效法昔年孫逸仙的作法，向海外祕密社團呼籲支持。抗戰甫告結束，蔣介石就派出特使遊說各地山主，於香港召開祕密會議。這名特使告訴大家，當年推翻滿清乃是會黨之功，現在中國需要大家來拯救，這次不是救她脫離外來統治者，而是救她不受外來意識形態荼毒。他要求香港會黨派出三十萬名四九和紅棍。這個要求實在太過有野心，因爲這等於是整個香港百分之十的人口！祕密會社的山主們表決支持蔣，並且通電支持，但是不會派人過境回內地打仗。那種時代已經過去，何況，他們在戰後的香港也有好生意可以做！

國民黨動用祕密會社成員在全國宣傳，提升對國民黨的支持，並阻止親共份子滲透。爲了確保全民效忠，不斷舉行集體宣誓，將民眾團結在國民黨旗幟下。數十萬人被策動加入祕密會社，儀式也簡化到只剩一項基本誓詞：宣誓服從，決心推翻毛澤東和共產黨。不忠，就得死。此外，祕密會社還企圖動員農民，但就跟集體入會一樣，成效不彰。中共宣傳機器極爲強大，國軍被一路追逐南撤。

一九四九年，共軍已兵臨城下，即將進占上海，蔣介石要求杜月笙施出援手，進行一項大膽行動——搬空中國銀行。

稍早，蔣介石試圖挽救通貨膨脹亂局，廢除法幣發行金元券，訂下四金元兌換一美元的匯率；然而，由於黃金準備不足，無法支撐，金元券計畫宣告失敗。過程中，在孔、宋家族操弄下，一半的黃金準備「消失」了，另一半存放在上海的銀行金庫裡。杜月笙因爲發行金元券，已經發了一筆財：蔣公布的前一天，杜月笙一個兒子即做空三千萬股，賺了錢。他遭到起訴，罪名是在股市外私下交易，而非內線交易，最後只輕判八個月徒刑。現在，杜家又有機會更上層樓，大發國難財。

蔣介石乘夜色掩護，把一艘貨輪停泊在上海外灘，華懋飯店（Cathay Hotel）對面。船員由海軍充任，他們穿上便服，掩人耳目。青幫兄弟奉杜月笙之命，收買和威脅銀行關鍵人員。銀行人員打開金庫大門，青幫兄弟從銀行到船邊，排成數百公尺長龍，接力把庫藏黃金統統送到船上。貨輪乘黎明漲潮，駛往台灣。蔣介石也走了。

中共節節勝利之際，杜月笙已開始把資產移到香港。香港殖民當局對他的底細瞭若指掌，但決定按兵不動。既然他在香港並未觸犯法律，不妨就讓他和數以百萬湧進香港、逃避赤禍的華人得到同等待遇。

儘管他的地位已不若從前，但仍是不容小覷的勢力，毛澤東在一九四九年占領全中國之後，也覺得杜月笙仍有利用價値。毛澤東認爲，如果他能爭取到杜月笙，就可以掌控全中國大城市的祕密會社。他派出學者兼律師章士釗爲密使，前往香港，遊說杜月笙回國，參與統一大業。杜不肯。即使另一個老朋友沈鈞儒是中共最高人民法院院長，幾乎可以確定不致於因白色恐怖而遭受報復，還是小心爲是。

杜月笙於一九五一年八月十六日去世，遺下七子三女。蔣介石於一九四九年在台灣復行視事，成爲自由中國之總統。他發表一篇唁電，贊舉杜月笙忠誠、愛國、人格高尙。按照香港律令，杜月笙取得香港居民身分不滿八年，不得在香港下葬，因此遺骸暫厝廟裡，以待他日歸葬故土。不過，次年十月，杜月笙棺木運往台灣，埋葬在台北近郊。

今天，杜月笙在台灣被視爲人民英雄、反共愛國人士，維護老一代祕密會社的基本信條：把中國交付給她自己眞正的公民。

*

中國共產黨在一九四九年建立中華人民共和國之前，全國各城市的黑道就利用國共內戰的混亂局面，重整抗戰所帶來的組織崩解狀況。即使在中共勝利建政之後，關係良好的黑道人士仍然具有重要官職，且在職良久，在中國政府階層裡形成一個重要、又高度機密的小圈子。蔣夫人宋美齡就是透過他們，與新中國的統治階級維持聯繫；一九七五年，丈夫過世之後，她雖流寓紐約，也能對故國起相當影響。然而，中共掌權給祕密會社帶來相當全面的變化。它們遭到取締。鴉片、娼妓和敲詐全被視爲反革命、違背社會主義的帝國主義遺毒，必須禁絕。城市裡的黑道不消幾個月就失去收入來源。鴉片販子和妓院老鴇不是送去政治改造，就是處決，農村地區傳統的祕密社團被認爲不容於社會，絕大多數解散。少數則掙扎求生，成爲小型反動團體，被共產黨政府指責和台灣勾結。一九五二年就傳出有個反革命組織想要稱亂，擁立一個號稱明朝皇室後裔的八歲朱姓男童掌權。

許多留在中國大陸，或無力逃出中國大陸的黑道幹部，遭中共處決。能逃走的，大多數追隨蔣介石來到台灣；終其一生，他仰賴彼輩支持，站穩權位。由於他們來自各個不同的組織，來到台灣後，就組織一個新幫派——竹聯幫。還有一些人則隨著難民潮，逃亡到香港落腳。另有些人則散布全球，前往馬來半島、歐洲、北美洲和澳洲。

躲避共產黨迫害的，並不僅限於個人，也有整個團體連根拔起逃亡的。其中一個即變得舉世聞名——惡名昭彰。

一九四五年，負責在華南組織黑社會人士對抗毛澤東的國民政府官員，是一位葛肇煌中將。葛某是個資深幫會中人，得到蔣介石親自派任，依杜月笙的建議，奉命結合廣東全省所有幫派組織，建立一個同盟。葛肇煌借寶華路十四號爲基地，組成「五洲華僑洪門西南本部」，自立爲山主。

葛肇煌是個幹練的愛國份子，和犯罪集團並無直接關係。他也惋惜他們淪爲黑道，認爲這些祕密社團應該可以爲國家盡忠。他希望他組建的這個同盟可以效法游擊戰術，遏阻共產赤禍。不過，他的作法沒能得到國軍正統將領太大支持。

一九四七年，葛氏號召廣東全省會黨組成一個單一組織「洪發山忠義會」。開山儀式由葛氏親自策畫，在廣州國民大學舉行。除了數千名民眾入會之外，國軍部隊也有大批官兵入會。跟當時全國黑道入會儀式一樣，開山儀式已簡化。儀式上，五祖由孫逸仙肖像取代，誓詞也簡化爲服從國民黨黨紀，致力於建設一個統一的、非社會主義的國家，只有宣示保守祕密的第三十五條誓詞，完整保留下來。許多新會員從來不曾和祕密社團扯上干係，在正常狀況下，也不會去加入。他們現在之所以入會，是出於害怕共產黨的心理，或是因爲害怕略有遲疑，會被戴上同情共產黨的帽子。

今天我們仍不太清楚的是，組織此一機構還有一個不欲外人知的政治動機。蔣介石在抗戰期間雖然得到英國相當大的支持，卻希望利用這個組織在香港引起騷動。國民黨暗中出資、傳送軍事情報，協助其結合香港的黑道組織，要他們策動罷工和社會動亂，把英國人趕走，俾便蔣介石乘隙進入香港，和杜月笙等人接管香港。所有的幫會結合在一個大組織之下，獲利的機會極大，香港可以成爲蔣介石的新上海。他終其一生始終懷抱此一大夢！

這些幫派總共有四十四個，爲了管理方便，每個都賦予番號，其中都含有數字十四，即是因總部座落的地址門牌而選擇這個數字。然而，洪發山忠義會慢慢被外人稱爲「十四會」。再後來，名字又有所變化，加了一個K字，變成十四K幫！爲什麼要加上這個K字？今天已不可考。有人說，這代表中國人指的黃金純度等級，表示此幫有正統地位。有人說，提到黃金是爲了沾沾喜氣，盼望給徒眾帶來財富。也有人說，加上K字是爲了尊崇葛肇煌。其實，究竟爲什麼，並不重要。

十四K自此誕生。祕密會社古老的、愛國的傳統，終於宣告退位。

第三篇　木楊城

第一章　少林寺僧的傳奇

在更深入瞭解三合會及其在二戰後的發展之前，有必要瞭解其頗具傳奇性，且往往屬於杜撰的歷史傳說。因爲無論這段歷史再怎麼牽強附會，或與事實不符，且往往跟實際狀況有相當出入，但它對於構成一名三合會成員的精神特質卻非常重要。

三合會的傳統可能在抗日戰爭和國共內戰結束之後便開始式微，然而這類傳統還是不容忽視；數十年來，有關的傳說和儀式在三合會的活動裡仍具有重要意義。除了幫會本身以及與他們敵對的治安當局，外界幾乎不知道這些傳統。這些傳統訴說著一段精采而又錯綜複雜的故事，三合會的成員都相信這就是他們的根源所在。

按西方人的想法，歷史與傳奇少有關聯：眼下可能有一座亞瑟王的墳墓，但這不表示歷史上確有亞瑟王這個人，以及圍繞他身邊的蘭斯洛特爵士和圓桌武士。然而對中國人來說，事實與想像緊密連結，且經常重疊在一起。重疊的灰色地帶，可適切地稱爲「歷史傳說」，而且往往被當成事實。

三合會的歷史傳說巧妙融合了眞實事件和人物，以及傳說、神怪故事和民間傳說。與所有傳說一樣，這類故事無疑有一些事實作爲根源，但這些事實在書寫和口述的過程裡不是消失無蹤，就是被改得面目全非。然而對一名三合會成員來說，歷史傳說的重要性不亞於眞實歷史，因爲他對於自己背景所認定的事實，許多都是根據歷史傳說。歷史傳說也替他和先人或前輩之間建立起了儒家式的結合，給了他一種身分認同和承先啓後的自覺，這在中國文化裡有其重要意義。對一個三合會成員來說，身爲一段發展中歷史的一部分，對於合理化他的行爲很重要。他不再是一個只按本身意志爲自己做事的個體，而是一個古老、具凝聚力且榮耀尊貴的社團的一份子。

三合會歷史混合了神話和事實，英勇事蹟和挫敗，以及神祕力量和人爲過失。中國文學有些最著名的作品，靈感來自三合會的故事。這種文學上的關聯給了三合會一種民望和信譽，使它躋身中國過去偉大的歷史之中。這種歷史傳說還具備宗教成分，進一步強化了它的合理性，例如：道教對祖先的崇拜，黃教、佛教和儒家思想混合，賦予它一種象徵和儀式上的持久性。此外，三合會歷史還有一定程度的浪漫成分，這對於召募新血很重要。

三合會的歷史傳說有許多種版本，因爲講述的地點、時間和講述者不同而出現差異。瓦爾德（J. S. M. Ward）和史特靈（W. G. Stirling）於一九二五年出版的《洪門》（*The Hung Society*），是有關三合會歷史最早的著作，該書主要敘述洪門從十九世紀邁入二十世紀時的狀況，但該書也反映出洪門的信仰以及符號，經過數百年仍維持不變，而且跟三合會的神話和儀式息息相關。然而他們兩人的資訊來自殖民地區，警方的報告，以及傳教士、學術界人士和學界期刊的資料。他們幾乎未曾訪問過一個中國人，遑論跟三合會以及其他中國祕密社團有過直接接觸。

一九五〇年代初，香港警官摩根（W. P. Morgan）對三合會錯綜複雜的歷史傳說做了一番整理。他於一九六〇年出版的《香港三合會》（*Triad Societies in Hong Kong*），是一部令人驚嘆的學術著作，其中許多內容直接得自三合會內部的線民以及被捕的幫派成員。該書有可能對三合會的歷史傳說做了最正確的描繪，書中相當詳細地敘述了三合會史上的英勇事蹟及其複雜的政治背景，是當時三合會廣為流傳的一套故事版本。不過從那時起，這段歷史就被嚴重加油添醋，短短五十年內，其內容摻入許多謬誤，以致今天三合會成員所知道的，只是一些斷章取義和混淆的版本。

＊

按摩根書中所載，三合會的歷史傳說源自明朝皇帝「松慶」年間，當時明帝國已陷入內憂外患。至於確切的時間並不清楚，因為明朝並沒有年號松慶的皇帝，不過倒是有一位隆慶（在位時間一五六七至七三年），因此傳說指的可能是他在位時。另外，許多三合會成員相信他們的歷史根源是在一六四四年至一七〇〇年間所建立，也就是明朝最後四位皇帝在位期間，最後一位即是崇禎（一六二八至四四年）。將故事摻雜一些信史，就算再怎麼淺薄空洞，卻可以增添故事的眞實性，這很重要。

明朝皇帝沉溺於聲色犬馬，迎合他的人可以加官進爵，朝政逐漸落入奸佞弄臣之手，國家管理土崩瓦解。官員們只顧著自己發財致富，無視百姓的需要。農業收成受到旱災嚴重破壞，但貪官污吏卻不斷將賦稅提高。數百萬人瀕臨餓死，叛亂一觸即發。而在長城以北，滿人的軍隊正集結紮營，準備在明帝國陷入大亂時大舉進犯。

金純、史可法、顧亭林、洪啓盛、黃梨洲（黃宗羲）、王船山等一群正直的官員，對朝廷內的貪污腐敗深惡痛絕，並堅信皇帝忽略百姓的需要，已喪失了上天所賦予他的權力。他們用一個錢莊的名義，成立了一個祕密組織，目標是要召募愛國志士，除掉朝廷裡的貪官污吏，恢復明朝先前的清廉和效率。

可悲的是，他們的行動太遲了，因爲農民李自成（又名李闖）已發動叛亂，他率領飢餓的追隨者席捲整個國家，並攻陷北京，皇帝被迫自殺。鎮守長城抵禦清軍入侵的明朝將領吳三桂，不能忍受一介農民竟坐上龍椅，認爲自己能夠登上大位，於是與清人訂約，將李自成趕走。李自成的叛軍很快就被打垮，然而吳三桂的部隊也遭受巨大傷亡，當筋疲力竭的明朝軍隊進入北京時，狡猾而強大的清軍遂奪下帝位，一六四四年順治在北京即位，成爲滿清王朝統治中原的第一任皇帝。

面對清人將帝位據爲己有，金純等人成立的組織加緊召募人馬。黃宗羲（譯按：作者誤作顧亭林）在其所著《明夷待訪錄》中，概要闡述了他們的目標，並高舉民族主義旗號以抵抗清朝統治。這個組織深知，他們必須在滿人鞏固對國家的控制以前採取行動，於是舉兵反叛，但在揚州一役遭遇重大挫敗，組織內許多領袖被殺。倖存者中，金純設法躲進一座寺院避難，王船山則逃到台灣，並在台灣寫了一本書，名爲《金台寶錄》，這是根據島上一座山來命名的。（譯按：另有說法是，鄭成功占領台灣之後，寫下《金台山實錄》。）

就在此時，《金台寶錄》的一份副本被交到流亡台灣的明朝將領鄭成功手裡，鄭成功先前與這個組織並無瓜葛。他研究了這部著作之後，按照書中的計畫，對南京發動一次小規模的攻擊，但遭到擊退，只好退守台灣。鄭成功死後，《金台寶錄》傳給他的孫子鄭克塽。鄭克塽肩負起祖父留下的志業，繼續在台灣領導抗清活動，後來清軍攻占台灣，鄭克塽把這本書放進一個鐵箱拋進大海，而後自殺。

清朝拿下台灣後一些時日，明朝的支持者在四川起義，其領袖爲萬雲龍。萬雲龍原名胡得起，在犯下殺人案後，遁入佛門。他在四川精忠山召集了一支軍隊，向四川首府成都進軍，結果在山中迷了路，於是雇用一名嚮導方賓良領路，但方賓良卻是滿清的奸細，他向主子通風報信，清軍在巫山伏擊，全數殲滅了起義軍。

萬雲龍在這場戰鬥中陣亡，其部將四下逃散，許多人前往福建莆田九蓮山的南少林寺避難，在那裡繼續策畫舉事並召聚支持者。萬雲龍的重要軍師陳近南（即陳永華），逃到湖南和廣東交界的白鶴洞（譯按：亦有說法指白鶴洞位在湖北），在那裡展開自己的計畫並召募軍隊。

到了清朝第二個皇帝康熙年間，西魯國作亂，防守的清軍指揮官還必須面對地方上的叛亂活動，要求朝廷增援。滿清皇帝知道他的軍隊訓練不足，力量不夠，因此在全國各地召募人手。爲了鼓勵菁英加入，他頒令，所有參與擊潰西魯叛亂的人，都能獲得重賞以及官位和厚祿。

那時，鄭成功的姪子鄭君達與其妻郭秀英、其妹鄭玉蘭皆住在南少林寺學習武功。鄭君達得知皇帝張榜求賢，遂與南少林寺方丈智通召集寺內和尚開會，討論結果認爲他們應該爲滿清皇帝效命。這當中有許多因素，首先最重要的，是他們希望能避免中國受到更多外國勢力入侵。其次，參戰讓他們有機會實際演練所學的戰鬥技巧。此外，他們希望對自己的戰鬥能力建立信心，同時給民眾留下印象，以便來日他們按《金台寶錄》的方案起義時，能吸引更多人加入。最後，他們也希望緩和清廷對他們在寺內從事武術活動的疑慮。

方丈於是指示大弟子得雲率領一支由一百二十八名寺僧組成的部隊，與鄭君達及其妻、其妹向皇帝請纓。他們不求報償，只要求清廷供應出征所需武器和裝備，同時還要求清廷不要另派部隊支援他們作戰。清廷答應了他們的要求，於是這群人朝西魯進發，憑藉他們高超的軍事技巧，於三個月內擊敗西魯。

回到朝廷之後，少林寺僧受到皇上熱烈褒揚，皇上按其頒布的命令，提供官銜和政府職位給他們。寺僧謝絕了他的好意，宣稱他們不過是爲了愛國而奉獻一己之力，唯一的願望是回去繼續當他們的和尚。鄭君達則不受僧規約束，他接受清廷安排，擔任梧州總兵。他並非變節，而是想藉自己在軍事上的地位，打探清軍的虛實，並把情報送交少林寺。

少林寺僧返寺之後，清朝大學士（尙書大臣）黃春美相當嫉妒他們所獲得的尊榮，以及鄭君達被賦予的地位，於是向皇上進讒言，表示大清帝國軍隊無能爲力的事情竟讓這一小群和尙辦到了，他們在防衛皇上的同時當然有能力反叛。他認爲少林寺僧不願接受朝廷提供的獎賞，乃是因爲他們的主要意圖是要籌組軍隊對抗朝廷。皇帝覺得所言有理，擔心之餘，遂下令福建總兵張建秋和福建莆田縣官陳文耀率兵摧毀少林寺，消滅所有寺僧，隨後皇帝進一步下令處死鄭君達。（譯按：有關南少林寺被焚一事，有許多種版本，有一種說法指向滿清皇帝進讒言的是陳文耀，他是滿清名將，而非區區一名小縣官。有些說法則根本否定南少林寺存在，西魯叛亂、鄭君達乃至火燒少林寺，完全是杜撰的故事。）

南少林寺位在一處位置險峻的山丘上，要發動突襲不可能。此外，據說這座山丘佈滿許多密道，少林寺若遭到攻擊，寺僧可以從密道逃走。清兵認爲最好的行動方案是對寺僧下藥，再殺掉他們。然而，計畫若出了差錯，寺廟所有的出口必須派人把守，這意味所有密道的入口都必須事先找出來。陳文耀於是假扮成一名農民，遊走附近村落打探消息。

陳文耀後來結識了一名苦力，得知對方曾經是少林寺僧。經過進一步調查，他發現這名叫馬儀福（或作馬寧兒）的苦力，其武功之高強曾在少林寺排第七，他因爲意圖染指鄭君達的老婆和妹妹，還打破寺內波斯人贈送的萬年寶燈，被逐出少林寺。馬儀福剃過的頭顯示他被逐出佛門，而他又找不到合適的工作，只得充當一名普通的工人。馬儀福對自己被逐出少林寺懷恨在心，一心想要報仇，當陳文耀向他表明身分後，他同意協助清兵攻打少林寺。陳文耀則承諾將報請朝廷重賞他。馬儀福把密道的位置和路徑告訴陳文耀。最後，陳要馬福儀作證，指自己會被逐出少林寺，是因為他拒絕參與寺僧反叛大清皇帝的陰謀。馬儀福也答應了。

有了叛徒提供的內部情報，張建秋率大軍包圍少林寺，並派人守住所有祕密出口，其他人則藏身在寺廟的幾個大門附近，等候訊號以便將大門封死。所有清兵都配備引火之物。陳文耀領著一群苦力，扛著幾罈下了藥的酒，大大方方地前往少林寺。寺僧開門後，陳宣布這些酒是皇上所親贈，要求方丈帶領所有寺僧喝下這些酒，祝皇上政躬康泰。然而方丈懷疑其中有詐，遂以一支神奇的劍測試這酒，結果發現劍身變了顏色。寺僧對皇帝背信棄義非常憤怒，並攻擊陳文耀，但他卻逃脫。外頭埋伏的部隊見陳逃出，立刻上前，在所有祕道入口處點火，然後又放火燒寺廟。

一百一十名寺僧在大火中殉難。有十八人逃進寺內大雄寶殿避難，他們跪在佛像前祈禱，希望獲得解救。這時殿內一張巨大黃色門簾落下，蓋在他們身上，使他們免於被火燒著，但門簾和煙霧也把他們嗆昏了過去。清軍見到寺廟的牆垣倒塌，裡面顯然沒有人存活，認為任務已完成，於是鳴金收兵。

十八名生還者醒來後，發現他們被困在瓦礫堆當中。不過其中一人，蔡德忠，在牆壁上鑿出個洞，他們便從這個洞爬了出來。這時整座山丘都被火點燃，一干人踩過著了火的草地逃跑，煙霧為他們提供掩護。溜過清兵重重的包圍線，他們到達湖北襄陽附近的丁山，其中十三人傷重致死或餓死於此。剩下的五人火化了死者的遺體，將骨灰帶在身邊。這五人分別是：蔡德忠、方大洪、馬超興、胡德帝和李式開，也就是「少林五祖」。

少林五祖繼續逃亡，這時他們的身體更虛弱了。他們飲用的，是以荷花花瓣收集到的露水，但仍找不到食物。後來他們來到長江和太湖岸邊，因為飢餓而一一昏倒。在失去意識的情況下，夢見神靈告訴他們，身邊的沙子是可以吃的。醒來後，五人便吃下沙子，當即解決了飢餓問題。吃飽恢復元氣後，五人看見沙灘上有個東西在閃閃發光，在好奇心驅使下，他們接近這件東西。

原來那是一個三腳香爐，香爐底部刻了「反清復明」四個字。香爐邊刻了更多字，指示他們要「順天行道」。香爐內則有一張紙，寫著清朝覆滅和明朝重返人間的預言。

五人讀了這份文件後，跪拜神明，感謝其拯救和鼓舞。他們沒有香或任何可用來敬拜的物品，只好拿一棵小樹上的樹枝當作祭祀用的燭台，並焚草爲香，燃燒時產生的烈焰將香氣送達神明面前。

由於專注於敬拜，少林五祖沒有留意到一群清兵正在接近。他們突然被包圍，前有清兵，後面則是汪洋。一切看似無望，這時他們從少林寺攜出，據說是少林始祖達摩曾穿過的一隻草鞋，突然變成一艘船，五個人便登船逃走。

靠岸後，他們前往烏龍河，結果又遭遇另一群清兵，把他們逼到岸邊。在激戰中，五個人失去珍貴的草鞋。他們奮力逃走，並沿著河岸尋找可以渡河的地方。沒有草鞋他們變不出船來。最後五人來到「二板橋」，但橋上已有人駐守。五人不放棄，他們偷偷來到橋下，發現水裡有三塊大石頭，每顆石頭上寫著一個字，分別是「定、海、浮」。他們踩著石頭，溜到對岸。

安全過河之後，五祖遇到一位賣水果的，名叫謝邦恆，他給了五人水果和飲水，然後帶他們到一位樵夫吳廷貴的茅舍。五人暫住了下來，吳廷貴則繼續做他的工作。某日吳廷貴在森林裡砍材的時候，遇到前去搜捕逃亡者的陳文耀。陳文耀問他是否曾遇見五名少林寺僧。吳廷貴察覺陳文耀是五祖的敵人，當即拿斧頭將他劈死。後來他在一個名叫中州的地方，發現五祖遺落的一隻草鞋。爲此，吳廷貴後來被尊奉爲草鞋官。

賣水果的謝邦恆後來帶著五祖前往廣東德陽邊界的歸善山，他們住進了山上的報德寺。報德寺方丈覺玄介紹了他的五個朋友給五祖認識，分別是吳天佑、洪太歲、姚必達、李式地和林永超。這幾位前明朝官員，現在是反清人士，他們發誓加入五祖的行列，並組織一支復仇的武力。爲此，他們被稱爲少林的「後五祖」。

覺玄大師指示前後五祖前去白鶴洞與陳近南會面，陳近南正在當地招兵買馬，籌畫推翻滿清。只有方大洪一人去了白鶴洞，其餘九人則前往襄陽，去祭拜被清帝下令處死的鄭君達。在襄陽，九個人遇見鄭君達的妻子和妹妹，以及兩名鄭生前的好友黃昌和鍾文君，一行人前往鄭的墳墓祭拜，不料卻被一隊清兵發現，清兵在接獲馬儀福的通風報信後趕來。混亂中大家四下逃散，鄭妻與其妹兩人被清兵斷了去路，逼到河邊。姑嫂二人不願投降，投河自盡。神奇的是，兩人的屍首竟逆流而上，被謝邦恆的兒子謝景山發現，謝景山將屍首拉上岸，分別埋葬在一棵桃樹和一棵李樹下。

九個人逃亡多日，來到鄭妻和鄭妹安葬的地方，他們對兩女的不幸遭遇悲痛不已，下跪祭拜。就在此時，桃樹和李樹竟化爲一支劍。於是九人拿這支劍攻擊尾隨他們的清兵，並將叛徒馬儀福殺死，勝利後他們便轉往白鶴洞。

陳近南和前後五祖會商後，決定前往福建木楊城設立總部，召募愛國志士。他們無法公開設立基地，必須有所掩護，於是謝邦恆在附近的太平墟（市場）開了一家義合店水果舖，作爲祕密辦事處，負責召募新血並安排他們住宿和工作，然後伺機舉起抗清大旗。

與此同時，兩名漁夫，陳壽亨和他的兒子陳兆官，在廈門附近海域作業時，用漁網撈獲王船山的《金台寶錄》以及一枚玉璽。兩人都是忠於明朝的反清人士，他們將撈獲的物件送交給陳近南，陳近南立刻明白這是明朝皇帝的玉璽。

召募行動吸引來數以千計的愛國志士。其中一名年輕男孩朱洪竹自稱是明朝皇室的後代，其高貴的外貌及其出示的文件，證明所言不假。前後五祖遂宣告他爲皇太子。

甲寅年七月二十五日，陳近南召開一項大型盛典，舉任抗清組織官員，大家並立誓要反清復明。獲任命的官員之一天祐洪，負責統領抗清部隊。任命天祐洪並非出於偶然，他是明朝忠貞宦官王丞恩附體轉世，王丞恩在李自成攻陷北京時，隨崇禎皇帝自殺。他的遺體未被妥善安葬，任其腐爛，魂魄則四處遊盪。後來陳近南手下一員大將蘇洪光死去，其屍身並未變得冰冷，即使在死後數日，仍未腐化且維持溫暖，原來王丞恩的魂魄已依附其上。第三天，屍體復活，成了天祐洪。

在陳近南主持的盛典上，東方天際出現一道紅光，眾人認爲這是吉兆，因爲「紅」的發音與明太祖年號洪武的「洪」一模一樣。基於這一幸運的巧合，前後五祖們決定自稱爲洪家的成員，並採用明帝年號的「洪」字，而不採用顏色的「紅」字。皇太子朱洪竹爲表達對眾夥伴的尊敬，改名叫朱洪英，「英」即指英雄好漢。而整個組織也定名爲「金台山、明遠堂」。

金台山、明遠堂隨後展開軍事行動，迅速攻占了福建省，而後往北朝南京進發。原本看似沒有任何阻礙，但因爲聯絡不善，部隊變得散亂而步調不一。清兵遂抓住機會將抗清部隊逐一擊破，可想而知，這次起義以失敗收場。逾十萬名抗清部隊陣亡，皇太子朱洪英則在戰鬥當中失去蹤影，自此下落不明。抗清部隊後來撤回木楊城，在那裡又蒙受了一個損失，陳近南於這時候去世。他的繼任者是史可法的兒子史鑑明。史鑑明前往廣東高溪廟重新召募一支軍隊。一年內，他已擁有一大群追隨者，並攻占了華南七個省。

又一次，眼見清朝節節敗退之際，抗清部隊大將天祐洪卻在四川白虎關附近去世。在群龍無首的情況下，抗清部隊指揮官對於戰術的運用出現爭執，清兵利用機會再次將他們擊敗。

前五祖這時候瞭解到，打垮滿清不能只靠一支反抗力量，而是要多起反抗力量同時舉事，才能分散清帝軍隊的兵力，因此他們決定分散開來，到全國各地成立各自獨立的部隊。在他們分道揚鑣之前，前後五祖們設計了一系列暗號，透過這些暗號，他們和其他支持者相遇時，便能認出彼此都是自己人。

蔡德忠和吳天佑一起前往福建和甘肅，成立明遠堂的長房，名為「青蓮堂、鳳凰郡」。所轄部隊是由一面書有「彪」的黑旗統領。長房又稱「十九梯」，其用印呈菱形。蔡德忠後來改名叫陳圓，他也採用法號「佛三」，以及堂內名號「清芳」，他曾前往杭州，居住在當地的靈隱寺。該寺方丈一智介紹他認識住在寺中的道元和尚。道元是「青門」第三代宗師。「青門」是金純按《明夷待訪錄》一書原則所建立的堂會。（金純被奉為青門第一代宗師，死後由羅祖繼任第二代宗師，羅祖之後第三代宗師便是道元）。青門幾乎吸納了杭州、上海、南京以及聯繫各大城市之內河所有的船伕和苦力。這些人在為清廷效力的同時，也向青門通報清兵部隊集結、運補情形以及倉儲位置、軍力和士氣等狀況。一旦起義，他們可以攻擊廣泛的目標，並癱瘓軍隊極度依賴的運河系統。

道元介紹青門三大支派領袖——翁巖、錢堅和潘清給蔡德忠認識。雙方共同商議青門與洪門合作抗清事宜，同時決定青門改名為「青幫」。事後，蔡德忠繼續北上，到達上海，並住進洪鈞老祖廟，在那裡和當地的黑幫犯罪集團首領盛香由會面。盛香由雖是一名犯罪份子，但他很愛國，在聽了蔡德忠的抗清計畫後，他便成了蔡的門下，並把手下徒眾組織起來，成立「紅幫」。

方大洪與洪太歲前往廣東和廣西建立了二房，名為「洪順堂、金蘭郡」。和長房一樣，他們也有另外的稱呼，叫「十二梯」，他們的旗幟書有一個「壽」字，其用印呈三角形。方大洪法號「法摩」，堂內名號

「清草」，他的首要計畫是在廣東建立一支軍隊，並召募到著名的女海盜鄭一嫂加入其陣營。當地成員自稱爲「三合會」，另一位著名的海盜張保仔，後來也自行成立了一個名爲「二龍山堂」的團體。

馬超興在姚必達陪同下，前往雲南和四川兩省成立三房，名爲「家后堂、蓮彰郡」，又稱呼「第九梯」，旗色爲朱紅色，上面一個「合」字，其用印呈四方形。馬超興法號「仁爲」，堂內名號「清結」，除了三房外，他還在四川成立了「袍哥會」。

胡德帝和李式地在湖南、湖北成立了四房，名爲「參太堂、錦廂郡」，亦稱「二十九梯」，旗色爲白色，用印呈平行四邊形，上有「和」字。胡德帝法號「倫孝」，堂內名號「清成」。他在湖南三灶縣召募到一位名叫江漢的門下，江漢成立了一個分支，叫「哥弟會」，後改名爲「哥老會」。李式開和林永超則前往浙江、江西及河南成立五房，名爲「宏化堂、隴西郡」，又稱「四十七梯」，旗幟爲綠色，上有「同」字，其用印呈圓形。李式開法號「智友」，堂內稱呼「清群」。他在浙江成立了一個名叫「紅槍會」的分支。

五房成立後，數以千計的仁人志士加入。然而又一次，他們的計畫還是以失敗告終。在有些地區，某一房爲回應地方上清廷勢力的壓迫，獨自展開攻擊行動，而沒有等候其他各房發來的訊號。可以預見的是，這些「獨立」起義勢必以失敗收場，僥倖存活的人只好遠走他鄉，許多人逃到國外，有些人前往美洲和澳洲挖掘金礦，有人則到南洋和馬來半島。但無論他們去到哪裡，對堂會仍忠心耿耿，他們成立新的分會，以延續解救中國脫離清廷束縛的大業。

*

一九〇三年，倡議共和、被迫流亡海外的領袖孫逸仙在檀香山國安會館加入了致公堂。隨後不久，他開立「大陸山」，並自任領袖。

孫逸仙知道，整個堂會系統數以千計愛國弟兄聯合起來的力量，足以將滿清統治者驅逐出中國，因此他開始積極整合所有分支，並擴大他們的勢力範圍。在他的奔走之下，到一九一一年，洪門建立了一百四十個分支，青幫則建立了一百二十八個分支。其中一個非常重要的分支是「興中會」，後來興中會改名叫「國民黨」。

孫逸仙和趙煜、黃雲蘇、張藹蘊等其他知名的堂會領袖一起前往美國，並得到居住在當地的弟兄所提供的精神和財務援助。其他堂會人員則前往澳洲、歐洲、馬來亞和每個有堂會分支的國家，尋求同樣的支持。在得到許多援助之後，孫逸仙於一九一一年下令展開革命。不到一年，滿清王朝便垮台，中華民國宣告成立。（譯按：孫逸仙成立興中會後，同一年便在廣東舉事，但以失敗收場。一九〇六至一一年間，孫又陸續發動了八次起義。）

三合會成員告訴摩根的三合會歷史傳說大致如此。相較於更早期的版本，摩根的說法按這段歷史所講述的時間做了調整，並適度做了修飾以配合當時的狀況。他還加入特定「地方性」要素，讓這段故事更能在香港，也就是他寫書的地方，被接納採信。例如，確實有過一名叫張保仔的海盜在香港水域橫行，他的基地位在長洲島以及香港島的赤柱。（譯註：廣東客家人向外人介紹此地時，稱之爲「賊處」，很接近赤柱的廣東話發音。）

故事裡提到的許多地方不是出於想像，就是無跡可尋。除了近幾世紀那些有確切日期的事件，要把歷史傳說中提到的許多事件與確切的史實連接起來，也幾乎不可能。事實上，故事愈接近現代，愈能夠予以確認。

儘管故事充斥著奇想和混沌曖昧，還是可以從中理出一些歷史的關聯。許多地名可能是虛構的，但有些雖與實際名稱有出入，但至少是眞名的另一個稱呼。南少林寺、木楊城和太平市場至今仍無法予以確認。此外像西魯確曾出現在古代典籍裡，當地在歷史上並非中國的一省，而是介於阿爾泰山和黃河之間的一塊區域，位在今天新疆境內。故事裡提到的一些大城市也沒什麼爭議性，成都、北京、廈門、南京和上海當然都是眞實地名，有時候提到其中的某些街區也不假。甚至一些小地方眞的存在，例如葵涌，是靠近香港九龍的一個小漁村。還有廣西的梧州，以及湖北的襄陽，襄陽素以激進的政治活動聞名，清代曾是湖北的省治。史可法是一位眞實的將領，鄭成功和萬雲龍也確有其人。這類猜謎遊戲也屬於三合會的運作之一，如此一來更能增添其神祕色彩。對於非三合會人士來說，這有點像在看中世紀的航海地圖，地圖上有些地方標著「這裡有龍出沒」，看的人只能運用想像去加以揣摩。由於事實與虛構互相混合，也就不可能找出眞相，而不同版本的講法讓情況更趨於複雜：在山東所講的故事，與在廣東、福建和台灣講的同一個故事，相似之處很少。

然而所有的故事有一致的共同點，就是它們的源頭都來自一個反清復明的社團上，這是一群愛國志士爲了使中國能回歸到明朝皇室後人手中而建立的組織。當然，這種愛國動機已有很長一段時間被束之高閣。數十年來，三合會什麼事都幹，就是沒幹這件事。

第二章　木楊城

太平天國起義失敗後，西方人和中國人皆開始對中國的祕密會社產生興趣。在此之前，外國人只把這些堂會當作是東方世界又一件難以解釋的現象，這種現象雖偶爾會對西方人在中國傳教或做生意造成衝擊，但他們鮮少受到影響。對中國人本身來說，堂會只是複雜繁瑣的宗教和文化裡的一部分。

早在一八六〇年代，西方國家的東方專家便開始研究這種祕密會社現象。萊登大學中文教授古斯塔夫・施列格（Gustave Schlegel）所做的研究，是最早期的深入研究之一。他所著《天地會研究》一書於一八六六年出版，這本書有許多年一直是研究三合會的主要著作。施列格的作品非常特別，因爲他的知識大多得自巴達維亞（Batavia，今雅加達）、香港和澳門等地華商和中國海員提供的第一手情報。

當中國國內的排外情緒開始高漲，義和團也逐漸得勢，外界對祕密會社的興趣跟著水漲船高。其中最重要的研究之一，是中國直隸吳橋知縣勞乃宣於一八九九年出版的《義和拳教門源流考》。勞乃宣透過一位身居要津的朋友將該書交給滿清當局，但該書最終卻無法上達皇帝之手。一般相信是慈禧太后將這本書給壓了下來。此外，傳教士提供了一些祕密會社的線索，新聞記者也有所著墨，但往往是用血淋淋的八卦筆調來報導，學者們則開始加以研究。突然間，三合會超出了文化趣味主題的範疇，最終成爲中國政治和社會領域重要的一部分，有關其眞實歷史以及傳說的紀錄因而逐漸增多。可以理解的是，三合會內部的運作方式，反而較不爲人所知。

*

雖然早期某個階段，三合會各個堂會有可能是受控於一個中央組織，但大部分時候，這些堂會都是獨立運作的單位，自我管理，不對任何管理機構負責，而是聽令於該堂會的領導者。有些地方性或地區性的堂會，擁有一些次級團體或分支，但它們沒有一個中央管理機構或總部，不像某些祕密社團或準祕密社團那樣。即使是個別運作的社團，也鮮少擁有一處能夠被稱之爲堂會基地的場所。

過去，只有一棟特別興建的三合會建築被外人發現。一九三〇年代，馬來亞檳城警方曾拍攝到一棟三合會建築物的外觀。至於三合會舉行儀式場所的照片，流傳的不多。有的話都是在警方的檔案裡，其中大多是在香港。

香港「九龍寨城」倒是有一處三合會半常設性集會處所，即香堂。那是一個面積約二十平方公尺，非常不起眼的小房間，地板上鋪有磁磚，空蕩蕩的四壁漆成白色，桌子、椅子經常擺滿半個房間，房間一頭有張神桌，鋪著一塊髒髒的赤朱色布料，上頭則是關帝像。神像前擺著香爐和蠟燭，還有一個舊碗供擺放水果用。神像周圍還有一些生鏽的三合會打鬥用武器，包括一支鐵製鍊球，球上有許多釘子，另外還有一支木柄鋼刀，以及其他武器。

這種缺乏常設集會場所的情況並不令人意外。任何組織若有一個總部存在，便很容易被追蹤、監視、調查，乃至最終遭到滲透。這項弱點曾讓美國黑手黨吃了大虧。黑手黨成員喜歡在特定的俱樂部會所和酒吧聚會，這些場所都會遭到監視和監聽。三合會通常不那麼愚蠢，他們知道愈是情報集中的地方，愈容易導致他們失敗。

只有三合會成員才知道舉辦儀式的香堂其外觀和擺設。有關香堂的描述很少。然而，摩根的研究報告裡倒是做了一番詳盡的描繪。他在敘述中避開了警方慣常的單調形式，不僅出色，也相當具有歷史重要性。因爲自一九五〇年代以後，儀式進行的過程已嚴重退化。

三合會的香堂象徵性地展現了木楊城，因爲那是三合會最初成立時的地點，有其重要意義。這個象徵性展示，內容有許多直接涉及其歷史傳說，因此成員在參與儀式的過程中，象徵性地遊歷了過去的傳說，等於和先輩們一起經歷了重大事件。

只要情況許可，他們會儘可能找長方形場地進行聚會。如果儀式是在戶外舉行（早期的聚會地點大多屬於這一類型），他們會在四周圍起高牆。若是在室內舉行，聚會場地的牆面必須足夠。每一面牆壁都得有一扇門，按指南針所指方向，每扇門都會有一位傳說中的將軍把守，在儀式進行過程中，以東門最爲重要。北門和南門根本用不到（有時甚至只以把守的將軍來代表這兩扇門），而位在神桌後方，與東門遙遙相望的西門，則只是一般的出入口。

新進人員的入會儀式或某些成員的晉升儀式，是在靠近東門的地方舉行。他們會視情況來決定上頭該懸掛什麼旗幟。門的另一面掛上堂會最高層人員的朱紅色旗幟，底下則是用紙製成的叛徒馬福儀（馬寧兒）、縣官陳文耀及清朝康熙皇帝的芻像。從聚會處中央到東門，有三道拱門，每個拱門有兩位將軍把守。第一道拱門可能會用眞的或象徵性的刀劍製成。每道拱門上會有一面旗幟或題字，寫著每位成員爲了光耀堂會，必須立志達成的一些美德。

這些入口也造成了一項解釋上的問題。這些拱門入口位在廳堂裡面，成員必須通過它們才算抵達木楊城，這意味木楊城不必然是座城，也許是一棟建築物，也可能是某個莊園內的一座樓閣。外面的牆垣代表莊園的周界，入口是正式庭院內所慣見的，裝飾華麗的拱門，而位在內部深處的木楊城則是一座樓閣。大部分莊園內都會有這種樓閣，供主人的愛妾或忠實跟班居住。也許很久以前，在三合會早期歷史中，善心的地主們曾提供這類樓閣作爲三合會成員的藏身處。認爲木楊城是一棟樓閣的另一個理由是，在北京紫禁城內，就有一棟樓閣叫木楊城。

第三道拱門再過去的那個空間，就是被稱爲木楊城的所在，其下地板上有乾坤圈、火爐、石階以及二板橋。天地圈是一個藤條編成的箍環，上面貼有鋸齒狀的紙張，這象徵當年少林寺那些僧人藉以逃生的洞。火爐代表少林寺周圍被火燒著的山丘，石階是眾僧們逃生時踩踏的石頭，二板橋則是當年他們躲藏其下之所在。所有物件皆爲紙造的。香堂兩側則聚集了所有堂會的人員。他們在兩側成排的牌位和旗幟前或立或坐，而在西門前面的神桌後方和兩邊，則有更多這類物件。

紀念儀式表揚先祖前輩們和當代堂會個別成員所做的貢獻。不過這類儀式通常不會紀念他們的犯罪行爲，而是紀念兄弟們團結對外的成就，其中有可能包括與敵對堂會對抗所取得的勝利。

木楊城有某個部分通常不會出現在香堂的擺設中，就是「紅花亭」。只有在重要儀式過後數日所舉行的入會儀式中，才會出現「紅花亭」。如果場地夠大，紅花亭可能會設在一旁的房間或場地裡。紅花亭中有一張小神桌，紀念歷史傳說中的幾位女性，神桌上擺著她們的牌位和其他寫有詩句的牌匾。

必須說明的是，旗幟和牌匾不必然是恆久物件。過去，堂會的旗幟是由鑲邊的棉布製成，這些旗幟因意義不同，顏色也不一樣。旗幟皆呈三角形，並有鋸齒邊，每面旗幟上皆有一個適當的國字。牌匾則是用木頭或削平的竹片製成，漆成紅色，上面的字則以黑色或白色書寫。然而時代已經改變，如今大部分的旗幟和牌匾是紙製品，每次集會重新書寫。如此一來，當警方掃蕩堂會成員的住家時，這些東西可以立即銷毀，警方便找不到犯罪證據。

神桌本身也經過精心安排。其上方有一面橫式牌匾，其下則懸掛或張貼了四張直立的牌匾，是以黑字在紅紙上書寫，大意是「忠者方可入會」、「不忠者勿焚香於此」、「英雄至高無上」、「勇者無敵」。四個牌匾之間爲一個黑色牌匾，上面寫著：「洪家始祖先烈之靈位」，並列出他們名字。右邊則有另一塊牌匾，說明這張神桌是洪門聖堂，以及兩塊長型牌匾，上面寫著：

三十六聲聲達上九重天天生明朝
歧山鳳鳴鳴喚出洪英登殿萬年長

神桌左邊有一個萬雲龍的牌位，牌位上略述了他的個人經歷。

神桌上有許多不同物件，這些物件皆有其在典禮儀式上的作用。這當中包括各色齊全的文件；兩支銅製燭台，稱爲「古樹」；一具叫「七星燈」的銅燈，代表中國人所稱的北斗七星以及位在木楊城內的七畝地；一壺酒和代表城內五口井的五只酒杯；一壺茶以及代表城內三個池塘的三只茶杯；一個香碗和一個可以帶著在城內四處行走的小型香罐；八個用來裝鮮花素果和淡酒的碗盤；一本會員手冊（如果有的話）；一份新進人員特別注意事項（如果需要）；一些小旗幟；一支針，其上有一束紅線；還有一個「木斗」。

木斗是神桌上最重要的物件，這是過去中國商店用來裝米的木桶，其中盛滿生米，每一粒米代表一名三合會成員。木斗被漆成紅色，上面寫有代表長壽的松、柏二字，以象徵忠誠的桃、李二字。前方則寫著「木楊城」，以及具有深奧意義的四個字（譯按：即「木立斗世」四字。字意分別是：「木」，可拆爲十八，代表清帝順治在位年數；「立」，爲六一，代表康熙在位年數；「斗」，爲十二，代表雍正在位年數；「世」，爲廿三，代表清廷至乾隆在位廿三年後，必將覆滅）。生米中插了許多重要堂會的旗幟，一支紅棍（這是懲罰的象徵），一支桃李劍，以及一隻草鞋，一把黃傘，一面白紙扇，一個算盤，一對中國秤以及各式各樣較次要的祭祀用具。如今這些東西有許多是用紙製的。

懸掛在神桌前方的是「黃綾被」，代表少林寺被焚時，大雄寶殿中所落下，罩在眾僧身上保護他們的黃色門簾。黃綾被上寫著「反清復明」和其他詩句，以及所有三合會成員入會時必須誦念的三十六誓。

*

與木楊城和香堂等主題相關的一個有趣注腳是，在維多利亞女王和愛德華七世時代（十九世紀中葉至二十世紀初），歐洲很流行一種柳樹圖案的盤子，這種陶瓷製品至今仍很常見。

盤子上畫的圖案述說著一段故事，大部分西方人都知道故事的梗概。故事講到在古代中國有一對戀人，其中女方父親反對他們交往，強迫兩人分開。女孩遭父親軟禁，並許配給一名她不喜歡的男子。後來女孩被她的愛人所救，兩人乘著一艘舢板逃到一座小島上。他們在那裡度過了一段快樂的時光，直到行蹤被人發現。男的後來被人殺害，傷心欲絕的女孩於是放火燒了兩人所住的房子，並在烈焰中被活活燒死。然而神仙很憐憫這對戀人，於是將他們變成一對鴿子。

這故事是怎麼來的，沒有人確實知道。很有可能是最早製造和外銷那些盤子的中國出口商杜撰的，歐洲人對神祕東方這類充滿異國情調的浪漫愛情故事，一向很感興趣。不過一般相信，這類圖案並非特別爲出口而設計的，早在出口到國外之前，這些圖案就已經存在，只不過有許多在繪製過程中被畫壞。有些在歐洲製造的盤子複製這類圖案，結果複製到那些畫壞了的版本。只有少數保留了眞正的故事。

根據傳統三合會的歷史及木楊城的布局，這些盤子上的圖案顯然可以另作解讀。位在圖案中央的柳樹是在一道牆後面：這道牆就是圍繞木楊城的牆。這對戀人逃往藏匿的「小島」上，有一棟建築。這棟建築顯然不是一般的民宅，而是一座廟，只不過前述浪漫愛情故事中並未提到。這是不是用來祭祀少林五祖的廟？還是一棟樓閣？另外圖中還有一座橋，就算沒有兩塊板子，也有兩個拱弧。故事中提到女孩燒房子的事，也許指的是少林寺被焚。當然，圖案中除了柳樹以外，其他的樹都看得出來是桃樹。事實上，這整個柳樹圖案設計，可能都和三合會的歷史傳說有關。

第三章　過刀山

外界對三合會舉行儀式的過程所知甚少。即使是被迫加入的會員，也不願談論此事，唯一可靠的說法若非來自警方的紀錄，特別是香港警方的資料，就是來自類似摩根所做的研究，或來自歷史文件，如施列格等人的著作。

三合會堂會林立且彼此差異甚大，不過令人驚訝的是，絕大多數堂會舉行儀式的方式竟大同小異，由於源自同一個傳統，過程結構幾乎一模一樣。就是這種類似性，讓三合會成員產生了一種文化上和犯罪行為上的認同感。他們可能會爲了地盤或犯罪事業而出現激烈爭鬥，但擁有共同的傳統，使他們在爲非作歹的事情上團結一致。他們也許彼此敵對或相互競爭，但同時也聯合起來對抗當權的執法機關和政府。這種分裂之下的團結，從反清復明時代一直延續至今。

過去，每個堂會皆嚴格遵照歷史傳說規定的儀式和階級體制辦事，但今天的三合會團體，尤其那些位在遠東地區以外的堂會，往往欠缺某些幹部和職能，或是將他們的職責合併再重新攤派。

最初，每個堂會或是大型堂會的香堂都有一套監督執行的階級體制，被指派工作的人員有固定任期，並經由堂會成員選舉產生。如今保有這種結構的堂會，最高領袖稱爲「山主」，有時俗稱爲「龍頭」。他負責統管堂會所有成員以及所有事務。他或許會與副手，即「副山主」交換意見，不過他講的話就是法律。副山主在山主不在時暫代其職。接下來則是「香主」，以及在指揮體系中屬於同一層級的「先鋒」。這些人員負責執行新丁入會和人員晉升的儀式，安排人員晉升選舉以及控管新丁入會的工作。必要時，他們還會下令對那些與弟兄們衝突的成員進行懲處。在他們底下是「雙花」，擁有此一頭銜的人可能不少。有時候高層人員從顯赫的職位退休，會肩負起堂會內一些活動部門，他們通常也管理日常事務，如果堂會有分支，也可能交由他們負責。這類分支有自己的高層人員，但香主和先鋒等職位仍是「母堂」的香主和先鋒。這些職位只存在於母堂，這也顯示堂會的組織已達到某種高度發展的境界。負責領導分支的雙花，或不具母堂高層人員職務的分支領袖，稱爲「主持」，其副手則爲「副主持」。有些堂會還設置一名負責管理財務的「楂數」，不過通常財務是由山主親自管理。

雙花底下爲層級相同的三種人員。其中惡名昭彰的「紅棍」，是戰鬥單位的指揮官，每個單位約五十人。紅棍精通武藝，是眞正的戰士。大部分的堂會根據本身的規模和需要，設置一群紅棍。紅棍身爲「執法人」，是堂會裡的暴力份子，他負責與其他堂會進行武力鬥爭，擔任刺客殺手，而在需要動武時，他要確保武力用得恰到好處。

與紅棍地位相等的是「白紙扇」。他是行政人員，是負責記帳和收錢入庫的經理。白紙扇通常受過良好教育，是商業或法律專家，類似黑手黨家族裡的「法律顧問」（consigliere），是顧問和策士，將來有望成爲香主。此外，白紙扇的責任可能還包括成員及其家人的福利，若有兄弟在行動中遇難或被捕入獄，他要負責照料他們的妻子兒女。

同屬這個層級，與白紙扇合作無間的是「草鞋」。簡而言之，草鞋有點像成員間的幹事，負責安排會議、與其他堂會間的聯繫、確認保護費是否收齊以及海外轉帳作業是否順利等。他是堂會對外的門面。如果三合會堂會需要公關顧問，這份工作非草鞋莫屬。

位於三合會社會階梯中最底部，且通常聽令於紅棍的，是「四九」。這些人占堂會成員的大多數，過去他們是步兵，而今則是堂會中犯罪的勞動力量。

除了名稱外，所有會員層級皆有數字代號，每個代號皆以「四」開頭，這與古人認爲天下由「四海」環繞有關。三合會的數字代號體系，建立在古代東方數字命理玄學的基礎上，在這類玄學中，數字和數字組合具有深奧的象徵，甚至是神祕的意義。在三合會中，山主是四八九，而副山主、香主、先鋒和雙花等人員全屬四三八，紅棍爲四二六，白紙扇是四一五，草鞋則是四三二。

被稱爲四八九的山主，有時也被稱爲廿一（四加八加九），廿一看起來有點像洪門的「洪」字一部分。廿一也是具有創造意義的三，乘上代表幸運和死亡的七，而山主數字所含命理意義，意味著堂會的生命循環。香主（四三八）也稱爲十五（四加三加八），是三（創造）乘上五（代表長壽或保存），正適合他負責的儀式工作。其地位標記也呈現在烏龜形狀的符號中，龜是象徵長壽的動物，往往與香主產生關聯。此外，三八看起來也像是「洪」字的其他部分。紅棍的數字四二六，可拆解成四乘廿六加四，等於一百零八，象徵《水滸傳》中的一百零八條好漢。草鞋的四三二，可拆解成四乘三十二加四，等於一百三十二，象徵少林寺一百三十二人協助清廷對抗西魯。白紙扇的四一五，與中國的八卦有關。至於四九，四乘九等於三十六，這讓人想起洪門入會儀式中的三十六誓。在這些數字裡，三十六和一百零八尤其重要，經常出現在三合會其他場合中。例如入會費，甚至敲詐勒索錢財的金額，往往會按這些基本數字來加以計算，並以十作爲基數乘上去。例如，一九七〇年代香港三合會的入會費爲港幣三千六百元，而在英國，當地三合會向中式餐點外賣店強索的保護費爲每個月一千零八十英鎊。

現今的三合會大多已失去傳統上這些層級。有些只保留最高的四個職位，在香主和先鋒以下，除了四九以外，人人平等。有些甚至完全放棄傳統形式，只由一名會長和兩名資深助理負責運作，其他人一律平等（四九除外）。在這些「現代化」的堂會裡，每個人按照個人專長或堂會裡的職缺來分攤責任。堂會內一切工作，從財務、召募新人、會員管理和宣傳，到內部紀律、堂會之間的聯繫乃至會員子女的教育或家庭福利，均由大家攤派。晚近這些發展令觀察家感到驚訝，但這些發展仍與傳統維持一致。雖然今天的三合會基本上屬於犯罪性質，但仍局部保有過去所扮演的半商業行會角色。尤其在香港和新加坡，仍有一些不涉及犯罪行爲的互助團體。

然而，一個堂會無論有多大改變或簡化到何種程度，通常還是會維持「香主」一職來主持儀式。這樣做的理由很簡單，堂會的團結必須靠儀式和典禮來維繫。

*

加入三合會的程序相當複雜。新丁不僅需要繳交入會費，還必須找到一位保證人，且也得付費給這位保證人，費用通常遠超過入會費。新丁和保證人之間的協議爲私下進行，不過要等到香主和先鋒確認新丁的忠誠沒問題後，協議才能夠進行。即使是受脅迫加入的新丁，也必須有保證人。保證人通常就是迫使新丁入會的那位人士，他吸收新丁入會，也許是爲了提升自己在堂會裡的地位，或爲了藉此增加收入，在此情況下入會的新丁，還是得繳入會費。這項初繳的費用金額甚高，往往超出新丁所能負擔，但新丁只要升格爲保證人並介紹更多人入會，其所獲報償將數倍於他原先所繳納的費用。新丁繳交的正式會費，半數進了堂會的金庫，其餘的則由堂會高層人員瓜分。堂會的收入，無論是會費或敲詐勒索來的不義之財，通常會集中保管，理論上這筆錢是神聖不可侵犯的。然而實際上，高層人員盜用這些錢可謂司空見慣，這往往導致內部不和，其結果不是引來報復仇殺，就是促使一些不滿和失望的成員出走，另立門戶。

新丁入會儀式，象徵凝聚三合會的力量和價值觀。這種聚會連結了過去和現在，透過儀式的舉行，每個成員都成爲一個經血誓而日益發展壯大的團體之一分子。在這裡，昔日的道德和宗教規範在所有成員的生命中留下了痕跡，不過儀式一旦結束，這些人在外頭倒是難得去思索這些事。五祖們的高風亮節在三合會的日常行徑中早已不復存在。對於目前三合會中占絕大多數的犯罪結盟來說，這類儀式不過是強化保密、紀律和忠誠的手段而已。

傳統上，聚會儀式舉行的時間是在陰曆當月的二十五日，集會的通知會寫在紅色的紙片或薄竹片上。除非遇到情有可原的狀況並告知香主且獲得允許，否則成員接到召集通知，必須遵令出席。新成員會接獲警告，若把集會的消息走漏出去，後果將非常可怕。

在儀式舉行地點，新丁一頭散髮，所穿衣服不扣扣子，裸露胸膛，赤著腳來到。一旁的人給了他五柱香，而後他便跟著一位負責傳令的「雙花」誦念四首儀式詩句。新丁的身分經過確認之後，他的姓名會被宣告讓在場的人知道。接著他便被領到第一道門，門上懸掛一張黃紙。在打過招呼後，身旁的人和他握手，接著是一段儀式舞蹈，然後他往前走幾步，將自己身世報告給先鋒列入會員紀錄。下一步他要從一道由鋼刀形成的拱門下方經過。這段程序叫「過刀山」。接著旁人給了他三顆紅色石子，這時他必須繳交入會費才能再往前，來到洪門。洪門由兩位將軍看守，新丁在他們面前屈膝下跪三次，對方會要求他報上姓名，先鋒則代爲回答。這些事完成後，將軍通過這道門，請香主允許新丁進入，然後再出來帶他進入「忠義堂」。這時又出現另兩位將軍，要新丁報上姓名，這時新丁得向他們下跪四次。

在這個節骨眼上，新丁將接受簡短的耳提面命，讓他明瞭兄弟們的共同目標是什麼，並告誡他必須忠誠。儘管「反清復明」的概念已不再具有政治上的意義，但這時仍會被闡述一次，此外新丁還會被告知，身爲堂會一份子不僅要對自己和兄弟們眞誠，對他們的親族和宗族也一樣。身爲一個中國人的重要性，也因此被強調。而新丁必須保證遵守兄弟間的協議，如有違反，將遭受嚴懲。

交代完畢，新丁便進入「乾坤圈」，這裡也有兩位將軍把守。經過這裡，再跨越一條想像的溝渠後，新丁被領到木楊城東門，並在兩位將軍面前下跪兩次。門的另一頭叫「太平廳」，有時又稱爲「太平市場」如果儀式是在室內舉行，東門則會通往另一個房間，這是高層人員聚集的地方。先鋒會要求讓賣水果的謝邦恆入內，此時此刻，新丁已化身成爲那位傳說中的人物。於是香主准許他進入。

一旦進入太平廳，就得誦念儀式詩句。這時一名會員站到新丁一旁，替他回答三百三十三個有關堂會及其目標、歷史、符號和儀式之類的問題。香主這時會再次問新丁是否仍想要加入。他這時如果打退堂鼓就很不智，因爲到了這裡，他已經知道太多事情。任何人如果在這時候輕率退出，便再也見不到黎明。

一個世紀前，中國男人被迫必須綁辮子，儀式中新丁的辮子將被剪掉，有時這條辮子會被留下，當成假髮以便在公眾場合戴上。在清代，不留辮子等於承認自己是叛逆。如今在儀式進行時，新丁往往會剪一小截頭髮，作爲反抗當局的一種象徵。隨後新丁會在另一個儀式中接受剃鬚理髮，然後洗臉，以示脫離過去並去除內心的虛僞。過去，這個洗臉的動作是在入會儀式結束後第三天舉行。不過近年來這個動作已融入主要儀式之中。洗完臉後，新丁要將外衣和長褲脫下，放到一旁。一百年前，這些衣褲會被剪爛，因爲那是按清朝的樣式製作的。脫下衣服後，新丁接著穿上一件白色長袍，頭上綁著一條紅帶，並穿上一雙草鞋。緊接著開始誦念儀式詩句，幾乎所有的詩皆為四行詩。最淺白的例句之一是儀式中某個段落結束時所誦念的「寶詩」：

一灣過了又一灣，
我家住在五指山。
一心找尋姑嫂廟，
左右排來第三間。

新丁被領到神桌時，所有會員皆在場，每人指間握有九片草葉（編按：即「拈草為香」）。這時又誦念了兩首四行詩，接下來，寫有忠義誓詞和新丁名字及生辰資料的幾張大黃紙被放進神桌上的香爐內。在場每個人又誦念了更多詩句，每念一節，便把一片草葉放進香爐。然後，一對「香燭」（最好是乾燥的木條）被點燃，眾人誦念了更多詩句，接著一支紅燭被擺上，然後端出一個銀酒壺和三個玉酒杯，這是用以祭拜天地。祭拜完後，三只燈被點亮，最後點亮的是一只紅燈。

儀式進行到這時候，已經轉變成宗教典禮，先前大多為三合會的儀式，現在則變成一系列佛教和道教的祈禱，以及膜拜土地公和三合會歷史傳說上的豪傑。接著主事者會拿出香爐內的誓詞，向跪在地上的新丁誦讀。這是儀式中的重要時刻，主要闡明違反三十六誓裡的哪一條，會遭到哪一種懲罰。

三十六誓是建立在三個重要考量之上：堂會本身神聖不可侵犯及保守其祕密的重要；一個好成員需符合哪些要求；維護堂會內部秩序。每一條誓言皆提到違反的話會受到什麼懲罰，而違誓者都是死路一條。

屬於第一類的誓言包括像：「洪家之內事，父子兄弟以及六親四眷，一概不得傳。私教私授，貪人錢財者，死在萬刀之下。」（第五誓）、「對外人須謹慎言語，不得亂講洪家書句及內中祕密，免被外人識破，招引是非，如有違背，死在萬刀之下。」（第三十五誓）。有關會內兄弟關係的誓詞則有第十一和第十六誓：「如兄弟寄託妻子兒女，或重要事件，不盡心竭力者，五雷誅滅。」、「兄弟錢財物件，須有借有還，如有存心吞沒，五雷誅滅。」與會內秩序相關的誓詞包括：「不得捏造是非，或增減言語，離間兄弟，如有違背，死在萬刀之下。」（二十三誓）、「賭博場中，不得串同外人，騙香兄弟錢財，如有明知故犯，死在萬刀之下。」（二十二誓）、「不得私做香主，入洪門三年爲服滿，果係忠心義氣，由香主傳授文章，或前傳後教，或三及第保舉，以晉升爲香主，如有私自行爲，五雷誅滅。」（二十四誓）。從表面價值來看，這些誓詞合情合理，但也說明三合會內部的兄弟關係有多脆弱。如果一名三合會成員在經歷過莊嚴的入會儀式後，還需要諸如「不得收買洪家兄弟妻妾爲室，亦不得與之通姦，如有明知故犯，死在萬刀之下。」（第三十四誓）這樣的誓詞來讓他遵守兄弟規矩，那麼這整個組織的道德核心都讓人起疑。而像第三十一誓：「不得以洪家兄弟眾多，仗勢欺人，更不得行凶稱霸，須各安分守己，如有違背，死在萬刀之下。」使他們的道德水準更讓人不敢恭維。中國歷史上那些遭堂會敲詐勒索的地主和商人，以及現代那些仍在向三合會繳交保護費的外賣店老闆，在見到這樣的誓詞時心中必定充滿疑惑。

宣誓之後，新丁必須歃血爲盟。他先喝茶漱口，然後斟滿一碗酒，再將自己中指刺破，把血滴到酒裡（有時候在場每個人也這麼做）。如今這項做法大多以斬雞首，將血流入酒中取代。緊接著，掛在門廳上方的黃紙被燒成灰燼，這些灰燼也被倒進酒中，新丁再將刺破的手指伸入酒碗中，而後將浸濕的手指吮淨。斬雞首和發咒誓意味任何人喝了這碗酒之後若違背誓言，下場將與這隻雞一樣。通常眾人喝完酒後，酒碗隨即被打破，象徵背叛者必死無疑。

新丁這時通過木楊城的西門，在那一頭誓詞被焚燒，冒出的煙上達天聽，意味結義之後，上仰神明之降鑑。

新丁這時便成爲正式的三合會成員，其地位爲四九。山主會頒發一份身分證書給他，證書上以隱語寫上他的名字。這可是他繳了錢之後得到的。過去，他還會得到一本書，有點類似西方共濟會員的手冊，書中包含誓詞、各項規定、祕密暗號以及諸如此類的內容。不過今天三合會爲了避開偵察，已很少發放這種書。新丁也可能獲贈一把刀或一把匕首，以及三枚「太平通寶」，而今三合會使用的是中國的古錢，這類古錢在遠東地區很容易取得，甚至觀光紀念品店都買得到。

雖然儀式已結束，但新丁還不能離開。堂會將各類旗幟一一向他展示，他得磕頭並奠酒祭神。三合會的武器會被象徵性地浸泡在白馬和烏牛血裡：這血可能以茶、酒或白蘭地代替。這件事一旦完成，便宰殺牲口來擺設筵席。如今這項筵席經常是在餐館裡舉行，或是從外頭帶進食物供大家享用。

負責主持儀式的人員，穿著都和佛僧一樣。山主穿的是一襲紅色長袍，香主穿的則是白色長袍。山主的紅色長袍上可能有刺繡，香主的沒有。然而只有香主才能拿念珠。至於其他人員則穿著黑色衣服。過去他們穿的是黑色長袍，今天則改穿黑色西裝。所有袍服都必須是棉製的，因爲佛教禁止殺生，絲製、羊毛製和皮製一概不准。他們還會戴上頭巾，頭巾過長的部分便掛在肩膀前。所有人員也可能把褲管折三折起來。左褲管和西方共濟會一樣朝外折起，而右褲管則向內折。他們還脫掉鞋子，左腳穿上一隻草鞋，有時他們會以外觀像草編的塑膠鞋取代。先鋒可能拿著一條鞭子和一把傘，意味他正在旅行途中。他還可能另外帶著一個小背包或小包裹，這象徵裡面裝有少林寺殉難眾僧的骨灰。

傳統儀式進行的時間總共需要六小時左右，如今三合會已沒辦法再像過去那樣繁文縟節。儀式時間必須縮短，以免被人發現。至於那些舊日的複雜儀式對身穿皮爾卡登襯衫、開名貴汽車的新一代三合會成員來說，已變得不切實際，最終遭到摒棄。兄弟間的誓約則經常被用來當作報復和殺戮的威脅。三合會現在多採用一種簡短的儀式，稱爲「掛藍燈」。儀式時間不超過十五分鐘，且不需使用眞正的行頭。三百三十三個問題被簡化到只剩三十三個，許多儀式用的詩句也被省略掉，宗教祈禱能省則省，或全部免除。而有關歷史傳說的回顧，縮短到只概要講述少林故事和推翻滿清之類的情節。這種大幅刪減過的儀式，其名稱源自中國古代一種習俗，即家裡有人亡故，便要在屋外懸掛藍燈。對新丁來說，這代表他前生已告結束，如今重生成爲三合會一分子。

在罕見的情況下，堂會也會舉行較長的儀式，目的是爲了慶祝某些重要大事，例如新的香主或其他高層人員就任。即便如此，儀式也遠比過去寒酸。且這類儀式進行的過程也往往不正確，因爲現今還曉得如何傳遞相關傳統的三合會成員，已所剩無幾。

*

除了最常舉行的入會儀式，還有其他儀式性聚會。最重要的是一種名爲「燒黃紙」的儀式。當兩個堂會的成員爲了某個共同目標進行合作時，就會燒黃紙。另外，堂會成立新的下層組織，或是勢力強大的堂會合併弱小的堂會時，也會舉行燒黃紙儀式。在同一個地區活動的不同堂會經常結盟。例如，某個城市裡一個經營妓院的堂會，可能跟另一個從事街頭販毒活動的堂會燒黃紙，以確保彼此井水不犯河水。其中安排可能包括：販毒的堂會不賣毒品給開妓院堂會的「員工」，這樣才不會影響到小姐們接客。

燒黃紙儀式根據的是一種古老的中國法律慣例。定約的雙方在一張黃紙上寫下他們的姓名和地址，黃紙上還寫有協議的簡短大綱，以及雙方皆願意遵守協議的聲明。兩張紙隨後被焚燒，兩造也因此不得違反協議。一直到進入二十世紀，香港法院都還實行這項做法，在審判前讓被告或證人焚燒紙張，其份量相當於按著《聖經》起誓。對三合會成員來說，焚燒的黃紙有特別的重要性，因爲它與懸掛在香堂入口上方的黃綾被，以及書寫了新丁名字和誓詞的黃紙有關聯。

三合會成員用手勢來辨認彼此。在一個祕密集會的場合裡，這些手勢尤其顯眼。從典禮一開始時的儀式舞蹈，以及任何一樁收授物件的行爲，都有這類手勢。「白紙扇」在接受如小酒杯之類的小型物品時，其姆指、無名指和小指會伸出，像個筆直的三角架，「草鞋」則是以他的食指、中指和無名指來構成他的三角架。還有其他手勢，用來宣示地位或代表堂會旗幟上的字。例如「蛇」這個字，指的是五祖之一胡德帝，會用食指和中指構成一個毒牙的形狀，手部也約略呈現出「蛇」字的形態。

在公開場合，手勢雖寂靜無聲，卻被廣泛使用。就像共濟會成員藉由握手或站立姿勢，讓認識的人知道他的身分，三合會成員也會藉由一些手勢讓別人知道他們是誰，地位如何。對不明究理的旁觀者來說，這些手勢似乎莫名其妙，但做出手勢者可藉此告訴圈內人他屬於哪個堂會，哪個階級。從遞菸給人和接受香菸的動作，筷子的拿法，付錢的方式，持筆寫字時的姿勢，都能透露出一名成員的身分和地位。

在日常生活對話中，三合會成員用暗語來打招呼。共濟會成員大多會問人家：「您這個人誠實嗎？」三合會成員則可能以更含糊的方式問別人：「您在哪兒出生？」對中國人來說，這不是什麼不尋常的問題，因爲人們常會詢問別人的籍貫或家族。對方若回答在廣州郊外的某個小村莊或台北附近，三合會成員便不再追問。但如果對方回答：「在一棵桃樹下」、「在一個桃樹園裡」，或其他提到桃樹的類似說法，那麼他便知道對方是兄弟，不過有可能是另一個堂會的人。這時他可能繼續問其他問題，以便進一步認識對方。他問對方：「令堂在嗎？」對方可能回答：「我有五位。」這是比較顯眼的。另一種普通的交談是：「您沒欠我錢吧？」「我還了，我記得。」「我記不得了。您在哪裡還我的？」「在市場。」這裡指的當然不是當地的市場，而是三合會史上的太平市場。

三合會儀式中的許多繁文縟節和象徵符號已經散失殆盡，實在是件丟臉的事，這並非因為這些犯罪團體失去了既有的傳統，而是中國文化豐富遺產中的一部分已經失去。看著三合會儀式逐漸消失，猶如看著粵劇漸漸被廣東流行音樂取代，或是傳統的茶樓被卡拉ＯＫ酒吧取代一樣。

第四篇　蛇頭與幫會

第一章 香港岸上風雲

姑且不論毛澤東邀請杜月笙回中國的用心何在——是要這個黑社會大老協助治國，還是要伺機把他處死，以報復他協助蔣介石搞白色恐怖——毛對幫會活動的態度非常明顯。幾乎中共一建政，毛就不遺餘力取締、檢肅黑社會活動，這可是中國歷代皇朝未曾有過的事。

幫會被認為是非常重大的威脅。歷史上已經顯示，他們可以在政治上製造傷害，而且他們爭取農民群眾之支持，不啻就是和共產黨競爭招攬民心。他們也是難以控制的一股力量：國民黨利用他們，但後來，他們反而掌控了國民黨。可厭的國民黨反倒成了黑道的政治力量。毛澤東可不願共產黨同樣被黑道利用。話雖是這麼說，他仍然冀望最好能善加利用黑道的勢力。

一九六三年，毛澤東壓抑下他對蔣介石的仇恨，重演拉攏杜月笙不果的舊戲碼，盼望能統一中國，並把黑道納入中共勢力之下。當時全世界還不清楚，中國已走到一場可怕的大饑荒的盡頭：從一九五九到六三年之間，一場大饑荒造成三千萬人餓死的慘劇。始於一九五八年、企圖重振中國的大躍進運動全面失敗，反而毀了全國工業和農業。毛澤東需要新動力、新方向，爭取一切助力來重振中國。黑道的錢財、力量會大有幫助。於是乎，中共總理周恩來透過投共的前國軍將領張治中居間拉線，與蔣介石祕密碰面；蔣介石的兒子蔣經國也參與了這場祕會。據信，這場祕密會議的地點是廈門南方的東山島，討論的主題是中國的統一。周恩來極其小心，深知蔣介石和黑道的關係已經根深柢固。國共雙方密商，只得到一項共識：互不侵犯彼此領土。

毛澤東固然跟少許黑道大老示好，甚至交好，但他可不打算賦予他們有可能威脅到自己地位的權位。至於黑道幫會就更不用說了：中國有個老故事，一隻黃雀唱歌好聽，一群黃雀吱吱喳喳叫，反倒成了不合諧的噪音！集會結社會被視爲反革命。勞工組織要解放，人人要爲社會工作——不是替每週繳交「會費」的紅棍工作，而是爲承諾帶來光明前途的五星紅旗效命！

毛澤東最忌憚、最憎惡的，就是黑道的犯罪。他們已經在中國橫行多年，一定得加以制止；但是毛澤東也認識到，現實上，他無從消滅幫會攀緣關係、牽絲拉藤的發展，以及效忠宗族家庭的次文化（他本身還得仰仗這種效忠宗族的意識咧！）。可是，他一定得有所作爲！因此，他痛下重手取締娼妓和勒索。然而，黑道的根本不在色情和貪瀆，而在鴉片煙毒。在鴉片煙毒肅清之前，中國依舊積弱不振，既不能發揮潛力，也不能實現社會主義之夢。

中共建政之後，三年之內，鴉片全面自中國社會除去，經歷數百年之後，中國總算「乾淨」，不再有鴉片煙毒，而黑道也失去最賺錢的生意。這可是一樁了不得的大事。癮君子送去勒戒，農民奉命不得種植罌粟，要改種穀糧。鴉片煙館老闆經由公審羞辱後，送到勞改營接受政治改造，很多人從此一去不回。毒販則被認爲已經罪無可逭，不能改造，統統槍決，而且是公開槍決，以儆效尤。

遭到槍決的，絕大多數是黑道份子；查到入會證書，就送進勞改營。有史以來第一次，在全國都得一體遵行：加入幫會是非法的，而且中央法令也得以推行，因爲（也是多年來第一遭），中國又統一在一個政府之下，只不過這是個極權政府。

*

然而，中國並不是第一個把三合會視爲非法組織的國家。在毛澤東崛起掌權之前，香港這個小小殖民地已備嘗黑道犯罪苦頭歷一百年之久。全世界再也沒有其他地方，對黑道的研究比香港更加透徹（黑道活動是如此透明公開）；執法單位取締他們的決心和成績，也是全球少見。

在香港，黑道祕密社團已演化成爲純粹犯罪的次文化，除了少許孤立案例，這些團體根本沒有政治目標。維持殖民地現狀，最符合他們的利益。英國人把香港治理得平平順順，華人可以做他們最拿手的事——創業、發財。每一個黑道人士都曉得，社會愈富裕，犯罪愈有錢可賺。香港繁榮、興旺，變成黑道的絕佳訓練所，可以鍛鍊犯罪、生意技巧，精嫻黑道生存之道。

黑道國際犯罪網絡的建立始於香港，以致於香港得到「黑道世界大本營」的惡名。其實，這樣講香港，一點道理也沒有。香港不是黑道世界總部，也從來不曾是。中國黑道從來沒在香港設立全球總部，其實他們和俄羅斯幫派或義大利黑手黨一樣，只是在香港進出而已。充其量，香港之於中國黑社會，就好比巴勒摩（Palermo）之於西西里島黑手黨一樣，是個精神故鄉，不是營運基地。

英國人接管之前，香港早已是長江以南全中國海盜和異議人士出沒之地。地理位置遠離帝國中樞，可說是化外之地。此外，這裡有全年不凍港灣可供海盜船泊碇，也有數百個小島嶼可以藏身，至於散布各小島上的村落，除了藏身功能，也可輕易擄掠。鄰近的珠江口是進入華南唯一主要河川系統的入口，而珠江正是華南的交通孔道。沿河上溯的貨船，是海盜覬覦的目標。國際貿易在香港出現之後，海盜收入大增，不但搶本國沿岸民船，也搶洋人商船。香港依據一八四二年南京條約割讓給英國之後，海盜不只是得到一處安全港，還得到不受清廷管制的新保障。不僅海盜突然間得到新保障，祕密社團也得以不受清廷干擾。

苦力、水手、商人等等受此新通商口岸和貿易機會吸引，紛紛來到香港，立即成立貿易組合和社團，以保護他們在洋人政府之下的利益。祕密社團也接踵到來。他們吸收大批苦力入會，很快就控制了許多組合。英國人接管不到一年，香港就出現四個黑道組織。一八四四年，負責組建香港警力的凱恩上尉（Captain William Caine），突襲了太平山一個成立於一八四二年的堂口，逮捕了十七名成員。

港島的太平山，此一地名也有中國幫會的含意在內。這是今天俯瞰中環摩天大樓群、維多利亞港檣櫓、英國人稱之爲「維多利亞山」的中文地名。其實，這裡頭另有學問。太平山指的是紅香爐山，俗稱扯旗山。一九〇四至四八年間，港府頒令禁止華人居住在太平山，但更早以前此地有許多「本地住宅」，是苦力和勞動階級聚居的地區。他們在這裡有了自己的市場，名正言順就叫做太平市場。

凱恩的查緝報告裡提到「三合會祕密社團」，「對華人起了邪惡影響」。其實，他們做惡多端，敲詐勒索，盜竊財物，一八四三年四月二十六日，他們大膽向第一任港督樸鼎查（Sir Henry Pottinger）的官邸下手行竊。四月二十八日，又侵入三大洋行倉庫行搶。

一八四五年，三合會已經猖獗到了極點，其活動被認爲有害社會治安，港府通過立法要撲滅他們。根據此一律令，加入幫會，甚至假扮幫會份子，都是違法行爲。這條律令至今依舊存在，稱爲「社會治安法」，雖然歷經修訂，仍密切監視黑道發展。此一律令通過之時，香港實際上有兩個治理當局：英國人管殖民地，三合會管勞動階級。英國憂心的，不是殖民地出現祕密會社，而是這些團體的效率和廣大會眾。英國人是通商利益至上，深怕祕密會社可以透過苦力罷工，擾亂其貿易往來，因爲他們評估「本地人口」

有七成接受三合會號令。其實這個數字恐怕仍失於保守。

加入黑社會組織者，得處以入獄三個月之刑及杖打一百下之罰。這個嚇阻力量並不夠強大。在中國，查到黑道份子犯罪，可以處以斬首、絞殺或在籠圍中用繩綁頭直至氣絕之刑。英國人新的刑罰只能說是造成不便而已，至於香港監獄初建之時，簡直就是收容犯人的五星級酒店。食物豐富，牢房冬暖夏涼；獄卒還算人道，屋頂還能遮風避雨。後來，除了坐牢，黑道份子一經逮到，就在左頰烙字爲記；但此舉被認爲過當，有阻止囚犯新生、遷過向善之虞，所以把烙印改成烙於上臂。刑期屆滿，是否遞解回中國，則交由法官量度裁定；但如果被告能證明他是被裹脅入會，則不受懲罰。英國人成了黑道嘲笑的對象。中國警察因身著綠色制服，通稱「綠衣」，也成爲嘲笑用詞。到了今天，香港和海外黑社會組織仍用「綠衣」一詞來嘲笑治安人員。

*

到了一八四七年，香港已被認爲是整個華南黑道組織活動的神經中樞。三合會膽大包天，甚至乘香港守軍染患疫病、兵力薄弱之機，想要集結起來攻打他們。然而，香港警方聞風，配合一小支士兵，逮捕了在山區集結的兩百名黑道兄弟。這些人有許多是正式宣誓入盟的幫派份子，有些則是臨時募集的打手。

黑道組織牢牢掌控住香港的勞動市場。他們向苦力勒索保護費，抽取安排工作之佣金，也組織罷工行動。香港殖民政府愈來愈警戒，尤其在太平天國之亂搞得毗鄰的中國淪入無政府狀態後，更是憂心忡忡。太平軍有一支部隊甚至在香港太平山華人區集結，準備攻打當時還不屬於英國領地的九龍城內之清政府衙門。香港軍警堵住他們，命令他們離境：香港宣布中立，不願介入中國內戰。

港府既然宣布中立，三合會明白他們在香港安全無虞，開始避免與英國人起衝突。既然不能在香港從事反清政治活動，他們把精力轉到犯罪活動上。他們不以勒索苦力和勞工爲滿足，而是跨入合法生意，收取保護費，對貿易開徵「稅金」。不付給黑道岸勤費，漁獲上不了岸。不付通關費，肉品進不了市場。米、麵粉、蔬菜統統遭到掌控。不付錢，沒有任何一樣東西動得了，或做得成買賣。到了一八八〇年代，黑道犯罪活動已經深入香港各個角落。相關犯罪也開始出現。一八八六年，有三個替警方當線民的人遭到謀殺。一名華人立法局議員因爲有立法之責，遭黑道威脅要殺害他。

黑道現在勢力強大，人人聞之色變，只要他們一要求，商家莫不上繳保護費。山主變成富人，組織也財源滾進。若是徒眾被捕，組織出面保釋——這名徒眾旋即棄保潛逃，跑到葡屬澳門或回到中國內地。此時，黑道組織也開始滲透，打進香港警界。雖然香港警署主官全是歐洲人，雇用部分印度錫克族（Sikhs）爲中階幹部，大部分警力還是由本地華人出任。到了一八八五年，每一個警署單位至少都有一名黑道人物臥底；次年，首椿警員亦爲黑幫份子的案子爆發。同一年，香港黑道組織彼此之間也首度爆發交戰。

香港是數十萬前往美國的苦力之主要出發港埠，黑社會早已進入此一人力交易市場，在華南每個港埠都普設苦力仲介機構。他們向客戶收取出發前借住的客棧費用，也經常以高利貸利息預先借出盤纏，向船公司收取介紹旅客之佣金，向旅客收取介紹艙位之佣金，向旅客抽取登船費，向船隻收取泊港費，還對苦力出發前投宿的棧舖提供保護。某個幫派提高其保護費，棧舖主人起而反抗。投宿在此的苦力也不滿受到剝削，聲援棧舖主人。爲了得到保護、增強作戰力量，棧舖主人雇用另一幫派若干四九撐腰。這下子，許多出國客船泊碇的西區，不時爆發幫派械鬥。

香港政府事後調查發現，黑社會不僅已滲透進入警界，也打進政府每一部門。港府發現「萬安幫」的山主是個華人探員。此人立刻被捕，一經保釋，他馬上棄保逃到中國，後來因與滿清當局作戰而身亡。山主一逃，萬安幫改名，淡出江湖，可是一九四九年又以「萬勝堂」的名義復出，從事毒品交易。和萬安幫爲了棧舖大打出手的另一個幫派「福義興」，目前仍在香港活躍。

太平天國亂事平靖之後，數千人逃離中國，前往香港，其中有亡命的黑道，也有機會主義者，以及政治煽動家。革命黨人成立振武堂時，和黑道幫會建立盟友關係，也得到他們從敲詐勒索得來的資金協助。一九一一年，中華民國肇建，中和堂分化，變成「和」字號各堂口，今天已是全世界最有力的一個團體。

＊

民國肇建，另一波移民潮由中國湧向此一日益繁榮富裕的英國殖民地。他們不是難民，而是黑道人物，試圖躲開上海杜月笙和痲皮金榮無所不在的勢力。他們立刻加入本地已成立的祕密會社、在中國的香港分會建立總舵，或乾脆自立門戶。他們幾乎都是犯罪組織，很少有例外；瓜分香港地盤，活動涉及敲詐、勒索、綁票勒贖、開設娼館、賭場，甚至從事奴隸買賣。他們欺壓中國生意人，也提供稱作「妹仔」的童妾給華人富商。

「妹仔」在中國是由來已久的一門生意。中國家庭希望有個男丁傳宗接代。母親生了女嬰，往往不要她們。殺死女嬰是常見的現象。那些不忍心殺害骨肉的母親，經常把女嬰丟棄在寺廟、基督教會或富有的中國人家門口，盼望她們能得到收容。還有一種情形，就是做父母的把女嬰養大到五、六歲時，再出賣爲女婢；有些農家父母，也拿女嬰換取食物。以後，女孩直接賣給買主。然而，從一八四〇年代起，黑道介入人口買賣生意，向農民買進小孩，加價後轉賣出去。「妹仔」往往在主人家被當做奴婢使喚，供主人逞色慾，也不是新聞。理論上，「妹仔」一到十八歲，主人要把她遣嫁出去，可是許多人沒能出嫁，又被黑道買下，逼迫她淪入煙花巷當妓女。

到了一九二〇年，黑道幫派已徹底制度化，大頭目已融入香港社交圈。許多黑道老大還裝模作樣，做些樂善好施的動作，掩護眞實面目。他們從事合法生意，把組織登記爲慈善機構，或體育組織、社交俱樂部和宗親社團。

爲了躲避當局注意，及避免類似萬安幫和福義興之間的幫派械鬥，他們協議劃分地盤。在各自的地理區域或特定族裔裡稱雄。這種劃分地盤、各自稱雄的現象，迄今仍然存在；譬如，直到一九八〇年代，和合圖控制住香港島灣仔區的謝斐道（Jaffe Road），本地人乾脆就把它稱爲和合圖街。

到了一九三一年，香港黑道有八大門派存在，分別是：和字派、同字號、東字號、全字號、勝字號、福義興、義安幫和聯字號。每一幫派各自獨立，廣設分支山堂。爲了掩飾其行動，他們各自打著不同的名號出現。福義興註冊登記爲「福義工商總會」的商業組合。它公開設置十二個分會，擁有一萬名會員。福義興會費是每月港幣一元。因此，單是合法的會費收入每年就有港幣十二萬元，換算成一九九八年的幣値，高達四百二十五萬美元。至於從事不法活動賺進了多少錢，則無從估計。會員裡頭，大約三分之一是宣誓效忠的黑道兄弟。

他們雖是犯罪幫派組織，卻有許多組織提供眞正的互助服務。時機困頓時，他們教養成員子女、支付醫療費用、替失業成員覓職，也提供緊急救難金補助成員家庭。表面上，這些都是正面的行爲，既然這些行動可減輕官方提供社會福利的壓力，殖民政府也就不去干涉。可是，這也產生負面效應，逼得眞正的工商組織變得更像黑道組織，搞儀式、弄誓詞來吸收成員，確保成員效忠。無可避免地，像東社等一些團體，就變成幫會組織。東字號原本是主持一所收容苦力的醫院之慈善機關，必須向和字派尋求保護，與和字派結合之後，東字號擴大活動，逐漸淪落爲一個全盤的黑道組織。然而，東字號的一個分支單位卻沒有走向黑道，反而脫離出去，歷經改造，終於演變成爲「東華三院」這個今天香港最大的慈善服務機構，經營好幾家東南亞最先進的醫院，培訓醫療工作人員，並且從事符合國際水準的研究工作。

其他幫派也仿效福義興。義安幫先後合法註冊登記爲道粹拳社、太平山體育會、義安工商總會等團體。全字號組織起街頭商販公會。聯字號也在香港的商業造船廠成立若干鐵工組織，對英國皇家海軍「添瑪艦」（HMS Tamar）以及號稱蘇伊士運河以東最大的香港皇家海軍基地之船員，具有極大影響力。和字派則經營喪葬互助會，照料中國人至爲重視的往生大事。

幫派所藏身匿跡的許多體育會，專注培養武術人才。遍布香港及全球華人社區的這些體育會，其實未必全是黑道組織。體育會提供的不只是練武、社交場地，迄今仍是四九、紅棍的訓練場。練武的重要性不言可喻，非黑道的團體也不只一次成立武術社來培育人才，對抗黑道欺凌。一九三〇年代香港政府清潔工人就自組拳社，保護自己。經過一段時間，發展成一個「青年國術社」的幫派組織。

黑道幫會有一項活動不涉及犯罪，尤其富有中國特色，就是「搶花炮」。天后誕是中國人的重大節慶，每年吸引大批群眾。節慶高潮就是引燃一枚大爆竹，爆竹內有一塊竹牌，刻著神祇和寺廟的名字。各個組織派出人馬，試圖爭搶爆竹炸開後彈出來的這塊竹牌。搶到這塊竹牌的組織，可以保管一年，並負責維持照料這座寺廟。這位神明傳統上受到三合會禮敬，因此參與節慶可不是一件小事。不過，這裡還有超乎宗教的意義。若能取得維持照料寺廟的權利，也就掌握了香油錢箱，信眾捐進來的錢遠大於維持費用。於是乎，擁有竹牌及因之而來的香油錢，引爆幫派械鬥，香港政府於一九四八年禁止燃放爆竹。

*

香港八大幫派逐漸分裂，出現許多自主自立的團體，愈來愈難團結。從一九三〇年代中期開始，幫派之間不斷出現交惡、競爭，情勢詭譎，需要警方努力蒐證、偵查，才能破解。在幫派互鬥之下，經常出現被亂刀砍死的屍骸，許多人失蹤。還有些人則被打跛了腳，剝了頭皮或砍斷腳筋。警方試圖介入，卻毫無著力之處，因爲根本沒人出面求助。有那麼多華人警員是幫派中人，受害人或目擊者根本沒法保證能隱匿身分。

儘管已遭到黑道滲透，香港警方倒是還能抑制黑道活動，不致到達中國（尤其是上海）那般勾結貪瀆官吏、主宰社會的猖獗程度。殖民政府和不偏私的司法制度，超越了深度貪瀆。街頭小販花錢打通關節，取得叫賣許可，初學開車的也用錢買到駕駛執照，但是高層貪瀆倒是相當罕見。

這種情況在一九四一年十二月，因爲日本人入侵、占領香港，起了變化。日本人自從一九二〇年代末期就處心積慮企圖占領香港，派出若干特務潛伏在此殖民地。其中一位山下先生，即是香港酒店（Hong Kong Hotel）裡著名的理髮師。由於許多殖民政府高級文官和駐軍之官，都是他的客人，他藉機蒐集到許多寶貴情報。一九三七年，在山下建議下，日本派出一名和日方合作的中國人到香港，爭取黑道的支持；山下曉得，日本如果占領了香港，一定需要黑道合作。這個中國密使花大錢招待、收買黑道大哥，爭取到若干幫派保證一定力挺。最樂意配合的是和勝和與義安幫。香港警方其實已經盯上這個中國密使，逮捕了一百多名黑道份子，其中有不少是具有重要文官職位的華人，以及在香港本地召募的軍方人員。可是，傷害已經鑄下：許多黑幫已經預備在戰爭一爆發，就組織第五縱隊做日軍之內應。

到了一九四一年初，日軍已占領香港以北中國沿海各省，雖然殖民政府故作鎮靜，日軍進攻已經難以避免。此時，黑道立場分歧。有些幫派十分反日，支持他們夙來關係密切的國民黨；有些則暫時觀望、不選邊，等候局勢稍爲明朗再說；也有些幫會支持日軍入侵，破壞英軍設施、提供寶貴情報給日軍敵前指揮官。日軍進攻，英軍敗退，據守香港島之時，和勝和幫眾擔任第五縱隊，從屋頂狙擊英軍。英軍一投降，他們立刻把關在維多利亞監牢裡的同盟兄弟放出來；一般罪犯仍舊關在牢裡，後來有許多被日本人殺害。一部分黑道則支持英國人，彷彿宿敵日本侵港，又重新點燃他們的愛國熱情。支持英軍的黑道由國軍海軍將領陳澤（Chan Chak，音譯）率領，此人是幫會資深前輩。日軍發動攻擊，立刻下令手下佩戴臂章巡邏街頭。他們制止親日派乘機破壞，也悄悄把他們知悉的親日派殺害，同時亦藉機剷除敵對幫派。此外，在日軍勝利之前，他們協助許多著名的民族主義人士逃出香港。然而，香港一淪陷，他們若非轉入地下，就是採取較務實的立場。做爲愛國份子，他們協助英國情報單位；協助戰俘逃脫；和中共東江支隊游擊隊合作，破壞日本軍事設施；偷傳訊息和藥品進出戰俘營；一有機會，就暗殺日本人。這些幫派人士有不少被日軍逮捕、刑求和處決。

對於日本進占未加協助的黑道，也不好過。日本人和國民黨都不信任他們，他們也被日軍逮捕、刑求和處決，或送到台灣、日本，和盟國戰俘一樣在煤礦坑等礦場做苦工。

日軍一控制香港，立刻著手把黑社會組成「興亞機關」。興亞機關背後的主力就是和勝和，建置在相當於納粹蓋世太保特務機關的日本憲兵隊之下，橫行香港，舉發反日活動，檢肅間諜、親國民黨人士，當然也藉機剷除敵對幫派。這些人已經失去傳統三合會的愛國精神，被日本吸收加入軍方情報單位，或服務於警察機關。

日本當局鼓勵黑道活動。和他們合作的中國人得到日本人厚賞。日本人藉他們從事娼、賭、毒生意，分潤獲利。黑道也在香港、乃至中國其他城市，經營娼館，拿中國年輕女郎專供日本人洩慾。迄今中、日猶似爭執不決的「慰安所」——中國婦女有如奴隸，遭日本軍人一再強暴的妓院——經常就是在黑道配合下開設經營。在香港島西方港灣的昂船洲（Stonecutters' Island）是英軍基地，日本人在一個懸崖邊小屋設立軍官招待所。黑道在九龍街頭趁夜色掩護，綁架中國婦女，送到島上。她們先遭姦淫，然後在陽台用武士刀殺害，棄屍投入海中。

戰火日熾，整個華南地區陷入糧食短絀窘境。黑道掌控了黑市。到了一九四四至四五年的冬天，香港已陷入人吃人、靠吃屍體維生的地步。沒人供得起葬禮，醫院則把屍體棄置街頭。黑道連這種市場也不放過，出售到特定街頭（其中之一即是在九龍光華醫院後方的登打士街〔Dundas Street〕收屍），當做「白肉」出售的權利。他們見錢眼開，唯利是圖。不過，糧食和人肉市場比起鴉片生意，根本就是小巫見大巫。

戰前的香港，只要透過官方批准的配銷所買進鴉片，就可以合法吸食鴉片煙。不過僅限於在煙瘾者家中吸食，不能公開享用。此舉旨在阻絕鴉片煙館和毒販做生意，且對煙品課以重稅，同時不讓其成為黑道所得來源。官方鴉片煙供給不缺，致使黑道在毒品活動中的參與度降低，只有為了避免繳交重稅，才從事走私。用不著說，從事鴉片走私的是黑道幫派；他們主要把私煙賣給苦力、碼頭工人、黃包車伕等窮人。日本占領期間，鴉片的銷售和配達全由黑道接管，他們成立煙館，鴉片生意使得黑道控制住華人社區，能從中吸收成員；對許多人而言，要逃避日本憲兵隊迫害以及塡飽肚子，唯一方法就是加入黑道幫派。

＊

日本於一九四五年投降時，香港黑道已居於前所未有的強大地位。他們不僅從戰爭中發財，還得到四年不受警方干預的良機，掌握住地下社會，甚且因爲與日本當局合作，日方把警方的黑道檔案紀錄銷毀，得以藏匿犯罪實錄，保住身分不洩露。英國人花了幾個星期重新建立社會秩序。黑道就利用這段期間，肆無忌憚劫掠空屋、搶劫和偷盜。親國民黨的幫派也利用機會向和日本人合作的幫派尋仇報復。

接下來幾年裡，黑道集中全力重整旗鼓，重新控制了碼頭工人，對營建及運輸工人頗有影響力，也鞏固了他們在政府公務員圈內的勢力。警方可以說是無能爲力，大部分的警官是歐洲人，遭日本人關押多年，需要時間休養生息，恢復健康；一般警力則依然有黑道份子隱身其間，人手短缺，還得忙著重新建立黑道幫派紀錄。甚至因爲英國犯下的一個錯誤，大大助長了黑道勢力。

香港是由英國軍隊先行接收，英軍暫時設立軍管當局。該單位從善意出發（其實是相當無知），開始取締毒品。黑道從事鴉片走私已積數十年經驗，突然間又單獨掌控整個龐大市場，等於是給了他們賺取暴利的良機。全世界迄今仍爲英國人此一錯誤判斷付出代價。

黑道在日本人羽翼下經營的獨門煙毒生意，轉入地下。不消幾個月，生意恢復正常，且因躲避戰亂的人紛紛回來，前景還更加看好。日據時期成立的鴉片煙館，此時生意興隆，也變成戰後黑市犯罪活動的營運站。

此時，幾乎每樣商品都供給不足。黑道見機不可失，立刻控制了草藥、衣服、木材和建築材料等等的黑市。另一個機會冒出來，黑道更是立刻好好運用。香港警署警力不足，開始召募新人，黑道份子趕緊排隊應徵。黑道也拉攏原本清廉，但現在覺得薪餉微薄、難以維持生計的警察，與他們建立長期合作關係。警方沒了犯罪紀錄檔案，也必須依賴黑道合作才能抓到歹徒，黑道遂利用機會傷害競爭對手或剷除敵人。黑道老大不時交幾個小弟出來頂罪，藉以交好警方和政府官員。殖民政府實質上已經失去能力，堪稱空心大老倌。

黑道雖然已經不再正義凜然、愛國心切，在戰後還是對國民黨提供若干協助。一九四六年，香港各大幫派大老群聚在鄉間某地召開一場祕密會議，有位國民黨高階官員出席講話。他提醒大家，當年國父孫中山先生在會黨協助下，推翻滿清，肇建民國。他也透露，現在已有若干幫派祕密單位潛伏到共產黨控制地區。他要求香港各幫派號召會眾，與國民黨並肩作戰。他也提出一段宣傳辭令（此話後來一直流傳下來），指稱中國共產黨是新帝國主義者、新滿清，雖然不是外來政權，卻受外來意識型態所催生，因此不是中國本色。他倡導成立的同盟取名「國民黨新社會事務建置同盟」香港支部。

各幫派大老原則上同意，底下的幹部卻不接受。在香港活動就能發財，誰也不願冒性命之險到中國大陸吃子彈。國軍屢傳敗績，節節失利，此議愈發沒有吸引力，最後也就不了了之。

大約就在同一時期，美國政府開始愈發介入中國政治。美國在中日抗戰及第二次世界大戰期間，已經大力支持蔣介石，現在也給予國民政府相當援助去和中共作戰。美國對蔣介石的支持十分強大，以致有個祕密企圖，希望日軍投降後由國民政府派軍接管香港，藉機趕走英國人，讓美國勢力得以伸入此一戰略、政治地位重要的蕞爾小島。然而，由於哈柯德上將（Admiral Harcourt）率領的英國皇家海軍搶在美國海軍之前趕到香港，此一計畫遂告胎死腹中。

一計不售，美國人又端出另一計。他們出資贊助第三勢力出來活動。第三勢力說穿了就是黑道傾向的祕密社團，而且挺諷刺的是，在香港註冊登記爲慈善機關，命名爲「民主黨」或「華僑民主黨」。其長期目標是推翻國民黨和共產黨，在中國建立西方式的民主政府。美國情報機關挑選趙譽（Chiu Yuk，音譯）擔任民主黨領導人，此君是美國境內若干會黨的成員，受美國特務機關吸收。因此，我們可以說，美國透過其祕情單位，知情地在友邦領土上支持一個非法幫會。這就好像是義大利政府故意在紐約市布魯克林區資助某一黑手黨家族一樣。

到了一九四七年十二月，民主黨已與和勝和結成密切同盟。中共勝利之勢日趨明顯，第三勢力向國民黨企圖組建的同盟靠攏，美國的支持退出，民主黨遂併入和勝和。中國人的愛國意識進一步受到犯罪行爲沖淡。

黑道的犯罪收入，在一九四〇年代末期大幅上升。鴉片煙毒在香港賺到的錢之多，是從前無法想像的。香港黑道靠著這些新開發的財富、地位也產生無法逆轉的變化。本來只不過是搞搞敲詐勒索的把戲，現在可躍升到不啻戰前上海幫會的層次，賺進大把銀子，更把錢投資在各種合法及非法的事業上。他們照常欺壓同胞，可是犯罪行爲也得與時精進，做些調整。

賣淫就是出現大變化的一門生意。戰後香港湧進大量歐洲人士，加上英國有大批軍隊進駐，以及一九五〇年代初期，大批美、澳軍隊取道香港，前往朝鮮半島打韓戰，性產業變成可以賺大錢的生意。黑道一發覺其潛力無限，立刻組織起妓女，把她們從街頭調進酒吧。這些酒吧若非由黑道直接擁有、經營，至少也是受其控制。義安幫成爲經營性產業的主要幫會。

隨著性產業的發達，需要大量年輕女性參與。許多女性是黑道從中國大陸引進，有些是買下來，有些則以到香港工作賺錢爲餌騙來。香港當局在戰前就取締禁止「妹仔」制度，但仍有家庭願意出售不想要的女兒：唯一的差別在於現在人口販子只買超過十六歲的女孩，而她們日後也沒有機會被主人遣嫁。甚且，由於毛澤東的共軍部隊在中國各省頻頻告捷，愈來愈多難民逃到香港，而香港就業機會稀少，年輕女性不得已淪落爲娼，養活自己，照拂家人者也增加起來。當妓女病、老、色衰愛弛，往往被趕出來自尋生路，許多人就沾上鴉片煙，遂使得黑道又能多賺幾文錢。

操縱戰後勞力市場，幾乎跟買賣鴉片一樣利潤豐厚。香港受戰火破壞慘重，出現大規模重建計畫。在殖民地興旺之下，投資、工業和貿易也上升，苦力開始奇貨可居。體力工透過專精特定工作項目的介紹所介紹給雇主，譬如有一家公司專做碼頭裝卸工人介紹，有人專精介紹砌牆磚匠，也有人專司介紹採石匠。絕大多數介紹所由黑道人物經營。每天上午，有一個監督（通常是幫會紅棍幹部）負責分派當天工作。爲了爭取被錄用的機會，苦力必須守在監督的左右，而且必須付錢請他喝茶，才能得到監督的垂青。監督從源頭扣下苦力五成工資，再轉交給介紹所裡的上層。苦力爲了彌補損失，往往又去偷竊他們的雇主，再透過幫會管道銷贓。

漫長的一天才過，苦力還是逃不開黑道的掌心。許多苦力抽鴉片煙。他們住的寮舍是黑道所有，往往還得排隊輪班才能睡到床上！至於膳食供應，黑道房東還收取的價錢奇高。苦力要逃出此一惡性循環，唯一方法是加入黑道幫會——向來就是如此。因此，寮舍成了幫會主要的召募站；有些寮舍住滿四九，簡直就是黑道幫會的營區。

不僅體力工受到黑道控制，辦公室文員、旅館佣僕和低階政府工作人員，也都受黑道控制。雇主找員工，要向黑道繳交介紹佣金——香港這個殖民地人浮於事！工人還得另外再付一筆介紹費！公司付保護費，確保工人工作與公司營運順利。即使街頭攤販也得付保護費，以免遭毆打，攤子被搗毀，或是和黑道掛鉤的警員來沒收商品。

黑道生意照一九四一年以前的舊方式繼續營運，只是現在更加賺錢。整個黑道世界藉著錯綜複雜的貪瀆、敲詐網絡，益發猖獗，變得更加富有、更有權力，也更加粗暴。清廉的警員無力，貪瀆的警員四處橫行。即使治安單位抓了歹徒，罕有證人出面指認，起訴案件經常以失敗告終。能夠成立的案件，往往因爲被告是失寵者，由他的同僚供出來，交給當局懲處，消緩當局的壓力。

到了一九四九年，香港儼然將是全世界最大的犯罪城市。然而，此時地平面上出現一項重大威脅，不僅影響到殖民政府和本地華人，也衝擊到香港黑社會。

*

國共經歷四年內戰，蔣介石敗走台灣，毛澤東的共產黨統治了中國。由於英國人來者不拒的政策影響，六十多萬難民湧入香港。其中有地主、工廠主人、軍官及其部隊、僧尼、商人。工廠主人往往帶著整批工人南下——每個家庭成員，即使是小孩，也都攜帶一件重要機械；他們在香港重新組建工廠，成爲日後經濟實力的骨幹，這裡又以紡織業最爲重要。

隨著這股難民潮南下的，還有黑道幫派份子；其中有許多是前國軍軍官，以及在黃埔軍校培訓出來的幹部。爲了把他們和本地人隔離開來，且便於監視，香港政府在香港島摩星嶺（Mount Davis）找到一處廢棄的砲兵營地安置他們。港府希望他們能夠早早轉移到台灣去。然而，這批國軍舊部不久就開始和親共份子，以及進犯山頂的本地黑道打起來，雙方都有死傷。一九五〇年六月二十六日，港府把這支七千八百多人的國軍舊部，統統搬到新界一座孤立的廢棄麵粉廠：苪妮麵粉廠（Rennie's Mill。編按：即調景領）安置。不料，他們在將軍澳（Junk Bay）一落腳，就住了五十年，成爲緊貼著共產陣營外緣、屬於自由中國的一個小角落。

其他難民大多數依山占領公地，隨便搭蓋寮舍就住起來，不久便形成具有房屋、店舖、餐館，甚至工廠的破爛社區；這些房舍是用剩餘木料、浪板鐵皮、包裝箱和麻袋土包堆砌而成。這些地區不時會遭祝融焚毀、被颱風吹垮、遭坍方毀損。過了好幾年，港府才開始建造房宅安置他們。

難民社區是黑道發財的目標。黑道賣給他們建築材料，收費替他們在陡坡整地以便搭蓋寮舍，拉起不合法的供電、供水線路，高價賣食物、向小生意人收取保護費，送信還抽取服務費——郵差要嘛太懶，要嘛受賄，懶得爬坡去找，把信件丟到黑道專設的「信箱」，大家只得去向他們租用。

黑道當然也不能爲所欲爲。難民帶來了自己的幫會，帶給本地黑道一個大問題：競爭。而且，本地黑道發現跟這些外來客還眞難溝通，彼此講不同方言，有不同習俗，各自有一片生活天地，相互猜疑。難民區一成立，雙方立刻爲控制水、電供應打架，通常得勝的是難民。難民這方的幫派一得勝，膽氣大壯，也搞起自己的娼館、賭場，收取保護費，並從事販毒買賣；他們也給世界帶來新災難——海洛因。

海洛因在一九五〇年以前就已經出現。這是極易從嗎啡提煉出來的東西，是鴉片煙毒的主要成分，具有莫大的財務前景。海洛因比鴉片更易上癮，也由於濃度非常高、體積小，易於運送。華北已相當普遍，歐洲（尤其是法國）也已經出現，這乃是拜上海法租界貪官污吏包庇掩護之助。不過，就國際間而言，海洛因還不算普及。

香港第一個海洛因提煉所是由杜月笙出資設立，於一九五〇年開始生產，供應有毒癮的難民。不久，難民中的昔日青幫份子就把海洛因賣到難民圈之外。在整合運作之下，他們開始做起敲詐勒索的勾當，持械搶劫華人銀樓。這些青幫人物組織精良，資金雄厚，立刻向本地幫會挑戰，也像企業經理人一樣高效率地調度旗下娼妓。他們開設擁有「論曲伴舞舞女」的舞廳，這些舞女必須向青幫東主繳交抽佣，感謝他准許她們在舞廳上班。青幫人物也經營娼館、賭場、按摩院和鴉片煙舖。他們還不滿足，又勾結移民署官員，找上有錢且有犯罪紀錄的難民訛詐，收取保護費，才不把他們遞解出境，送回中國。至於有錢的清白人士則被迫投資、參加青幫控制的合法生意。

當然事情並不盡然全朝著對青幫有利的方向發展。一九五二年，著名的富商李裁法，被港府發現是青幫首腦人物，遭到逮捕及驅逐出境。對於杜月笙的徒眾而言，這是重大挫折，香港警方贏得相當漂亮，青幫顏面大失，地盤也被本地黑道搶走。

這項成績不能全部歸功於香港警方。事實上，李裁法也試圖出比本地黑道更高的價碼，來收買自己的警方內應，只是失敗了。在有人密報檢舉之下，李裁法被捕。抓拿他的警隊，有部分成員是香港幫會成員。李裁法遞解出境後，青幫迭遭打擊，成員紛紛被捕，趕出香港。勢力中落之後，青幫放棄許多行業，轉向欣欣向榮的旅遊業，擁有或敲詐旅館，開設觀光客酒吧，也迫使許多知名的二十四小時趕工裁縫師傅繳交保護費。他們也繼續製造海洛因，可是這門生意很快就失去掌控。本地黑道摻一腳進來，掌控住嗎啡磚的供應，最後成為唯一的供應來源，也控制住街頭配銷網。十年之後，青幫就在香港銷聲匿跡。

*

逃到香港的幫派組織當然不只青幫。香港已經有許許多多宗族社團，警方情資就舉列有客家、粵籍、潮州、福佬、上海和福建等幫派，從事不同程度的各種犯罪活動。許多幫派規模不大，成員不超過一百人，隨著時間進展，他們分分合合，起起伏伏，更改名稱，遭警方緝破，被敵手消滅，或者就銷聲匿跡了。強者勝出，不僅在香港稱雄，也揚名全球。其中又以下列三個黑道幫派最爲出名；一是和勝和及其盟下團體，一是義安幫，一是十四K。

和勝和在香港成立的歷史最久遠。從太平山的西區和九龍油麻地的地盤發展，控制了勞動市場和工人寮舍，從事各種犯罪活動。一九五〇年代，和勝和開始分裂，出現三個字號組織爭當霸主。當時警方有一份報告透露，幾位和字派組織的老大，保守估計一年收入達一千五百萬港幣（相當於一百七十五萬美元），其來源是幫眾入會費，以及控制街頭攤販、黃包車伕、擦鞋童、非法賭博、舞女、妓女、非法計程車、電影院及劇場黃牛票，餐廳保護費，扒竊和販毒。

到了一九五〇年代結束時，和字派旗下有四十一個組織，居各幫派之冠。有些規模極小，有些根本沒有做奸犯科意圖，只像是互助組織。其中的和安樂，專門從事高利貸；和勝堂成員達五千人；和勝義則控制了碼頭工人。還有一些則規模極大，如主要的和勝和，會眾高達一萬人，不僅有公務員、警察，甚至還有本地召募的英國軍隊成員。和勝和以九龍城和澳門爲基地，在兩地都不虞當局干擾。

九龍城是個著名的黑道寄身處。起先，這裡只是占地約六畝半，由水田、菜圃包圍起來，築起城牆的一座小村落，清廷在此設置一個衙門。一八五〇年左右，建在一個可上溯至一六六八年的村落之上，清廷派了一支部隊駐守，也設了一座海關據點。大門口伸出一座防波堤，跨過水田，抵達海邊。到了一九五〇年，九龍城已經完全名不符實。日軍利用英國戰俘，以及投日的義安幫逼來的苦力，早已把城牆拆掉，把牆垣的巨石拿去興建啓德國際機場的周邊設施。一八九八年，中英雙方簽約出租新界，由於條約一段文字文義含混，使得九龍城主權屬誰發生歧議，雙方爭執到一九八四年都沒有定論。香港警方在九龍城之內是否有管轄權，是有爭議的，因此九龍變成一個全世界最惡名昭彰的犯罪淵藪。

義安幫原本是香港華人潮州幫的一個組織，其淵源可以上溯到一八八六年爲工人寮舍起了械鬥的萬安幫和福義興。一九二一年，以「義安工商總會」名義註冊登記；日軍占領期間，它「消失」了；一九四六年又重辦登記。三年之後，又註銷登記。一九五〇年代難民湧入香港，吸收若干紅幫份子加入。義安幫以九龍市區爲基地，成員人數與和勝和相當。就跟青幫遭人檢舉一樣，義安幫於一九五三年有若干首腦被逮捕，並驅逐出境，遂分裂爲潮光和忠義。忠義日後又分裂，事隔若干年，改名「新義安」重出江湖，勢力日益坐大，和其他組織作戰，尤其與和合圖爲了爭灣仔地盤，不時交火。今天，新義安幫是香港一個最重要的組織，分支單位遍布全球。

*

第三個大幫派是十四K。一九四九年國民黨潰敗之後，前文提到，葛肇煌銜蔣介石之命，把華南黑道組成洪發山忠義會，現因中共勝利，在廣州已無法立足，於是率領大批徒眾逃到香港。香港政府和本地黑道都不太高興他們的到來；前者必須接受他這個盟友，畢竟國際上還承認蔣介石的國民政府是中國的流亡政府；後者可不。他們利用各種機會攻擊這批新來的江湖人物：爭奪摩星嶺的動機，就是企圖趕走他們。

十四K到達香港不久，就試圖在九龍建立地盤，遂在旺角地區和粵東會爆發戰爭。十四K快速崛起，吸納較弱幫派，也召募潰散來港的其他黑道入會，兩年之內，徒眾即達到萬人左右。

葛肇煌於一九五〇年被港府遣送出境。香港當局深怕他成爲號召愛國人士和黑道人物的首腦；香港必須避免被中共視爲政治陰謀的重心。一九五一年，葛肇煌潛回香港試圖把黑道組建爲一股政治勢力，然而並未成功，並於一九五三年去世。十四K和其併入的幫派分裂，爆發內部權力鬥爭，直到各幫派的山主相互結盟才告歇。

內鬨稍止，十四K又迅速擴張，此時已經成爲香港最強勁的幫會，因爲它不再和青幫交惡。到了一九五五年，十四K號稱徒眾八萬人，遍布香港和東南亞各地。然而，在香港的徒眾有相當大部分未必持續從事犯罪活動，有些是被裹脅入會，有些是尋求保護而掛名入會。

會眾既增，影響力也上升。十四K敲詐手法剽悍，即使其他幫派的山主也爲之震駭，香港從來不曾出現這種現象：幾乎每天都可以看到九龍街頭有人蹣跚而行，渾身是血，少了幾根手指頭。

十四K的高級幹部野心勃勃，手腕靈活，不僅壟斷了香港大部分黑道生意，還開始伸展勢力。他們搶到相當大的毒品生意市場，又開始直接向產地買進生鴉片，其貨源來自潮州幫黑道，以及躲到跨泰、緬、寮的金三角地區之國民黨軍隊殘部。這些生鴉片運到香港，製成海洛因，不僅在本地上市，還出口到東南亞其他國家的十四K同僚去轉售。

十四K的猖獗在倫敦的國會也起了注意，儘管香港警方已遭黑道徹底滲透，還是奉英國政府之令要取締十四K。一九五五年，警方精心規畫一場突襲，逮捕了一四八名十四K份子，其中包括葛肇煌的兒子。這場查緝行動並未影響其實力，倒是令他們在其他幫派面前顏面大失。爲了掙回面子，十四K領導層決定大膽一試，要把香港所有的黑道組織統統納入一個總機關之下。

蔣介石現在已在台灣復行視事，恢復中華民國總統身分，而英國給予他的援助還大於對印度任何地方，因此蔣應該是英國的盟友。蔣覺得有機可乘，這是國民黨建立黑道大同盟的第二次機會。此外，他也曉得，如果他能接管香港，趕走英國人，就可以在中國取得一個立足點。這可以做爲對付毛澤東的強大宣傳工具，甚至可以做爲發動反攻大陸的平台。整個構想可以說是典型的蔣氏白日夢，根本沒有機會成功，但是他必須被外界視爲有能力擾亂中共，才能在台灣維繫住可信度，取得外援（特別是美援）。

因此，台灣政府從美援裡調撥經費給十四K，也把有關香港、馬來聯邦英國駐軍的情報交給他們。爲了協調如何對付香港當局的行動，十四K和台灣政府高層代表（包括蔣介石本人）安排在一九五六年十月下旬進行高峰會議。可是，會議召開之前，十四K就受到警方猛烈查緝。香港警方並不曉得台灣方面和十四K勾結，之所以嚴加緝拿十四K，是因爲十月初發生的一連串事件。

雙十節在忠於國民政府的華人心目中，是個具有重大意義的日子。這天是紀念一九一一年武昌起義，肇建中華民國的國慶日。對數十萬香港華人而言，這一天是揮舞國旗、進行政治集會的歡慶日子。在新建的難民徙置區，慶祝活動特別熱鬧。九龍西北郊區深水埗李鄭屋徙置區G座六樓，居民在門上和走廊貼出中華民國國旗。此舉違背了不許張貼任何布告的住戶守則，只是當局在雙十節當天通常都不會刻意去執行這道禁令。可是，有個公事公辦的徙置區官員卻決定一切照規章辦事，在十月九日上午動手撕下國旗，引來爭執，群眾圍了上來。爭執吵得不可開交，大家要求此一官員鳴放鞭炮向眾人道歉。此君不願丟臉，拒絕道歉，退回到他的辦公室。群眾堵在外頭不散，他打電話報警。警車趕到時，只見數千名群眾搗破辦公室窗戶，拋出家具，放火焚燒，並把這個官員拉出來痛毆一頓，也放火燒了辦公室。

到了下午，三百名鎮暴警察奉命對付兩千名暴民，催淚瓦斯一放，群眾散去。可是，夜色一籠罩上來，群眾又集結起來，搶劫店舖，把駕駛人拉出車外痛毆，放火燒車。一輛救火車趕來企圖撲滅一輛汽車的火勢，卻遭一枚小型炸彈擊中，救火車衝進人群，壓死了兩個人。附近有一名警察也被暴民引火焚燒。暴民更從屋頂用石頭丟擲鎮暴警察。警方逮捕了數百人，此時才發現事態不單純：若干暴民承認是十四K

徒眾，奉命滋事。

第二天的雙十節在尚稱和平之下度過，夜裡就又重啓紛事。十一日整天，九龍陷入一片混亂；縱火、搶奪財物和敲詐勒索統統上演。賣共產黨商品的店舖全被劫掠一空，並放火燒毀。十四K徒眾當街設路障，收起通行費。車上沒張貼國旗的駕駛人，被迫要買：五毛錢的旗幟，要價十元。

外國人尤其是攻擊目標。一對歐洲人夫婦在大埔道（Tai Po Road）被拉下計程車，痛毆一頓。計程車遭推翻，放火燒；司機雖已下車，卻因手臂被壓住，竟然活活燒死。後來，瑞士領事夫婦也遭到攻擊；兩人鎖上車門，暴民才不管，照樣放火；他倆被人拖出車外，不過，後來領事夫人還是死了。

警方對任何暴行一概強力對付，使用警棍、催淚瓦斯和有如臘腸大小的橡皮彈或木彈——後者射向暴民前方地上，就爆裂爲一陣碎尖木片，如雨撒下。港府當局宣布宵禁，違者一律格殺勿論。

黑道份子繼續乘亂滋事。他們企圖打劫一家銀行，沒有成功。在工業區的荃灣，暴民制服警員，放火焚燒一間紡織工廠。黑道也拜訪每家工廠，強迫推銷國旗，要求商家懸掛，以示忠黨愛國——每面國旗索價五百元。接下來又有新發展。暴民在十四K策動下，開始搜捕親共份子；兩百名眞正的共產黨員躲進荃灣警署尋求保護，那些來不及躲進警署或因消息不靈通而被抓的親共份子，遭到毒打，被迫向青天白日旗磕頭。接著就出現殺戮的狀況。

駐軍奉令馳援。等荃灣暴民散去，街頭留下三十多具屍體，其中有二十七人是在紡織廠工作的年輕女工，絕大多數是無辜的旁觀者。然而，當局還來不及把屍體收在一起，絕大多數屍體已不翼而飛。十四K首腦也因殺戮而震驚，擔心警方會強力反彈，下令把屍體移走。後來官方公布荃灣之亂死者只有六人！

十月十三日，躲在九龍某旅社策畫此一動亂的六名黑道首腦人物落網。警方同時亦逮捕了一千七百名黑道份子。四天下來，被補人數高達六千人。香港殖民當局指控此一暴動是十四K及其他幫會策動；中共總理周恩來把矛頭指向國民黨，而蔣介石在台灣則一口咬定是中共特務幕後策畫。總之，這場暴動總共有六十二人喪生，數百人受傷，店鋪和工廠的財物損失超過兩千萬美元。

十四K犯了嚴重的判斷錯誤，自認為有力量推翻英國人。現在，英國人大為光火。黑道如此囂張，使得港府當局開始注意到警方已遭黑道滲透此一事實，特別成立一個專門單位「反黑局」，專司調查黑社會幫派。

許多幫派，尤其是老一輩的傳統黑道，對於此一動亂的胡作妄為大為不滿，竟然破天荒與警方合作，一部分是火上加油，一部分是為求自保，一部分則藉機剷除異己。他們的檢舉導致許多黑幫老大落網，其中就有一個可以號令東南亞各幫派的香主。更重要的是，這些高級幹部的供詞，使得香港警方得以一窺堂奧，瞭解黑社會的結構、活動、入會儀式和種種切口暗號。

其後十八個月，超過一萬名黑道遭到逮捕，其中五百多人遞解出境。此一數字固然可觀，卻只占官方估計犯罪人口的百分之三左右。

押解回中國大陸是得不到許可的；把黑道人物送回中國，等於是將他處決，英國當局不敢這麼做，只好把大部分人遞解到台灣。這眞是一大錯誤！蔣介石的國民政府幾乎全由黑道份子組成，這些被遞解到台灣的黑道立刻就能恢復犯罪生活。他們加入新近得到政府撐腰的竹聯幫。竹聯幫後來再轉而協助台灣其他黑道到香港立足。他們也成為蔣介石特務機關一個有力的分支機構。

一九五六年的香港暴動，不僅讓香港警方認眞研究黑道，也使黑道學到一個教訓：合併並不可行，擴張之道唯有靠自立自治和相互合作。降低單位利潤、提高營業額和薄利多銷策略是他們的新目標，在香港經濟開始起飛之際，大氣候相當合宜。經濟發展表示社會富裕，大家更有錢花在風花雪月和賭博之上，也出現更多的成功企業可做爲榨取保護費的對象。同時，黑道也瞭解到他們必須韜光養晦，保持低姿態，並注意新機會。有一項新機會不久就出現了。

在尋找新商機時，他們日益轉向當年杜月笙聚斂、起家的行當——毒品生意。香港暴動過後四年，他們已經把販毒事業推廣到國際間，開啓了嶄新的黑道新紀元。

第二章　九龍陰影下

香港於一九五六年動亂之後，黑道因爲欠缺政治動機，僅被視爲犯罪組織，是法律與秩序的重大威脅。其後十年，他們持續遭到警方監視，許多弟兄被捕。關於黑道活動和組織的情報累積起來，這些情報就和往常一樣，有一部分來自亟思破壞敵對幫派的黑道組織。一九六七年，中國大陸的文化大革命動亂蔓延到香港，出現許多親共動亂和街頭炸彈事件。黑道兄弟成爲反共的線民，向警方揭發、密報共產黨份子的行蹤、會面地點和炸彈客的藏身處所——他們偶爾會利用右派工會辦公室做爲聯絡站。當然，這裡頭黑道線民有極大好處：在爭取控制勞動市場上面，左派工會是他們最大的競爭對手。這裡頭還有另一層原因：警方內部依舊有許多黑社會份子潛伏其中，要傳送資料相當容易，線民隨時可賺些密報獎金。線民可以拿到檢舉獎金，貪瀆的警察不僅抽成，還利用這些情報提升聲望，有利未來升官晉階。

一般公認，警界貪瀆成風，比起一般機關來得嚴重。警員不僅受賄拿錢，有些本身根本就是犯罪份子——有加入幫派的，也有身居黑道幫派高階幹部的。政府往往故意對此問題裝聾作啞，不聞不問，這筒東方蛆蟲一打開可就不得了。甚且，香港也沒有因爲他們存在，就鬧得沸沸揚揚，香港還名列全世界最安全的城市之列。兇殺案在所有的大城市裡，名列最低之林；性犯罪率並不高，街頭行騙是聞所未聞；闖空門偷盜也不嚴重。黑道活動已朝向敲詐勒索、賣淫賭博發展，像其他城市十分困擾的犯罪案件就相當少見。即使毒品也沒有衍生出更多犯罪行爲：癮君子擔任卑微、不需技術的工作，有份收入，用來買毒品。香港等於是全面充分就業，有毒癮的人用不著去偷、去搶。

一般大眾很少有機會碰到黑社會兄弟。最接近遭黑道欺負的事，大概就是遇上扒手。對政府當局而言，其態度就是讓這頭睡夢中的巨龍繼續睡，別去擾牠清夢。黑道是一種可以接受的邪惡。店舖主人已把保護費支出攤由售價去分擔；地產公司在預算裡已把雇工需向黑道繳交的介紹費納入考量。黑道等於是非官方課徵的附加稅，雖然不方便，但勉強可以接受。使犯罪不那麼猖獗的主要關鍵，就是毒品生意。

＊

到了一九六〇年代中期，海洛因已成爲國際間顛覆活動最強大的一種犯罪和政治工具。美國籍大學教授麥考伊（Alfred W. McCoy）於一九七二年出版專書《海洛因政治》（*The Politics of Heroin*），引起各方正視此一問題。這本書有如一顆炸彈，揭露美國情報機關如何運用海洛因來破壞其他國家的政府：麥考伊宣稱，越戰之所以齷齪，不僅因爲美軍使用燃燒彈，屠戮無辜農民，還有許多原因。在這場戰爭中，海洛因和高性能炸藥同樣是強力武器。

麥考伊宣稱，香港警方的腐敗可以說是爛到骨子裡！好幾個警官靠毒品生意成爲百萬富豪。他說的一點也沒錯。一九六九年夏天，港府宣布展開肅貪，許多中階警官辭職。其中有一人是三十三年年資的警佐黎文友（Lai Man-yau，音譯），據瞭解，他的房地產和生意資產價值近六百萬美元。

警界貪瀆成風曝光之後，已經無法置若罔聞，香港政府必須拿出行動來。警方內部一項報告估算，全體華人警員有百分之三十五和黑道幫會有關聯。政府其他機構的華人公務員，與黑道有關聯者的比例，雖沒有這麼高，也挺嚴重的。

不久就又發現，警員不僅與黑道掛鉤，警界恐嚇事件還屢見不鮮。潔身自愛的警員頻遭威脅。居於重要官職的黑道警官，可以阻滯下級升遷，在考評紀錄上做手腳，甚至使得不聽話的下屬在街上巡邏時，遭人攻擊；恫嚇員警家屬也是司空見慣。不想踰越的警員，必須閉上嘴巴，否則就辭職他就。大部分人選擇閉嘴不說，對於每週五抽屜裡憑空多出一個信封，塞了一疊港幣，故作不知，這是每個警員每週收到的「例敬」。

一般認爲貪瀆受賄尚未達到督察級以上，而居於絕大多數高階職位的歐洲警官（大部分是英國人）則根本未受到收買。其實，這是不正確的觀念。有若干高階歐洲警官也貪瀆腐敗，只是難以查獲而已，因爲他們既已居於有權地位，可以做爲底下及上級貪瀆的防火牆。

一九七三年六月，事情曝光了，香港政府發出逮捕令，要逮捕一名相當高階的警官。此人名叫葛柏（Peter Fitzroy Godber）。他的犯行爆發，純屬巧合。當年四月，加拿大皇家騎警（Royal Canadian Mounted Police, RCMP）在例行檢查銀行作業、查緝洗錢罪行時，發現有大筆存款來自香港。光是三月一個月內，葛柏名下帳戶就存入二十萬元加幣。他們向香港政府提出警訊。六月四日，香港律政司函請葛柏交代清楚財產來源，限期一星期內回報。同一天稍後，葛柏任所遭到搜索，起出一大堆對他不利的文件。葛柏在警界服務已有二十一年，原訂當月月底要退休，已經是個百萬富翁。他爲了退休，把錢移到加拿大，準備當寓公。六月七日，葛柏太太飛離香港；次日，葛柏利用警方安全證照，躲過啓德機場移民官關卡也開溜了。他行色匆匆，來不及到本地一家銀行提領二十五萬港元的存款，藏在冰箱裡的一疊旅行支票也忘了拿走。葛柏夫婦躲到英格蘭南部萊伊（Rye）附近他先前購置的房子。經過往返交涉，直到一九七五年一月，葛柏才被遞解送交香港司法當局，判了有期徒刑四年。服刑完畢，葛柏從此隱姓埋名，不知去向，而他貪污所得一直沒有查扣。

葛柏究竟向黑道收賄了多少年？沒人知道。他究竟收了多少賄款，也沒人知道。但是，大約同一時期有另一名洋警官被捕，倒是讓我們對黑道的滲透和行賄情況，有點眉目。

韓特（Ernest "Taffy" Hunt）遭到司法當局依反受賄法「生活水準超越目前或過去薪酬程度」之罪名起訴。他和加拿大達成認罪減刑協議，被判處有期徒刑一年。韓特在葛柏案審判中出庭作證。韓特曾經負責調查黑社會活動，涉嫌向黑社會幫派收取巨額賄款。他承認收賄長達十八年；又說，像葛柏這樣官拜分區主官，每年收賄港幣七十萬至一百二十萬元，並不是不合理。雖然從來沒有證據可資證明，但是韓特很可能不僅收受巨額賄款，還故意把犯罪調查從黑道幫派及人物引開，誘導司法調查轉向。

*

葛柏醜聞震撼香港。政府再也不能不理會黑道幫派的滲透，迅速成立一個專司調查警察貪瀆的特別機關「廉政公署」（Independent Commission Against Corruption, ICAC），由六百名特選的調查員爲主力。一年之內，廉政公署受理五百件案子，生活水準超越薪資成爲可以起訴的罪名。廉政公署獲得極大的權力。他們可以突檢個人及其近親住家；避開銀行保密條款，在不爲當事人知曉下，向銀行調閱存戶往來資料；對涉嫌人有權要求出示小至椅子，大至汽車之購買資金來源。警界撼動，許多人被捕，也出現集體辭職現象。數百名員警差點就嘩變，在自家總部門外抗議，但是，廉政公署和港府當局不爲所動，照舊雷厲風行肅貪、掃黑。

廉政公署的調查成績令全港居民震驚。黑道行賄不僅已高達警界部門主管。在掃黑局裡，就有五個關鍵警官（全都官拜警長）是黑道高級幹部。原來，官兵和強盜、警察和小偷是「哥倆好」！

這裡頭的首腦人物是呂樂，多次獲頒警察勛章、逮過無數宵小歹徒的警長。呂樂原來是十四K成員，從包娼、包賭到掩護販毒，賺了不少黑錢。屬下都尊稱他為「大佬」，媒體給他取的綽號是「六億探長」。媒體這麼說，雖不中、亦不遠矣，據估計，呂樂和另四名警長任職期間，總共撈進港幣十五億元的不法收入。呂樂事先得到同僚通風報信，申請退休，並於一九七四年十一月逃離香港。另四名警官也大約同時開溜，跑到台灣、加拿大或美國。香港警察肅貪掃黑，卻導致黑道活動擴大到國際間。

呂樂和蔡炳龍、藍剛、陳長佑（Chen Cheung-you，音譯）、韓炯森（Hon Kwing-shum，音譯）等四名警官，合稱「五龍」。他們一離開香港，先到溫哥華會合。溫哥華早已有大批華人移居，加拿大警方已經佈線監視多時，也就是透過這種警覺，才湊巧揪出葛柏的罪行。溫哥華以香港華人洗錢中心出名，也是香港華人走私海洛因進入美洲的主要通道。

他們在加拿大成立「五龍公司」（Five Dragons Corporation），從事貿易和地產投資生意。他們在市區付現六千萬元買下占整個街廓的一排辦公大樓。這下子驚動了加拿大當局，遂對五龍公司施加壓力。他們把公司關了，五龍悄悄轉往台灣，和紛紛落跑到台灣的香港退休警員合流。這些香港警員中有一個相當受尊重的資深人物鄧生（Tang Sang，音譯），此人家財萬貫，在香港交了保釋金港幣三十三萬元才獲准交保候傳，他卻眉頭不皺一下就棄保逃到台灣。

這些香港退職警官跑到台灣，就這樣高枕無憂了。台灣和香港之間並沒有引渡條約存在，而且當時台灣仍在蔣家父子掌握之下。蔣介石擔任總統，直到一九七五年才逝世；蔣經國擔任行政院長，至一九七八年才出任總統。蔣經國是打造台灣武裝部隊及情報機關的主要人物。國民黨是唯一的政黨，牢牢掌握在他手中；這代表黑道也盡在他的掌握下，竹聯幫是國家安全不可分的一部分。他日後逐步推動改革，導入民主，也是台灣轉型為亞洲「四小龍」經濟體之一的推手，可是直到他在一九八八年撒手人寰，和黑道的關係總是劃不清。

五龍到了台灣之後，開始過著紙醉金迷的生活。既然財富不再需要遮遮掩掩，他們在台北是夜夜笙歌，招來影星、模特兒環侍在側。他們投資本地產業，買下夜總會、開設妓院和餐廳。有一回他們已付出一百萬元訂金，簽下一塊地要開餐廳，卻因地主產權糾紛鬧上法院，他們江湖豪氣大顯，訂金不要了，不願被扯進法律纏訟。後來，台灣政府深怕他們這樣招搖過日子，會引來外界注意官方為何縱容、包庇黑社會，要求他們別再招搖了。他們明白，能在台灣藏身太重要了，因此從命不再招搖過市。

從香港逃亡過來的這些人，雖然不再招搖，卻也沒有退出犯罪活動。他們大量投資毒品生意，並且向國際市場擴張。任何其他的國際犯罪活動，若是遇上了，也都加以調查，並且出資入股。由於財力雄厚，他們在國際黑社會展現相當大的影響力，對於一九七〇年代中期黑道在全球擴張，起了極重要的作用。

*

話說回頭，香港廉政公署努力肅貪掃黑，把警方內部的黑道份子差不多全數肅清。在大批員警辭職及幾近嘩變之後，香港警察漸次發展成為一支極精良的執法部隊，洗刷掉「全世界用錢能買到的最佳警力」之罵名。可是，香港警方還是有重重險阻。多年來的貪瀆已挫弱他們的地位，雖然民眾信心已有增加，他們還是沒有能力破獲、逮捕黑道首腦。

之所以未能逮到黑道首腦，有一部分原因跟一九七六年港府一份祕密報告有關。由高級警監余大明（Teddy U Tat-ming，音譯）起草的這份報告，聲稱黑社會幫派名存實亡，只不過是歹徒鬆散的組合而已。這份報告被警方奉爲圭臬，成爲處理黑社會幫會的準據，竟然導致警方把已經出現貪瀆劣跡的「反黑局」關掉，沒把掃黑視爲重要任務。黑社會的調查工作移交給各區分署負責。往後十年，竟沒有一個集中事職，專責掃黑的單位。

用不著多說，黑道迅速乘勢發展，開始擴大徒眾，發展組織，掌握香港地盤。他們特別把注意力轉到海洛因生意上面，其中又以潮州幫最注重販毒生意。

一九七〇年代香港有三大潮州幫海洛因大亨，分別是綽號「白粉馬」的馬惜如、他弟弟「金馬」馬惜珍，以及綽號「跛豪」的吳錫豪。

馬氏兄弟的生涯走的是傳統道路，從街頭混混起家。沒唸過多少書的他們，做過一些雜工，替一家簽賭店當跑腿小弟；他倆逐漸發展，晉級到自己開設簽賭店，由於獲利豐厚，才有錢去搞販毒生意。

馬惜如於一九六七年開始從事毒品生意。他曉得要發財，不能只當中間商，必須找到源頭，從生產到分銷統統掌握才行。他前往金三角，找到國民黨將領李文煥，和李訂立採購協定。李文煥率領一支國軍殘部，躲在金三角，靠販售海洛因供應部隊給養，準備隨時出擊中國共產黨。李文煥和馬一見如故，同意供貨給馬，走私海洛因到香港。不過，李將軍對馬惜如另有盤算。他認爲對國民黨的反共大業會有用處，因此把馬惜如介紹給具有竹聯幫身分的台灣情報人員。他們吸收馬惜如，讓他加入國民黨情報機關。三年之後，馬惜如經營的海洛因和間諜網已遍及東南亞各地。他手下的間諜絕大多數是潮州幫黑道份子，滲透進入親中共的組織，把他們的活動上報。馬惜如、李文煥和台北出現三角交流關係。馬惜如奉行台灣路線，替他們幹特務；李文煥折價提供海洛因讓馬去販售；台北當局則以現金和武器供應李將軍。

馬惜如的弟弟馬惜珍留在香港，負責收貨、洗錢，再把賺來的錢投資在一般貿易公司、期貨交易、辦公大樓、電影院、餐廳和酒吧。一九六九年，他又創辦「東方報業集團」，旗下主要報紙即是極力親台的中文報紙《東方日報》（*Oriental Daily News*），後來發展成為全港第一大報。馬惜珍以富商之姿打進社交圈，參加許多備受社會矚目的慈善活動。馬惜珍好賭成癖，流連於澳門賭場和香港賽馬場，還被選為香港皇家賽馬會會員，這是香港極少數人得以享有的殊榮，被公認已躋身最上流社會。他和哥哥一樣，出手大方，捐款給慈善機關毫不吝嗇，並且過著奢華的生活，購買昂貴汽車、金銀珠寶，還在九龍郊區買了一棟漂亮的華宅。一九七〇年的九龍，一塊二十五平方米的建地，售價可以高達每平方米四千六百美元。警方的監視報告指出，他不時和華人電影明星、台灣政客、歐洲洋行大班、國際企業領袖，以及各色各樣黑道老大應酬交際。

一九七〇年代中期，馬氏昆仲引進侄子馬煥彥當合夥人，專司洗錢。馬煥彥因工作需要，經常提著滿箱現金飛到台灣和新加坡；也透過設在香港和澳門的空殼公司，把錢存進銀行。在他加入之際，馬氏昆仲已把海洛因生意搞得有聲有色。由於生意手腕靈活，他們控制了整個行業。鴉片在金三角生產，提煉成三號海洛因，能夠吸食，但純度還不夠高。三號海洛因運到馬氏在泰國擁有的煉製廠，或是走私進入香港，再提煉成可以注射、最純的四號海洛因。這些海洛因再從香港運到台灣、馬來西亞，然後轉銷全球各地。其中有相當大數量運到越南，供應陷在越戰泥淖的美軍士兵。

馬家兄弟並不全靠李將軍供貨，他們和所有精明的生意人一樣，曉得要分散風險。在泰國，他們也和其他潮州幫黑道合作，這些黑道向要脫離緬甸獨立的叛軍部隊購買鴉片，運到清邁或寮國等地提煉成四號海洛因。泰國的貪瀆已經到達政府最高層，使之成爲海洛因毒梟的樂園。高階軍官也從事販毒勾當，直到一九七三年文人政府當家，才收斂起來。但是，解甲軍人照樣從事販毒生意；一九七七年，克里安沙（Kriangsak）將軍政變成功，此人涉入販毒生意極深，軍人又告故態復萌。華人黑道份子根本不受影響。

不過，馬家兄弟最有價值的同盟關係是在寮國建立。他們和拉第孔尼將軍（Ouane Rattikone，一九六五至七一年寮國陸軍總司令）達成供貨協定，在曼谷、西貢和香港建立一個販毒網。拉第孔尼將軍的產品商標「九九九」，把這個數字標在嗎啡磚上，暗示其純度百分之九十九點九，跟二十四K黃金一樣。事實上，他的嗎啡磚純度約爲百分之五十。他的海洛因和雙UO地球牌（Double UO Globe）同樣出名，今天還有人生產。拉第孔尼將軍用寮國空軍運輸機或美國航空（Air America）班機來運送他的毒品。

美國航空是美國中情局（CIA）經營的一家航空公司，自從一九五九年起就和寮國的赫𫣆族（Hmong，即苗族）游擊隊祕密合作，監視寮國共產黨部隊動態，和共產黨的「自由寮」（Pathet Lao）部隊交戰。爲了維繫赫𫣆族的忠誠，讓其領袖王寶（Vang Pao，音譯）將軍站在美國這一邊，中情局替赫𫣆族運送鴉片，而赫𫣆族游擊隊靠毒品所得來籌募經費。美國航空、大陸航空（Continental Air Service）和寮國開發空運（Lao Development Air Service）等，從叢林地帶把毒品送到龍町和永珍，再由越南或美國軍機運到西貢，然後再用民航機或美國政府飛機送到香港，經由香港毒販行銷到國際市場。中情局基於政治目的利用毒品，正合華人黑道之意，他們在美國政府默許、祕密協助之下，得到相當大的貨源供應。

越南是馬家兄弟生意的關鍵樞紐。越南軍方和泰國軍方一樣腐敗到骨子裡，最惡名昭彰的海洛因生意由越南空軍副元帥阮高祺主持。他向永珍華人胡亭亨（Hu Tim-heng，音譯）購買海洛因，胡則是拉第孔尼的生意夥伴。阮高祺勾結了寮國總理佛瑪（Souvanna Phouma）的兒子，和另兩個華人把美國政府補助款，原本要在永珍設立百事可樂裝瓶工廠的錢，用這家根本不存在的百事可樂工廠名義，挪用去購買提煉海洛因的化學藥品。胡的海洛因運到柬埔寨首都金邊，再用越南軍用運輸機送到新山一（Tan Son Nhut）越南空軍基地，再轉售給潮州幫黑道。潮州幫把一部分毒品用來供應本地市場，其餘全送到香港。阮高祺地位下滑，越南總統阮文紹的軍事情報首腦兼海軍總司令部鄧文廣將軍（Dang Van Quang，音譯），利用海軍艦艇把海洛因從柬埔寨運入南越，才送上小船運往香港。美國政府對此販毒勾當知之甚詳，甚至指控阮文紹總統參與共謀，但是美方並未採取行動遏阻。僞善再次當令。到了一九七三年，南越武裝部隊已是馬家兄弟供應鍊相當重要的一環。

馬家兄弟海洛因生意愈做愈大，不足爲奇，可是即將發生的一項危機卻會危及他們的根本。一九七三年一月，美國宣布打算從越南撤走。馬家昆仲大吃一驚。突然之間，他們的一大塊市場不復存在，且要撤回太平洋彼岸。他們的反應可以預期——他們必須追隨市場前往美國，進軍全球。馬惜如曉得他力有未逮，不能通吃，派出密使到北美和歐洲，接觸各國黑社會幫派，探詢他們是否有意願參與此一利潤豐厚的生意。

長久以來，一般都認爲直到美軍在一九七三年初撤出越南之前，馬家兄弟沒有跟外國黑社會幫派聯繫。這是不正確的看法。他們在一九七三年以前，幾乎可以確定就和美國黑幫有了接觸。

傅希（Frank Carmen Furci）是佛羅里達州坦帕（Tampa）的黑手黨。他的父親多米尼克（Dominick）是掌控佛羅里達和絕大部分加勒比海黑道活動的黑手黨老大特拉斐坎迪（Santo Trafficante Jr.）的左右手。一九六五年，傅希前往西貢，和一群人（包括七名美國陸軍士官）主持一系列數百萬美元的生意，供貨給美軍出入的俱樂部；他也是個成功的黑市外匯交易人。一九六七年，傅希被一個強勁的對手逼退，離開西貢，前往香港。到了香港，傅希開了一家餐館「舊金山牛排館」，也設立一家貿易公司「馬拉殿」（Maradem Ltd.）。

傅希和西貢的法國科西嘉黑道幫會搭上關係，可以說是居於關鍵地位，大有可能成爲四周圍一片欣欣向榮的海洛因生意的重要支柱。他的重要性，從特拉斐坎迪在一九六八年，帶著他父親來到香港探望他，可見一斑。特拉斐坎迪從香港轉往西貢，會晤科西嘉黑幫，從此建立起國際海洛因運輸網路。

馬家昆仲是否見到特拉斐坎迪，或是一九六五年經過香港的浦爾曼（John Pullman），我們並不清楚。（浦爾曼是藍斯基〔Meyer Lansky〕的高級財務顧問，而藍斯基則是西方世界幾乎無人可出其右的美國黑社會老大路奇安諾〔Lucky Luciano〕和席格爾〔Bugsy Seigal〕的左右手。）然而，香港警方後來相信，他們有可能見過面。因爲不久之後，由菲律賓人擔任「毒品交通」的網路，開始從香港經由智利、巴拉圭和加勒比海，運送海洛因進入美國。雖然沒有充分證據，其他的聯繫也相當有可能：馬家兄弟有可能見過紐約黑手黨首腦杜拉諾（Anthony Turano），此人後來因爲華人黑道認爲遭他出賣，買兇把他殺掉；也有可能和法國馬賽黑道黎可（Auguste Joseph Ricord）取得聯繫，黎可在二次大戰期間和納粹合作，從一九六八至七三年間，從金三角走私價值逾二十億美元的海洛因進入美國。

馬家兄弟當然也不只和美國黑社會聯繫。根據美國緝毒局（Drug Enforcement Administration, DEA）的資料，馬家兄弟之一曾經嘗試和日本黑道建立夥伴關係，但是他們表示沒有興趣。一九七一年，馬家兄弟接觸一個新加坡黑道幫派，並與號稱「西貢牛仔」的西貢潮州幫一起做生意，沿著西貢到隆平（Long Binh）美軍基地，一路設冰淇淋攤子掩護，出售海洛因。他們還吸收在美軍基地內擔任幫佣的本地人，直接供應貨源給美軍。

到了一九七三年中期，美軍終於撤離越南，馬家兄弟也準備好進軍國際市場。他們用高超的技巧，與其他幫派達成協議，讓對方也能分一杯羹，藉以維持有利的活動環境。這麼做不僅可以撫平敵對幫派，也使他們遠離販毒生意的某些部門：產銷網路搞得愈複雜，就愈不容易遭到執法機關滲透。和勝和負責運進海洛因，借重停泊在外海的深海遠洋漁船把毒品走私進香港。十四K負責毒品提煉。新義安負責收買、打點警察和海關官員。大家在短期可以分到好處，但是長期好處也不是沒有：馬家兄弟教黑道學會，在有組織的分工之下，他們也可以在國際市場上成爲大角色。

隨著一九七〇年代時間進展，香港吸食海洛因上癮者迅速攀升。在美國和歐洲，吸食率同樣上升，部分是因爲有毒癮的美軍從越南戰場回國，部分是因爲黑手黨極力推廣，推銷海洛因是比古柯鹼更熱門的產品。越南落到共產黨手中，供應線也得調整：海洛因不再由西貢出口，必須取道曼谷，因爲潮州幫黑道與泰國軍方已經掛上鉤。

馬家兄弟生意發達，到了一九七六年，香港警方也不能不把注意力放在他們身上。警方成立一支特遣隊，調派六十名員警，專門職司監控、調查的工作。他們也得到美國緝毒局、國際刑警組織，以及中央情報局的協助；最諷刺的當然是中央情報局的助力，他們現在對亞洲販毒活動的態度已出現轉變。一九七七年二月，警方準備出手時，馬惜如卻得到密報，落跑了——目的地可想而知，就是台灣。由於台灣也是國際刑警組織會員國，香港警方向國際刑警組織登錄對馬惜如的逮捕狀。不過，國民黨政府拒絕逮捕他。

馬惜珍和馬煥彥兩人就沒有逃走。他倆和另七個小角色被捕，罪名是「經營香港殖民地前所未見的最大販毒組合」。可是，挺神祕的，他們統統得到交保候傳的裁決。保釋金一百五十萬港幣（等於二十萬美元），可說相當高，但這些人只當它是小錢。一九七八年七月，其中三名被告儘管護照已遭扣押，也持續受到警方嚴密監視，卻能逃離香港。他們逃往泰國。兩個月之後，也就是案子開庭之前，馬家叔侄藉夜色掩護，避開盯守警探，溜到海邊，登上一艘巴拿馬籍貨輪，追隨馬惜如也逃到台北。他倆到了台灣之後，當局以「持用假文件非法入境」爲由予以逮捕，判處一年有期徒刑。其實這只是形式。十月六日當期的《遠東經濟評論》週刊報導，有人見到馬家兄弟於九月十八日現身台北一家餐廳，和兩個前任香港警官吃飯，其中之一即是呂樂。

香港當局十分尷尬。沒逃走的被告受到起訴、審判。主要由華人組成的陪審團裁定其中一人無罪（此人爲馬家兄弟的財務顧問），其他人雖然有罪，卻在提出上訴後得到釋放。整件事對馬家兄弟根本沒什麼影響，他們把業務移到台灣就行了。一九七九年，逃往泰國的三人之一鄭阿凱（Cheng Ah-Kai，音譯），由於籌畫把大批海洛因藉由巴拿馬籍貨輪運到香港，而於曼谷落網，據說這艘貨輪登記在馬家兄弟某家公司名下。但是，鄭獲得無罪開釋。

馬家兄弟從一九七八年起就定居台灣，運用洗錢過的犯罪所得開了好幾家合法公司。馬惜如於一九九二年去世，但是他們兄弟設立的合法事業，在香港和全世界各地繼續發達。這些事業包括在歐洲、北美洲和澳洲的商業不動產；根據《星期日泰晤士報》（*Sunday Times*）一位調查記者的報導，他們在英國的財產極多，在倫敦市中心金融區和西敏區，擁有一整排的辦公大樓。東方報業集團是他們事業成就最顯著的一個實例。現在這是遠東最大的報業集團之一，由馬惜珍的兒子馬承坤主持。馬承坤躋身香港最有錢的富豪行列，影響力極大，還能延伸到香港之外。

馬惜珍已經臥病多年，糖尿病纏身。他和一般的華人一樣，懷抱著要歸還故園養老、埋骨的夢想。馬承坤爲了完成父親心願，費盡心思安排。他曉得，若要父親回到香港，唯有爭取寬赦或是以健康不佳爲由，准許保外就醫。他在一九九〇年代努力設法爭取英國政府支持。根據《星期日泰晤士報》報導，東方日報集團對英國保守黨大力捐輸；在保守黨總部裡，據說馬承坤被取了「金童」的綽號，和他父親的綽號「金馬」還眞匹配咧！末代港督彭定康出席東方報業集團總部的活動，慶祝創辦一份英文日報《東方快報》（*Eastern Express*）。梅傑（John Major）以保守黨黨魁及首相身分，在唐寧街十號官邸招待馬承坤喝茶，感謝他大力捐輸。據傳馬承坤的慷慨解囊，使得保守黨政要考慮是否應授予他勛爵，不過這件事並未實現。香港其他巨商富賈對保守黨有所貢獻，都得到英國女王授予勛獎，可是馬的家世實在令人不敢放心——不過，他本人可從來沒有涉及任何不法活動。

馬承坤也爭取個別的保守黨國會議員來協助父親恢復名譽。他們在香港受到馬承坤的美食美酒款待——但還是得不到效果。直到香港殖民政府熄燈走人，馬承坤還是得不到司法寬赦，不過英國政府倒是同意，他若是逝世，遺骸可以送回香港安葬。保守黨幫不了忙，卻還繼續接受馬承坤的捐獻。當馬承坤發覺父親回鄉終老之願已經無望時，要求他的政治捐款應該退回。這一場捐款內幕新聞在一九九八年一月上了報紙頭條。繼梅傑之後出任保守黨黨魁的海格（William Hague）盡力消音，但是傷害已經鑄下。馬承坤揚言要繼續爆料，報復他們光拿錢，不辦事。

*

馬家兄弟固然是大毒梟，卻也不是沒有競爭對手。他們的大對手是吳錫豪。吳錫豪出身寒微，一九二九年出生在香港之北三百公里的汕頭鄉下，父親務農維生。雖然沒唸書，卻相當機靈的他，夥同一群青少年替本地一個幫派收取保護費，盼望能夠正式成為旗下的四九。中國大陸赤化，他跟著難民潮來到香港。此時他年方二十一歲。到了香港，他真像是龍困淺灘，身無分文、舉目無親，又不會說本地的廣東方言。他設法打聽，終於找到一群汕頭同鄉。這裡頭有個叫做「三星社」的汕頭幫派。由於在老家已和黑道有關係，他被三星社吸收為四九。

一年之內，他晉升為紅棍。這是不次拔擢，但他也不是平白晉升：他收到的保護費超越同僚，而且也用心。他們只是街頭地痞，他卻精明幹練、慧黠、有野心。他後來開設娼館，給三星社增添財源，又獲得晉升為「白紙扇」，得以主掌三星社日常事務。此外，他又和其他幫派結盟，擴大勢力。非比尋常的是，他被十四K與和勝和接納為榮譽會員。

一九五八年，吳錫豪再次多角化經營，也搞起街頭販毒生意。他在九龍的石硤尾擁有一個水果攤，把三號海洛因賣給鄰近徙置區的居民和苦力吸食。不久，他就每天賺進兩千多元港幣。

升遷快，事業成功，也有壞處。吳錫豪樹敵太多，招人嫉妒，而他犯了一個大錯：在另一個幫派的地盤附近賣海洛因，因而遭到伏擊，右腳被棍棒打斷。敵人向他示警，若非他背後靠山硬，性命恐已不保。雖然路人目睹伏擊，誰也不敢出面喝阻或幫他。他的腿被打斷，血流如注，卻不敢上醫院求治，深怕引來警方查案；只好去一家中醫診治，拜託接骨師傅搶救。然而，吳錫豪的右腳骨不只是裂了，還被打碎，因此終其一生，他就成了跛腳大仙，在江湖上得到一個匪號「跛豪」。

伏擊並沒有削弱他的野心。他繼續販售海洛因，並和另一個黑道兄弟盧興（Lo Shing，音譯）合夥。盧興的太太鄭月英負責在全港各地送貨。

警方得到吳錫豪敵手的檢舉，於一九六〇年六月突襲水果攤，將之逮捕，處以一年有期徒刑——念在這是初犯，因此刑期不重。盧興有前科，因此判刑三年。吳錫豪因爲跛腳，加上他服刑的赤柱監獄——香港警戒最森嚴的監獄——有許多獄卒拿了黑道好處，所以沒吃太多苦頭。他只被派從事輕鬆工作，循規蹈矩。一九六一年底，在服了九個月刑期之後，他就得到假釋出獄。出獄後，他竟然和鄭月英同居起來——「朋友妻，不可戲」的誓詞還眞不管用！

二十七歲的鄭月英也是沒唸書的農村子弟，但她跟吳錫豪一樣聰明、有雄心。吳錫豪事業發展起來，她成了重要助手，以手腕靈活、善於外交，和他的組織本事相得益彰。雖然她在一九五七年才來到香港，和盧興已育有三個小孩，而盧興因爲吸毒成癮，已經不能人道。在盧興調教下，她也學會販毒生意的訣竅，但是這還不足以保平安。她在九龍紅磡和吳錫豪同居的公寓裡，正把海洛因分裝小包時，遭警方逮個正著，判刑三年。警方努力勸誘她咬出吳錫豪，不料她誓死不招，吳錫豪因而得以逍遙法外。

鄭月英坐牢期間，吳錫豪的生意越做越大。他買下一家小茶館，又在附近買下一家米店。喝茶品茗之際，做好販毒交易，客人再到米店裝做買一包米，其實海洛因就藏在米裡，順利交貨。警方花了好長一段時間，才想通這一記妙招——據說，這是鄭月英的點子。一九六五年，這對販毒鴛鴦再度被捕，但罪證不足。吳被依社會治安法「參加黑社會」條款，監管兩年。

到了一九六六年，吳錫豪不甘一直從事街頭小買賣，決心更上層樓。唯一的升級之道，就是不只掌控分銷，還要往上游發展，掌控生產和供應。要建構這樣一個帝國，需要有充足的資金和合適的時機。一九六七年，吳錫豪終於找到兩者。此時，大陸大鬧文化大革命，香港也被波及，出現反英動亂，使得警方疲於奔命，他迅速接觸了若干海洛因生意夥伴。

吳錫豪的計畫是：到泰國購買嗎啡磚，用自己的船運回香港，在九龍鬧區或新界偏遠山地設廠提煉。

先煉製出本地市場需求的三號海洛因，若有剩餘，則再精煉成四號海洛因，輸往海外。他和相識多年的另一個汕頭人吳俊坤（Ng Chun-Kwan，音譯）合作，因爲此人和曼谷的潮州幫有聯繫。交涉之下，泰國黑道同意每四個月一次，藉由海路或陸路，運交一批嗎啡磚給他。

運貨過程規畫得天衣無縫。泰國註冊登錄的貨輪由曼谷出發，駛到香港附近國際公海，把嗎啡磚搬到香港登記的深海漁船上，再把船開進香港領海，由小漁船接駁上岸。此時，一批貨已分成一百包，治安機關幾乎不可能查到。一旦上了岸，利用文革動亂爲掩護，貨交由專人傳遞；而這些交通又彼此不相識，以防一人落網，攀出全體。嗎啡磚一送達香港，就由兩組人馬處理。一組負責收貨，一組負責倉儲，俾便提煉。每一組由不同的幫派負責，不使他們碰面或通訊息。整個行動由吳俊坤協助，他收買、掌握了若干香港水警，因此貨物可以毫不受阻，平安上岸。到了一九七〇年，據估計吳錫豪每年賺的錢超過兩千兩百萬美元。

外人眼裡的跛豪是個成功的生意人，穿著剪裁合身的昂貴西裝，出入交通工具是高檔賓士轎車。他底下不涉及犯罪活動的職員，還以爲老闆是個精明的投資人，事業欣欣向榮。他的許多投資登記在鄭月英名下，擁有公寓、住房和商業樓宇，自己名下只有三棟住宅。其中最醒目的是九龍塘根德道（Kent Road）二十號（九龍塘是一九七〇年代許多華人、印度人富商聚居的市鎮）大約一英里之外，他在窩打老道（Waterloo Road）擁有一戶豪華公寓，供情婦陳美蘭居住。第三棟房子則位於新界。

吳錫豪的合法事業裡有一些餐館，九龍和香港島各有兩家，全都交給三星社幹部經營。在工業區馬頭角和以紡織、染整出名的荃灣，他擁有好幾家工廠。他也創辦「香港寶石公司」，從泰國、緬甸進口寶石，還可用來洗錢、匯錢到泰國支付嗎啡磚貨款。他的生意全由座落在九龍加連威老道東英大樓裡的辦公室遙控指揮。

吳錫豪的投資並非全是合法事業。他擁有四家賭場，最大的一家位於尖沙咀寶勒巷他經營的百利餐廳（Pak Lee）樓上。爲了維持社會形象，他把賭場交給太太經營。賭場經營採取美式作風，提供各種東、西方遊戲，供應食品飲料，二十四小時營業，必須買會員卡才能入場。雖然吳錫豪已收買警察不來臨檢，他的顧客才是最好的屏障，因爲會員名冊裡有許多交遊廣闊的大亨、高級公務員、律師和銀行家。

奇怪的是，吳錫豪似乎忘懷不了他從街頭小混混起家的過去，繼續經營許多攤子，有些還是無照營業，賣水果、衣物、家用器皿和海洛因。警察和攤販稽查員也不來找麻煩。吳錫豪「擁有」約莫兩百名警察，包括一位英籍高階警官；他的生意，包含非法勾當和合法事業，共雇用一千五百名員工。據說，他的寶石切割師傅是遠東第一流的頂尖高手。

吳錫豪極端聰明，小心，本人絕不親手參與毒品交易，不賭博、不吸毒，偶爾喝個幾杯酒。除了在窩打老道公寓養了一個小妾（太太知情、點頭）之外，他也不在女人圈拈花惹草。他對十四K與和勝和最頂頭的大老不時孝敬，換來必要時由他們提供手下小弟去打架。

吳錫豪現在已是遠東大毒梟之一，具有相當大的力量。他廣交黑社會幫派，使得他不致於遭到太多報復或嫉妒。黑社會都敬重他，他的主要問題來自泰國的潮州幫對手。他們不時殺害他手下的交通，報復他以高明的組織手法搶走地盤。然而，吳錫豪和馬家兄弟一樣，不甘當個淺水龍，一九七一年，他自認羽翼已豐，可以再上層樓。他也和馬家兄弟一樣，看到走進國際舞台才有前途——換言之，必須和黑手黨打交道。可是，他有競爭對手。泰國潮州幫已經透過越南市場和美國黑手黨掛鉤，可以得到比吳錫豪更好的條件；但是，吳錫豪並不氣餒。從馬賽運毒品到美、加的所謂「法國關係」已經遭警方偵破，時機已成熟了。吳錫豪計畫直接從金三角採買鴉片，在自家設於泰國的工廠提煉成嗎啡磚，用自己的船隻運到香港，然後再用已有的設施提煉爲海洛因。泰國黑道反對這項計畫，因爲這一來他們就賺不到製作嗎啡磚的利潤了。他們想制止，未果，還是繼續賣貨給吳錫豪。這些嗎啡磚到了香港，就交給從上海時代便追隨杜月笙的一個老師傅負責。此人精通此道，不久就煉出純度百分之九十二的四號海洛因，這是當時技術水準能及的最高純度。

一九七〇至七一年的冬天，吳錫豪在日本和黑手黨幾度密商，其中有些是特拉裴坎迪的人馬；他們因爲法國關係已被偵破，亟思尋找新的通路。雙方達成協議，在往後六個月內，吳錫豪透過日本、南美洲和加勒比海，把海洛因送到美國。可是，黑手黨卻聲稱吳錫豪太趾高氣昂，不堪信任，取消跟他合作。實情絕非如此。吳是個十分精明的生意人，和氣生財，怎麼會耍脾氣毀了發財機會。實情是，泰國黑道向黑手黨施壓，要求他們不要和吳錫豪來往；馬氏兄弟也已經和黑手黨合作，他們也運用影響力試圖減低或剷除對手的勢力坐大。

和黑手黨這段露水姻緣，不僅使吳錫豪大爲丟臉，還另有重傷。美國緝毒局早已在全球佈線緊密盯住黑手黨，現在吳錫豪也進入他們的檔案。緝毒局把有關吳錫豪的情報傳遞給香港警方時，香港當局還不完全清楚吳錫豪的販毒生意已經規模這麼大。吳錫豪卻渾然不知已經被盯上。香港警署緝毒局雖然也有黑道份子潛伏，卻沒有其他單位那麼腐敗。英籍主管也十分小心保密。

被黑手黨耍了之後，吳錫豪把注意力從北美洲移開，還有一個新興市場他可以打進去。這就是歐洲，而且歐洲有個罩門——荷蘭。荷蘭人對吸毒的態度極端開放。吳錫豪曉得他可以從阿姆斯特丹打進歐洲市場。馬來西亞和新加坡的華人幫派已透過荷蘭運送海洛因到歐洲，但是他們組織不嚴謹，資金不豐富，也沒有自備提煉師傅。

吳錫豪前往新加坡接洽，受到當地黑社會歡迎。他買下一艘船，裝上強力馬達，開始從曼谷走私嗎啡磚到新加坡，另於附近的新山（Johor Baharu）設了提煉廠。新加坡中人把海洛因帶到阿姆斯特丹，再由駐在荷蘭的華人黑道轉銷出去。這個計畫雖好，卻沒撐多久。和他作對的泰國黑道向曼谷的美國緝毒局幹員密告，他們轉告新加坡警方。新加坡警方登船檢查，沒有找到毒品。可是吳曉得勢頭不妙，把船賣了，退回香港，還是運用靠得住的香港交通比較安全。馬來西亞黑道不高興吳錫豪說走就走，乾脆投靠泰國黑道運送海洛因到阿姆斯特丹，直接和吳錫豪競爭起來。

吳錫豪往境外擴張不成，回過頭來鞏固香港地盤。他雇了漁船船長梁發希（Leung Fat-hei，音譯）督導海路走私作業。梁是個心術不正的惡棍，以每人收費美金兩千元爲代價，偷運中國大陸偷渡客到香港偏遠小島，可是他又向移民局檢舉，再賺取告密獎金。吳錫豪和梁發希不滿泰國黑道，計畫來個黑吃黑。梁要手下穿上中國軍人制服，懸上中國五星旗，攔截一艘要運送嗎啡磚到香港（貨主可能是馬氏兄弟）的泰國漁船。泰國船員在槍尖下，眼睜睜看著「中國軍人」抄出海洛因，丟進海裡。其實，丟進海裡的是水泥或麵粉，海洛因全被移到梁發希船上，送回香港。可是，這項黑吃黑奸計曝光！吳錫豪付了錢給梁發希，梁卻沒有如數發給手下打賞，中飽大筆錢。底下人不滿，話就傳出去。警方沒聽到傳聞，黑道江湖已經傳得沸沸湯湯。吳錫豪的嗎啡磚供應遭到切斷，鄭月英必須親自出馬到曼谷擺平。她說服泰國黑道，吳錫豪和這樁黑吃黑案子毫無瓜葛，他們接受了她的說法。

這時候，美國緝毒局已慢慢收網。他們鎖定偷渡走私手法拙劣的新加坡黑道，已盯上新加坡至阿姆斯特丹這條路線。美國緝毒局幹員在阿姆斯特丹跟蹤駐紮在德國基地的美軍士兵，這些人從前在越南服役時染上毒癮，現在替其他美軍和德國民眾做起供貨人。緝毒局循線追查，發現吳錫豪的販毒網。香港警方也得到通報。

吳錫豪持續受到監視，警方的檔案日增，直到一九七二年終於突襲新界兩處地點。吳錫豪在屯門附近的龍珠島租了一處公寓，另外他還擁有一座養鴨場，警方抄獲了七百多公斤生鴉片和八十公斤嗎啡磚。警方抓了好幾個人，卻沒有人招供，吳錫豪安然無恙。即使警方在同一年抄查他的賭場，也找不到證據可以抓他。

到了一九七三年，吳錫豪已經是海洛因輸往歐洲的最大毒梟，助長歐洲癮君子快速增加。歐洲消化不了的海洛因，就由美國駐外軍人帶到美國，或乾脆利用美軍郵包寄送回國。可是，警方卻奈何不了他。江湖傳言可拿不上法庭當證據呀！

然而，事情總有揭發的時候，而且與吳錫豪本人走錯一步棋有關。一九七四年初，梁發希出賣他，遭人殺害，據信應是吳錫豪買兇殺他。警方調查此一兇殺案，追到他三個手下可能涉及狙殺。香港緝毒局接到消息，盯上他。吳錫豪大爲驚慌，於三月間逃往台灣，不久，兩名兇嫌也潛逃至台灣。可是，兇殺案證據不足，未能成案起訴他。至少，塵埃稍定。

風頭一過，吳錫豪於十月二十五日返還香港，可是大環境已經變了。廉政公署積極肅清警界敗類。沒有員警敢受賄。香港緝毒局換了局長，這位經驗老到、清廉無比的英國警官藍畢洛（John Rumbelow），鎖定吳錫豪爲主要目標。持續監視果然奏效。警方緝獲三次毒品，還有一次則是歹徒見勢不妙，丟包入海。吳只好重整賭場生意，不料警方立刻上門抄查，他只好被迫歇業。

吳錫豪遇到的麻煩還不只是警方盯上他，黑道朋友也逐漸不喜歡他。他膽子太大，生活奢華，炫耀財富，不符傳統黑道老大的作風。許多人擔心，吳錫豪若是垮了，可能會牽連他們。他作威作福的姿態，也惹惱自己手下。汕頭人伍平（Ng Ping，音譯）是個重要的進口人，離他而去。吳錫豪懷疑另一個助手給警方當線民，三度買兇要取他性命，此人爲了報復，乾脆就眞的去向警方告密。

然而，警方從馬家兄弟那裡得到更多有價值的情報。馬家兄弟透過他們收買——或者是在廉政公署肅貪前收買——的員警，向香港緝毒局密報。警方調動一支清廉的緝毒探員查案，終於在一九七四年底逮捕了吳錫豪。

他被立刻押解到灣仔軍器廠街警署總部，避免和尚未揪出的分署貪瀆員警接觸。經歷數小時偵訊，他矢口否認一切指控。此時，警方從各個不同部門調集兩百多名紀錄清白的警力，兵分多路，突襲他的若干據點。爲了確保消息不走漏，只有高階警官才曉得行動的目的和突襲的地點，員警已經出發了，才知道要突襲那裡。

窩打老道的公寓已經人去樓空，吳錫豪的情婦陳美蘭已經逃之夭夭。警方來到根德道二十號，發現鄭月英已經不知去向。後來有傳聞說是，某位非常高階的警官受賄二十萬元港幣，向她們兩人通風報信。然而，警方還是很高興，因爲他們在屋裡查到若干文件，記載泰國嗎啡磚的交通情形，以及吳錫豪和現在已獨當一面的毒梟吳俊坤的合夥關係。在其他地點，警方也逮到若干通緝犯。

吳錫豪很顯然已經在劫難逃。左右手和屬下職員一一就逮之後，他們紛紛和警方達成協議。翌年春天，全案送到法院開庭，已經有一大票人願意作證咬出他。伍平是檢方的頭號證人。一九七五年五月，和吳錫豪同案八名被告都被定罪；那些作證咬他的人，則獲判輕刑。吳錫豪判處有期徒刑三十年，關進赤柱監獄。赤柱監獄以警戒森嚴著名，歷年來沒有任何人越獄成功，只有兩名犯人翻牆成功，卻跌成重傷，照樣抓進牢裡。

這個案子可以說是里程碑。香港警方首度針對一個大歹徒起訴成功，經過廉政公署積極肅貪、造成動盪以來，今天警界終於士氣大振。這也凸顯出要把一個國際黑社會大老繩之以法，有多麼困難。要釐清吳錫豪的生意網絡可是費盡九牛二虎之力，因爲他的帝國涵蓋了東南亞絕大多數國家、瑞士（他在那裡有銀行帳戶）、巴黎、阿姆斯特丹和紐約。由於追查不易，日後還衍生一份新興專門職業：法務會計師。

吳錫豪剛被打入大牢，江湖上就傳出他懸賞一千萬港元花紅，看誰能助他越獄。另外，他還懸賞一百萬港元，要取伍平性命。出庭作證的警員及家屬受到二十四小時保護；好幾位參與本案的英國警官，紛紛把家屬送回英國避風頭。可是，沒人行兇，也沒人逃出赤柱監獄。黑道才不想去刺殺警官，而且馬氏兄弟似乎也放話：任何人若是協助吳錫豪脫獄，絕對活不了太久，連十塊錢都來不及花掉，更不用說一千萬元港幣了。

鄭月英當下逃過逮捕，在香港不時更換住所藏匿，卻逃不出香港。機場已奉命警戒，移民局和警方便衣盯上港口動靜，並懸賞港幣五萬元抓她。這一招果然奏效，經人密報之後，她在香港島北角一處公寓落網。她在牢中企圖自殺未遂。後來法庭判她坐監十六年。一九八〇年代末期，鄭月英出獄，據說，她在街頭以擺攤爲生。

吳錫豪在赤柱監獄服刑，起先關在死囚牢房，和其他犯人隔離——獄方是爲了他的安全考量。後來他被移監，與其他犯人一同做工：香港監獄裡的犯人必須做工，製作醫院床單、政府官署家具，以及挺諷刺的，獄卒制服和警用皮鞋。吳錫豪坐牢七年之後，法院缺席審判呂樂，試圖沒收呂樂財產。吳錫豪表示願意作證。一九八四年，吳錫豪出庭作證並聲稱，呂樂收受巨額賄款保護毒販和賭場老闆不受突襲；他又說，呂樂誇口，他們的生死全操在他手上。由於吳錫豪這番供詞，導致呂樂的律師試圖和港府達成認罪減刑協議。後來在一九八六年五月一日，根據協議，呂樂的律師把價值港幣一千四百萬元的八筆房地產產權交出來。律師也表示，呂樂預備供出他所知的香港貪瀆之細節，條件是交換檢方不起訴他。香港政府接下房地產，卻不願以無罪來交換呂樂之合作。廉政公署通緝呂樂的命令，迄今依然有效。

到了一九九〇年，吳錫豪已是風燭殘年、理著小平頭的老人，走路依然一跛一跛。雖然只服了一半刑期，他已經無法繼續服刑，因爲醫生診查出他患了肝癌，基於人道理由，官方准他保外就醫。吳錫豪在一九九一年病逝。

*

吳錫豪關進大牢，當局也理解到余大明警官一九七六年那份祕密報告的缺失，必須針對黑社會幫派問題改絃更張。警界已剷除黑道份子潛伏，廉政公署肅貪有成，香港警方已居於強大地位可以積極執法。他們毫不鬆懈地取締黑幫，大部分都有成績，但是要到一九八七年，才眞正躍上媒體頭條新聞。

一九七八年十二月十三日，香港最負盛名的英文報《星期日南華早報》（*Sunday Morning Post*），刊登一篇特稿，指出警方在和黑道的拉鋸戰裡，有得有失，進展不大，但最近則重創黑道。這一個黑道幫派即十四K底下的毅字堆，警方目標是徹底打破黑道無法克服的迷思。

故事始於兩年前的一九八五年八月，警司衛克爾（Steve Vickers）召集一支祕密警力，對付毅字堆。毅字堆之所以引起警方注意，是因爲和其他幫派爲了爭奪非法賭場的控制權，爆發一連串殘酷的兇殺案。衛克爾挑選的這支小組成員有總督察布斯（Roger Booth）和余世章（Michael Yu Shi-cheung，音譯）、張泰陵（Henry Chan Tai-ling，音譯）兩名華人督察，以及另外四名員警。他們一開始就站在相當有利的戰術地位，因爲打從一九八〇年，十四K就被代號「桑弟」（Sandy）、「羅尼」（Rodney）的兩名臥底警員余錦祥（Yu Kam-cheung，音譯）、馬志文（Ma Chi-man，音譯）滲透進去。

潛伏進入黑社會幫派是非常危險的事，一旦行藏洩漏，必遭凌遲處死。而且臥底也相當不容易，因爲黑社會幫派也不是來者不拒，在吸收成員時極其小心。每個人要入幫，必須交待清楚家庭背景，往來關係受到嚴密檢查。稍有閃失、異常或某一未必眞實的事件，這個人就入不了幫，甚至遭致更嚴重的後果。

爲了建立掩護身分，余錦祥、馬志文從一九七九年開始就在十四K的地盤旺角擺攤。和四周環境稍熟之後，他們就加入和十四K有關聯的「英發體育會」（Ying Fat Sports Association）。這是用來吸收幫眾的一個武術俱樂部。馬志明順利加入爲四九，派在某一資深幹部底下。余、馬兩人從十四K內部蒐集來的情報，十分有價值。

衛克爾的策略很高明。他先大張旗鼓調查賭場地盤爭奪戰的兇殺案，逮捕、也成功地起訴若干毅字堆兄弟。從被告供詞裡，警方建立起毅字堆的組織架構圖，對十四K的不法賭博事業有了瞭解。

毅字堆的主要生意集中在香港賽馬的簽賭。這套體系非常精密，跑馬當天，全港五十多個簽注站接受民眾簽注，這些簽注站的電話網可以連上合法簽注站的線路。他們接受有錢賭客下的重注，這些賭客不想透過香港皇家賽馬會的管道下注，是爲了避開馬會電腦計算出來的輸贏率。十四K也有可能收買馬師做手腳，不過這種可能性不大，因爲香港馬會的運作已相當有規模，很難搞花樣。

專案小組已查出絕大多數簽賭站的地點，但刻意安排由普通員警去抄少數幾處，目的不在封查整個網絡，而是先測試毅字堆會有什麼反應，然後再規畫全面性的同步進襲。警方定下一九八六年三月某一跑馬日為行動發起日。當天上午，由四個專門部門抽調兩百名警力集合待命，跑馬在下午舉行時，他們才明白命令內容，在此之前根本不知為何被集合起來。衛克爾保密措施做到滴水不漏。下午，毅字堆四十三個簽賭站同時被抄。果然，沒有任何一處事先風聞會被抄查。甚且，警方也由先前小型突檢裡汲取經驗，曉得簽賭站的若干伎倆。許多電話下注由盒式錄音機錄下，旁邊備有強磁，準備隨時消滅證據。簽條全用可溶解的宣紙填寫，每張桌子旁都擺一桶水，隨時可運用。警方大舉突擊，有備而來。固然丟了一些證據，但絕大部分證物都得以保全。

警方逮捕三十三人，毅字堆的簽賭體系徹底瓦解。從突檢及後來的問供蒐集到的情報資料顯示，毅字堆也和其他幫派的賭場對賭。但是警方也不去追究，現在已有大魚等著去抓。

警方查出來，毅字堆山主是「大鼻鄧」（Big-nose Tang），可是大鼻鄧年邁，染有重病，顯然眞正指揮調度者另有其人。由於被捕的毅字堆兄弟並不瞭解警方這次已撒下天羅地網，還以為掃賭掃到他們，眞是倒楣；因而在問到似乎無關緊要的問題時，也沒有戒心，警方得以把毅字堆的組織架構、人事分配，統統掌握。毅字堆首腦也同樣誤判情勢。到了七月，警方終於部署完成，預備收網捕魚了。

七月十三日午夜，警署總部基於安全理由，全面封鎖，不容有絲毫差池走漏風聲，即便電話交換機已全面監聽。警方備妥搜索令。總部停車場另有一塊地方整備起來充當羈押區，還備好一輛活動餐飲車和一些活動廁所。除了參與突襲簽賭站的警察外，又從其他菁英單位抽調數百名員警支援。清晨三點鐘，突襲行動開始，持續了四十八小時。警方總共逮捕了五十三名嫌犯，不僅撼動毅字堆，整個黑社會全都震盪起來。過去警方從來沒有一次突擊行動像這回如此協調一致、行動果決，全面抄查，而又能事先完全保密，沒有走漏半點風聲。

警方只漏掉毅字堆一位高級幹部，此人恰好在突擊行動展開前夕，離開香港，前往台灣。不過他的離開，比較像是湊巧，而非有人受賄，示意他走避。五十三名被捕黑道當中，有七人被指控嚴重罪名，其中有兩名女性。七人當中的林永凱（Lam Wing-kei）、戴志廣（Tai Chi-kwong）、宋紅蘭（Sung Hueng-lan）、梁鴻（Leung Hung）等四人（編按：以上皆為音譯）是大角色，被控主持非法幫派、陰謀運毒、毆打和教唆毆打傷害等罪名。他們不相信警方會有充足證據可以起訴他們，全都辯稱無罪。可是，警方端出他們的王牌祕密武器——化名羅尼的臥底警察馬志文。馬志文在證人席上，供出一段扣人心弦的故事。

一九八一年，馬志文結識毅字堆重要幹部伍華海（Ng Wah-hei，音譯）手下一名幫眾邱順國（Chui Shun-kwok，音譯）。邱介紹馬入幫，馬在當年十一月二十五日加入十四K當起四九。林永凱是他的上司。然而，在他入幫之前的七月四日，林永凱就在一次吃飯場合介紹他認識伍華海。馬志文立刻明白，伍華海身分地位一定不低。兩週之後，馬志文、戴志廣和梁鴻，與其他人會商攻擊敵對幫派麻將學校的計畫。後來又計畫數起對另一個幫派的攻擊計畫。十二月間，馬志文被帶去見一位叫做「黑仔」的人，此人宣稱其他人和他應以兄弟相待。這次會中，定下畫分黑道地盤的計畫。

馬志文不是只參加開會、講話而已，他向庭上報告，有名年輕女子作證不利一名與黑道有牽連的婦人，他目擊她是如何受到毒打報復；他本人也參加攻打另一敵對幫派旗下的三溫暖按摩間的行動。他的任務就是持鐵管搗毀裝潢，也奉令若有人企圖阻擋他，不必留情，儘管痛下殺手，宰了再說。

經過十七天的審訊，全體被告統統被判有罪。透過上訴，販毒罪遭推翻。辯方律師因為這項罪名必定會使被告刑期大增，力圖翻案。翻案成功後，被告刑期得以減短。

十四K當然不會這樣就罷手不幹；但這項行動非常成功，絕不只是七名被告遭定罪而已。民眾現在明白，警方掃黑已不是口號，警方士氣大振。相形之下，黑道氣燄大失，後來又在一項「艾梅斯貝理行動」（Operation Amesbury）中遭受重大打擊。

*

一九八七年春天，香港警方「有組織犯案及三合會調查科」（Organized and Serious Crimes Group）根據線報，發動一項大規模掃黑行動，目標鎖定公認香港最大、組織最嚴密的黑社會幫派「新義安」。新義安無可諱言是最傳統的幫派，有一套固定儀式和規矩，不過已略有更改。每個幫眾都編了會員號碼，表示他在幫中的階級地位。會員證載明成員身高、體重等特徵，還有入幫日期、介紹人姓名，以及聯絡電話號碼。當然，這一切也都編入會員名錄裡。到了一九八七年，新義安幫眾號稱三萬三千多人，其中一千四百人是幹部。

過去兩年裡，警方專案小組仔細研究新義安，目標是認出誰是高級幹部，弄到一份會員名錄。其次則是查明，是否有個中央籌錢機制？當然也希望能夠累積足夠資訊，可以一舉將其首腦繩之以法。

警方經過一段時間的調查，發現新義安之所以能夠成功、有勢力的訣竅。首先，新義安十分團結，最獨特的是山主能夠得到許多高級幹部擁戴。香港黑幫不時內鬨、搞派系，幾乎不知道什麼叫做服從上級領袖。其次，新義安的招兵買馬行動從來不停，從一九七八年到一九八七年，幫眾就增加了兩倍，有些新幫眾只是青少年在校學生。最後，新義安幫的結構像一家公司一般有效率。龍頭老大一產生，如無意外，至少抓住權柄三十年。地位堅實的他，是由八大元老組織的小型中央委員會之首腦。他們不去控制犯罪活動，只管全幫紀律，龍頭老大是十分積極的首領。不過，日常事務都交給底下俗稱「話事人」的幹部去管。即使只是丁點兒的小事，在其他幫派可能就不管，或由紅棍去處理，新義安卻要送到這個委員會來處理。他們受到部下尊重、效忠、畏服。

警方不久就查出新義安龍頭老大的身分，此人名叫向華炎。

向華炎，一九三二年生於香港。根據警方情報，他有兩房妻室，還按照華人習俗，另有一妾。正室劉含華和他育有四名子女，最大的女兒，名叫向永儀。側室馮珠給他生了一個兒子。他和大老婆住在一起，每天都到二奶那裡走動，至於小妾李秀梅（Li Hsiu-mei，音譯），他一星期去個三、四次。李秀梅也替他生了一女一男，一九八七年時，這兩個孩子都還小。警方根本沒有他的任何犯罪紀錄。他在著名律師事務所山繆蘇（Samuel Soo and Company）擔任高級書記。山繆蘇律師事務所位於中環跨國公司林立的砵甸乍街（Pottinger Street）的嘉保商業大樓十六樓。向華炎本人並非考試及格、註冊登記的法務書記，卻在律師樓裡有自己的辦公室，底下有幾個書記員跟著他做事。

他做的生意滿雜的。公平財務公司（Fair Finance Company）是一家合法的儲蓄、貸款公司，辦公室設在九龍亞皆老街（Argyle Street）的金山商業大廈。向華炎是有持股的董事；兒子擔任經理。警方研判，公平財務公司絕大多數生意是跟新義安幫眾來往。因爲警方發現，幫眾不需擔保品，就可向該公司借到上限一萬港幣的借款，且利息低廉。此外，向華炎也在九龍城擁有一家「義新樂記」麻將學校，這是他父親在一九五一年開設的。帳務由女兒向永儀負責，而她也在公平財務公司任職。每年這所麻將學校獲利估計在港幣兩百五十萬元上下，但報稅金額只有六萬元左右。

向華炎和其他黑道老大一樣，以樂善好施之姿出入社交圈。一九七八年，他取得香港皇家賽馬會正會員；一九八六年，被推選爲新界獅子會會長；又具有惠州府屬十區同鄉會會長、香港海豐同鄉會名譽會長的頭銜。估計他擔任龍頭老大三十年，其實還算保守；因爲他在一九五三年繼任爲老大，當時他父親向前即是重振義安幫威風，而被香港當局驅逐出境者之一。由於向前離港，義安幫瓦解，向華炎扛起重擔，重新整合，以新義安名號行走江湖。

警方得到的情報是，向華炎保有一份幫眾名錄，他的女婿張亮聲保有副本。警方合理的懷疑，向華炎保管的名錄藏在律師事務所他的辦公室裡，因此緊密盯上他的上下班時間；後來發覺，每天下午三點半到五點半，他一定會出現在辦公室。

主持本案的高級警司何內（Michael Horner）特別挑選一九八七年四月一日愚人節下午四點爲行動時間。他調集十八組警力，突擊三十五個目標。逮捕到案的所有嫌犯並非送到各地派出所，而集中送到內地：在香港島逮到的，就送灣仔警察總署的梅屋（May House）；在九龍落網的，就送黃大仙警署。到了這兩地，嫌犯就由受過專門訓練的犯罪情報局（Criminal Intelligence Bureau）的偵訊官偵訊。爲了確保安全，所有員警不到出發前一分鐘，都不曉得掃蕩的目標，因爲警方雖已不若過去那般腐敗，依舊有少數黑道兄弟藏身在警界當中，其中不乏新義安幫幫眾。

突擊行動一展開，警方在一九四七年即已入幫的陳凱（Chan Kai，音譯）的九龍公寓裡找到乍看不起眼、卻很不協調的東西。從一九八〇年被逮到主持一項入幫儀式起，陳凱已有若干前科定罪紀錄。他是向華炎領導的中央委員會之成員，曾任香主，現在雖已半退休，仍然參與幫務甚深。他擔任老師傳授要到海外設立分支機構的幹部各種儀式，頒給會員號碼，負責幫內大小事務仲裁。警方在陳凱家裡搜出紅紙、紅布、紅彩帶、金葉子、兩盒卡帶和一個呼拉圈，全都是不起眼的東西。陳凱聲稱呼拉圈是他孫女兒的玩具，可是用紅、白膠帶圈捲，又和上述物件擺在一起，可能是幫會儀式用的道具。兩盒錄音卡帶是陳凱和另一位新義安幹部林興（Lam King，音譯）夫婦錄下的一些決鬥詩偈。

另一個目標是新義安幫兄弟稱作龔春弘（Kong Chun-hung，音譯）的男子龔威永（Kong Kwai-wing，音譯）。他和向華炎一樣毫無犯罪前科，但卻是現任香主。龔春弘在九龍馬頭圍道三二三號二樓有一間寓所。警方當天夜裡在他家附近逮到他，搜索公寓之後，找到儀式用品若干件和三本黑道口訣偈語冊子，以及一支銀行保險箱的鑰匙。次日，警方押著龔春弘到九龍城廖創興銀行，從七六九七號保險箱中起出十三本幫會詩偈集。

警方的主要對象當然鎖定向華炎。何內率領八名員警來到山繆蘇律師事務所，向華炎正坐在他的辦公桌前。何內出示搜索票，探長葉包福（Peter Ip Pau-fuk，音譯）宣布以新義安幫首腦之嫌要逮捕他。搜索之下，出現大量相關文件。一枚鋼印，刻著他的姓氏「向」，以及五個「安」字；這枚鋼印印記在若干紅色包裹上。警方找出一份疑似會員名錄，但無從確認是否確實就是新義安幫會眾名錄，要等到臥底警察鍾金齡（Chung Kin-ling，音譯）出面指證，才得以證明確實無訛。

鍾金齡於一九七七年加入香港警界，但於一九八二年因未遵守命令遭到退職處分。透過他在警界服務時認識的一個人介紹，鍾金齡認識了譚偉明（Tam Wai-ming，音譯）。譚偉明是新義安幹部，復華國兄弟會和瑞典會的經理，在九龍最熱鬧的彌敦道旁之金巴利道（Kimberly Road）經營一家按摩院。譚偉明雇鍾金齡守門。透過這層關係，鍾認識了一大票新義安幫成員，也摸清楚他們在尖沙咀地區包娼包賭、收保護費的勾當。一九八一年，他獲准正式入幫，被告知龍頭老大是向華炎，綽號「四眼龍」。身爲四九，鍾金齡參加幫派械鬥；後來，按摩院營業執照被吊銷，他轉到新義安幫的非法賭博事業。

一九八三年，鍾金齡被帶到山繆蘇律師樓晉見龍頭老大向華炎。事實上，向華炎也經常在這裡約見新進成員。後來，鍾金齡參加了好幾次入會儀式，在幫裡似乎前途無量。他在幫裡鬼混之時，也去從事合法工作，如在寫字樓間擔任文員。他有時到新義安開的賭場試手氣，不料卻與另一名新義安幫眾馬德（Ma Tak，音譯）起了衝突。馬德開始威脅他，鍾一嚇，辭掉工作躲起來。馬放話出去，見到他就要拿斧頭把他劈了。鍾金齡畏懼之下，投向警方，於一九八六年元月成爲線民。因此才有後來證實會員名錄這段故事。

另一條落網的大魚是向華炎的女婿張亮聲。生於一九五〇年、洋名愛德蒙（Edmund）的張亮聲，父親是香港立法局（相當於議會）委員、具有太平紳士榮銜的張人龍。張亮聲在父親的事業「利嘉物業管理公司」掛名董事，卻因一九七五年在溫哥華涉嫌參與販毒，判刑十二年，有了前科紀錄。他坐了六年牢之後，獲得假釋，並遞解回港。

張亮聲在九龍尖沙咀東、新義安地盤內的五星級飯店香格里拉的咖啡廳就擒。他被帶到彌敦道六三六號金融中心大樓利嘉公司辦公室。保險箱的鎖只有張亮聲有鑰匙，警方從保險箱內抄出一本新義安會員名錄。張亮聲被起訴的罪名是：協助經營黑社會幫派。接下來，張亮聲被帶到何內面前；何內問他是否記得上次兩人在哪裡碰過面？張答不出來，何內提醒他：「我就是當年在溫哥華主辦的警員。」何內又問張：「你以爲這次要坐多久的牢呀？」張立刻崩潰。

其他落網者有向華炎的兒子向展成，在公平財務公司掛經理銜。他矢口否認，不過三名新義安青少年徒眾供稱，向展成向他們承認自己具有紅棍身分，也協助安排他們的入會。

總而言之，這項行動共有十一名被告以社會治安法起訴。六月二十四日，統統交付審判。

向華炎矢口否認自己是黑社會幫派人物，只承認由於他的東主律師曾代理他們的案子，因此他也認識好幾位新義安幫眾。他否認多數查扣的文件是他的，對於所有證明屬於他的文件內容，嗤之以鼻。有位對黑道幫會頗有研究的專家指稱，查扣的大印是新義安龍頭的印記，上面刻的就是向華炎的姓氏。此外，向華炎的指紋不僅出現在從他辦公室搜出的會員名錄上，也出現在從張亮聲保險箱抄出的那一份上。線民鍾金齡出來作證，多少已定下這些被告的命運。三名青少年的證詞又增添幾分力量，警方也提出監視時拍下的照片，以證明向華炎與新義安的確有關聯。

一九八八年一月，審判告一段落，被告大部分罪名成立，向華炎被判處有期徒刑七年。然而，他和其他被告都提出上訴。上訴庭承審法官楊鐵樑裁定，會員名錄不得呈庭作證物，理由是目擊者不夠資格確認那的確是新義安會員名錄，儘管有一名證人是有三十年掃黑經驗的警官。楊鐵樑又裁定兩名被告的證詞不能採用，理由是兩人爲同一罪刑共犯，不能用他們的證詞來相互確認其所陳屬實。讓警方極其憤怒的是，向華炎與同案被告坐了兩年牢就獲得開釋。

向華炎在上訴時算是贏了，黑道也一定學到教訓：保有未設密語的紀錄是愚蠢行爲；不過，警方當時打了一場漂亮勝仗。他們再次成功逮到一名黑幫老大，使黑道顏面大失。

*

向華炎開始入獄服刑還不到三個月，香港警方又策畫一項大進擊。一九八八年三月，警方全面臨檢夜總會及各種聲色場合，盤問了一萬七千人。同年七月三日清晨，警方又突擊七百五十個地點，帶回一萬三千人偵訊。這項歷時八小時的行動由警務處助理處長施巴斯（John Shepars）親自指揮，特別針對九龍旺角、油麻地（十四K地盤），以及灣仔（新義安地盤）的特定場所採取行動，總共逮捕了七十人，其中有十一人是通緝犯。情報指出，灣仔就有十一個黑幫，以新義安最大，和合圖居次，遭到勒索的商家逾兩百人。警方封閉了許多色情場所及其他不法事業，但僅能暫時挫挫黑道氣燄罷了。然而，也由於警方一再突擊成功，逼得黑道放棄傳統舖張的儀式活動，以避警方耳目。

香港警方的掃黑行動在一九九〇年代依然雷厲風行，因爲黑道犯罪依舊盛行，從敲詐街頭小販到雇用律師樓的法務助理，社會各階層的每一活動，無不有黑幫插手。實際上，幾乎香港每家律師事務所的職員裡，至少都有一名黑道兄弟，此人經常負責給事務所帶進生意。

當然，究竟黑道有多猖獗，各方說法見仁見智。譬如說，黑道成員到底有多少？就是一個爭辯不休的題目。美國緝毒局聲稱，香港黑道有十五萬至二十五萬人之眾；但香港警方說，沒有這麼多啦！

黑道的組織也是眾說紛紜，有些觀察家聲稱他們和黑手黨的「家庭」一樣組織緊密；也有人說，一百多個幫派各自爲政，誰也不服誰。事實眞相是，黑社會還是分爲三大派系。第一是十四K，下有二十個支派，如毅字堆等。第二是和字號集團，下轄和勝和、和安樂（水房）等十二個支派。第三是潮州幫，下有六個支派，其中新義安最大、也最出名。另外，還有四個幫派，下轄十三個支派；另有三個無所屬的小幫派。這些幫派全是犯罪集團。

毆打個人跟往常一樣稀鬆平常。一九九六年五月，新雜誌《驚奇周刊》（*Surprise Weekly*）刊載一篇有關黑道的報導，東主梁天偉（Leung Tin-wai，音譯）就遭到報復。兩名男子向梁搭訕，旋即把他拖進編輯部，其中一人拿出利刃，把他的左小臂割掉；後來，歷經十七個小時的手術，醫生好不容易才把手臂縫回去。儘管梁天偉及雜誌社同仁能夠清楚交代兇手的形貌，新聞同業也共同懸賞港幣三百八十萬元緝兇，但是警方根本抓不到人。一九九八年夏天，知名的廣播節目主持人鄭經翰因爲放言批評黑道，遭人痛毆，至今半殘。

由於迭有批評黑道的人士遭到攻擊，香港警方不時被指責，要求他們不能自滿，有待努力繼續掃黑。不管眞相如何，黑幫在香港勢力龐大乃是不可否認的事實，而且跟全世界其他地方不一樣的是：任何人在香港若想參與有組織的犯罪活動，非得加入幫派不可。

第三章　老虎、錫礦和黑道

雖然過去一百五十多年來，香港毫無疑問一直是黑道的安全基地，卻絕不是黑道的總部；因爲，華人從十九世紀中葉開始人口外移、向全世界擴散以來，黑道無可避免地隨著移民潮向各地散佈。

華人移民的第一個地區是東南亞。十九世紀華商從印尼群島、婆羅洲、菲律賓、伊里安加亞（Irian Jaya，編按：位於新幾內亞西半部）和巴布亞新幾內亞，進入馬來半島和中南半島，一路都帶著苦力同行，因爲華商不論到哪裡，都喜歡由自己國人替他幹活。西方殖民主義者來到遠東時，苦力外移人數大增，數以萬計的華工在農場、礦場、碼頭和鐵路工作。他們挖掘壕溝、修橋造路，在殖民者的輪船上當船員，也做佣人，只要本地人不做的事，他們都搶著做，而且任勞任怨。

隨著苦力而來的是幫會。起先，幫會並不是犯罪組織，只是照顧苦力需求的社團，幫他們保釋脫困，借錢給他們，讓他們有認同感、不忘祖。有些幫會甚至安排死者遺骸運回中國故土安葬。幫會的影響力變得愈來愈大。在印尼的荷蘭殖民地、泰國和越南，幫會成爲華人社交生活的重心。例如，到了一九○○年，單是西貢市就有兩百多個各種團體，如義和、天地會等。他們和中國的三合會組織一樣，有相同的宗教信仰和儀式，但是具有政治目標——驅逐高壓統治的法國殖民當局，因爲法國人作威作福，和重視統治的英國人、渴求做生意的荷蘭人都不一樣。

不久，這些幫會開始變成犯罪集團，欺凌同胞、賣給他們鴉片、放高利貸，提供女人，也控制同胞的工作機會。幫會協助華人逃避法律，不只保護華人生意，也保護殖民者生意，這個模式走到哪裡都一樣。

馬來半島是海外華人大量集中的一個地方；華人在此做生意已有數百年之久，對於此地並不陌生。一三四九年，華人第一個永久屯墾區出現在蘇門答臘島的巨港（Palembang）。大約與此同時，他們也在今天的新加坡設立貿易站。一五一一年葡萄牙人到來之時，華人已在麻六甲做生意、墾殖，直到一六四一年荷蘭人又從華人手中搶走麻六甲。

華人大量外移始於一八二〇年代，數以千計湧向阿薩姆（Assam），在當地茶園工作，客死異地。這些人絕大多數爲男性，之所以遠渡重洋到異鄉求生活，有兩個原因：一是中國的生活情況非常可怕，地主收取巨額佃租，苛捐雜稅令人不堪負荷，饑荒更是頻頻發生。二十五年之後，東南亞各地紛紛剷平森林，取得土地供給農業用途，數十萬華工更爭相湧入，在橡膠園和錫礦場做苦工。到了一九〇〇年，仰光有六萬名華人，西貢有十二萬，曼谷也有二十萬；新加坡的華人居當地人口半數以上。幫會既照料他們，也剝削他們。

這些華人主要來自福建和廣東，特別是三邑和四邑地區。從一開始，他們就遭到黑道掌控的苦力旅行代理人和外籍船長壓榨；這些洋人船長三分之一以上是美國人，有豐富的販售黑奴經驗。運送華人移民的生意，被通稱爲「豬仔生意」。移民像禽獸般擠在籠子裡，被當成貨品對待。一八五二年英國駐廣州的領事報告，他們依據不同目的地，像牲畜一樣被漆上P、C、S等字樣；P是秘魯，C是加利福尼亞，S是三文治群島（Sandwich Islands）。百分之九十五以上是賣身契約工，由未來主人預付旅費，日後再從工資扣款，或向黑道借錢付船資，先上船再說。其餘的百分之五則是罪犯、驅逐出境者，或是被綁架上船者；因此英文動詞「shanghai」（編按：大寫為中國地名「上海」）即是綁架之意。苦力船相當悽慘，但並非不合法；因為這些苦力付了船資，依據國際法，在技術上而言，他們並非奴隸。許多人在旅途中死亡。一艘英國船「約翰・喀爾文號」（John Calvin），在一趟旅途中死了一半乘客；四成死亡算是司空見慣的數字。依據大清律令，女性不得外移，不過，有些船隻照樣偷運女人出洋；黑道也供應女性給洋雇主做娼妓，藉以羈靡苦力留在目的地國家工作，他們認為，華工若有女性慰藉，就不會那麼渴望回中國。這些女性若非綁架而來，就是收購得來，有些甚至是幼齡女孩。英國船「英格塢號」（Inglewood）一八五五年停在廈門外海，船上是一大批不到八歲的女孩；船員拒絕載送她們出洋。香港的英國政府於一八五五年頒訂「華人乘客法」，企圖管理這門生意，卻起不了作用；苦力中介商和黑道幫會乾脆就離開香港。

一上了船，這些華人移民就活得很悽慘。他們長時間工作，往往心力交瘁，勞累至死；他們懷念故國，渴盼女性陪伴。黑道的解決之道就是進口妓女，也供應鴉片。鴉片可以消除體力勞動的痛苦，克制瘧疾，壓抑性慾，撫平鄉愁。雇主根本不去排擠黑道，因為黑道能讓他們的工人持續不懈地工作。

*

早年殖民馬來亞（即馬來半島）的葡萄牙當局並未尋求統治華人，而是透過所謂的「甲必丹」（Kapitein）制度治理華人。華人透過一個由葡萄牙人派令的社會頭目「甲必丹」來治理本身的社區事務，始於一五八〇年代的麻六甲。甲必丹的行政主管色彩大於統治者色彩，不過華人還是把他當做中國的官老爺看待。他說的話就是法律，擔任華人和殖民當局溝通的橋樑。英國人接管馬來亞之後，保留這一制度，甲必丹形同地方首長，仲裁社會爭端，監督債務和解，執行下級法官的職責（編按：荷蘭繼葡萄牙之後殖民馬來半島，對於甲必丹的制度，蕭規曹隨；英國殖民又在荷蘭之後）。他講的話等於拍板定案，因為華人不願去找歐洲法官理直事端，認為事情在自己同胞圈內解決最好。這個制度沿續到一八二五年，才由「亭主」制度取代。亭主是由群聚在地方寺廟的華人領袖推選出來的領導人。

理論上，甲必丹是華人的次級統治者；實則不然，因為他們面對的問題，是洋人殖民者不瞭解的。華人社區是來自中國不同地域、不同宗族，各自為政的團體，各有各的風俗習慣和語言，需要有個統一的機制來駕馭這些歧異。祕密社團就提供了此一機能。有些團體雖限同宗、同鄉才能加入，許多團體則不然，除了特定職業不得加入之外，歡迎大家入會以兄弟相待。扛轎的、拉黃包車的、挖墓的、辦殯葬的，以及開娼館的，都不能入會。甲必丹和亭主把治理的權限託付給幫會，山主就成了他們的代理人。唯有華人社區同質性極高的地方，如緬甸北部，幫會才不重要。其他地方，間接管理正是他們興起的原因。

勢力強大的甲必丹（在荷屬東印度群島又有所謂「雷珍蘭」〔lieutenant〕、「甲必丹」〔kapitein〕或「瑪腰」〔majoor〕），在泰國則稱「*nai am phoe jek*」，往往富甲一方，因為他們身居有利地位，可以掌控政府合約，拿出來售給幫會，換取賄款。這些人有許多根本就是幫會高級幹部，以致於甲必丹和山主日益難以區別。

起先，這些團體公開運作，只有儀式祕密舉行。他們公開登記為慈善機關，照料新來同胞，與國內幫會合作安排新人的到來。入會也沒有太多責任義務要分擔。一七九五年，麻六甲的英國當局發現，本地每個華人全都是幫會成員。萊佛士（Stamford Raffles）爵士於一八一九年開闢新加坡時，華工湧入當地工作，他們全都是幫會份子。十年之內，這個新興港口已是整個馬來半島幫會活動中心。

馬來亞開放，對勞工的需求大增。礦場主人和橡膠業者仰仗有幫會背景的華工進口商供應勞力。到了一八六五年，幫會已壟斷華工供應事業。專門進口華工的曹金賢（Cho Kim-siang，音譯），即是廣東幫會「義興」首腦，大本營設在新加坡，分會遍布馬來亞各地。他代表十多家歐洲公司徵集勞工。他的徒眾先把苦力關在寮舍，直到尋得買主；「交貨」後，又負責監督他們，以防逃亡。如果華工是替華人老闆做事，必須能通曉老闆講的方言，也必須加入他所屬的三合會社。若是替歐洲老闆做事，隨意就賣斷。很少有華工能換工作，因爲他們往往已簽下賣身契，由老闆代墊旅費，工作多年或許才勉強能償還一身債。

新加坡有紀錄可考的第一個祕密社團，是一八三〇年一群政治異議份子組織的「天地會」。歐洲人稱他們爲「會黨」（huey 或 hooey），後來在馬來亞大家都以此稱呼祕密社團。他們需要錢，遂敲詐華、洋生意人，據說有些歐洲人爲怕麻煩也加入會黨。住在偏遠農場或錫礦場，這是洋人能確保身家性命安全的唯一辦法。

一八四一年，馬來亞華人祕密社團的第一份研究問市了。這本小冊子名爲《中國祕密黑社會天地會》（*The Chinese Secret Triad Societies of the Tien-Ti Hui*），作者是紐伯德（Newbold）中尉和魏爾生（Wilson）少校，於倫敦出版。這本書在英國只引起少許學界人士興趣，在遠東卻洛陽紙貴，原因是祕密社會已在東方產生問題。一八四三年，新加坡幫會已經勢力極大，令華人商家大爲憂心，遂召開一場公開大會，通過兩項決議。第一項決議就明白指出：

> 大家都明白本市許多華人店主和生意人，尤其在中國本土出生的華人，都定期付錢給會黨做爲其財產之保護費，或者是名爲捐獻、實爲勒索的不樂之捐……目前情況至爲迫切，需要通過一道法令，以剷除此

一會黨……。

法是通過了，但根本沒有作用。新加坡多年後仍斷斷續續出現各種動亂；有的是反英動亂，抱怨當局無力管束幫會活動；但多數是針對幫會起而反抗，也有些是各幫派相互爭雄的打架。

動亂的一個原因，是華人幫會仇視羅馬天主教會。天主教會在新加坡和馬來亞內地已爭取到許多人受洗入教。幫會反對基督教信仰，部分出於愛國意識，此時太平天國搞得中國四分五裂，就是反基督教意識作祟之故；也有部分是因爲教會破壞了他們透過亭主發揮權威。起先，他們攻擊華人基督徒，由於歐洲人出面保護基督徒，幫會就開始向殖民當局挑戰。動亂爆發於一八五一年。有個目擊者記錄下信奉基督教的華人農場主人陳亞鍾（Tan Ah Choon，音譯）的命運，使我們得以見到暴徒的勢力是如何猖狂。陳亞鍾得到友人警告，暴徒已鎖定其農場要進擊。於是乎：

他備齊手頭現金（總共八十多元）和兩擔白胡椒，帶著兩、三名苦力趕往城裡，但是在阿莫奇亞（Amokiah）附近被幾個華人攔住。這幾個人抓住他，把他架進叢林，意圖先搶再殺他。苦力逃跑，報告上情。鄧曼先生（Mr. Dunman）聞訊，親自率領幾名土著出發搜救。他在路上碰到一個人，此人告訴他，陳亞鍾被架到老夏（Loh Siah）的農場。鄧曼繼續追，經過幾個小村落，一群華人賭得天昏地暗，根本不曉得周遭發生什麼事；鄧曼終於找到老夏農場，安全救出陳亞鍾，當時他受到三名歹徒囚禁。其他歹徒聽到鄰人高喊警察來了便趕緊逃走。會黨勢力有多大，從這樁事例就可見其一斑：有人被綁架，穿過若干華人賭攤，竟然沒有人挺身而出阻止匪徒，反而出聲示警，救了歹徒。陳亞鍾的農場後來被搶劫一空。

一八五一年動亂即被敉平，華人幫會顏面大失，被迫賠償他們攻擊的每個華人基督徒馬幣一千五百元。可是，他們的會員並沒有減少。由於國內太平天國動亂，數以千計的中國人流亡海外，黑道幫會反而人數大增。單是新加坡一地，從一八五二至一八六〇年，每年就有一萬多名華人合法抵埠，至於有多少人非法入境，那就無從估計了。

三年之後，由於米穀生意的意見不合，又爆發動亂，並升高爲兩敗俱傷的大械鬥。英國皇家海軍增援警方，敉平戰事，此後就斷續偶有動亂。到了一八六三年十月，黑道爲了爭奪由誰控制新加坡的娼妓營業，爆發幫派決鬥。英國地方長官李德（Reed）徵召數十名幫派領袖爲臨時警員，很聰明地平息亂事。這些臨時巡警伴隨正規警力巡邏了三十六小時，兵疲馬乏，又擔心自己不在時，自家生意會遭人破壞，懇求能准他們交卸職務回家去。李德說，只要亂事一平，他們當然立刻可以回家。果眞亂事立刻平靜下來。李德在解散這支黑道老大部隊之前，宣布若是再爆發動亂，逮到的每個黑道份子一律脫了褲子鞭打二十四下。李德曉得鞭刑雖重，丟臉事大。不久之後，新加坡報紙報導，被徵召當臨時巡警的陳偉國（Tan Wes Kow，音譯）遭到幫會驅逐出幫。

同年，檳城的義興和督公（大伯公）兩個幫會發生械鬥，另兩個馬來人幫派紅旗會和白旗會也捲入。十天之後，械鬥稍止，海峽殖民地總督安生（Archibald Anson）上校出面調停，雙方言和。但是，總督對兩派罰鍰馬幣五千元，同時在殖民地土著區興建警察據點。他更進一步要求幫會賠償財物遭損害的商家。

檳城動亂導致當局成立委員會，調查華人幫會活動，研究其歷史、評估其會員人數（經由核計，義興成員十二萬五千人，爲最大的幫會），更進一步研究各幫會互動關係，得出結論：動亂是因兩個馬來人幫派之間發生衝突而起，但後來華人黑道再加以煽動。報告指出，華人幫會的組織和紀律可媲美「任何一支有紀律的政府部隊」。委員會建議採取下列措施：幫會一律取締，或規定要註冊登記，禁止宣誓入會，禁止練武，若有從事犯罪活動造成損失，應負法律賠償責任。當局裁定走註冊登記這條路，公告的名錄不僅載明幹部姓名，還得登記其住址和職業。這下子光怪陸離的事全出現了，各幫會負責人有賭場老闆、鴉片煙館老闆、醫生、劇場經理、風水師、槍砲匠和棺材店老闆。

註冊登記只能讓各幫會公開，使他們不再那麼神祕，但並不能弱化他們。一八七二至一八七四年間的拉律暴動（Larut Wars），顯示出他們依舊勢力強勁。

*

馬來亞錫礦業大幅成長之下，大批移民湧入，到了一八七一年，礦主絕大部分是華人，他們非常富有，手下工人超過四萬人。華人幫會對這些有錢的礦主施壓，不時策動幾場工潮，「保護」薪餉安全派發，「守護」礦砂輸運。在這種大環境之下，各個幫會莫不費盡心思要打進別人地盤。由於各個礦場互相爭雄，局勢更形緊張。某些大礦場主人本身也是幫會首腦，在上層頗有影響力。

馬來亞雖在英國殖民統治之下，並不是一個單一的殖民地，而是由各蘇丹王國合組的鬆散邦聯，掛上「海峽殖民地」這個招牌。蘇丹向境內礦場主人抽取特許費，華人幫會則與蘇丹結盟，支付他好處，求取保護，俾能維持現狀。義興和客家幫「海山」都各自與蘇丹結盟。

現狀一直維持到一八七二年，卻因霹靂（Perak）蘇丹王位繼承之爭，出現問題。每個幫會各擁其主，因而爆發戰爭。長久以來，幫派之間即因水權（攸關採礦機之操作）和叢林路權之爭，十分不睦，這下子更是全力卯上。海山為了趕走競爭對手，從檳城請來殺手助陣，使得均勢出現變化。

義興在拉律河設柵，擋住交通，對來往船隻若非搶劫，即徵收過路費。海山動手反擊，爆發慘烈戰事。若非前海峽殖民地警署的史畢迪上尉（Captain Speedy），這場戰爭可能打上好幾年。史畢迪辭去警署職務，投靠海山支持的蘇丹；在這位蘇丹的財務資助下，史畢迪前往印度，招募驍勇善戰的巴丹人（Pathan）和錫克人來助陣。他在歸途中，率領這支佣兵摧毀了義興設下的河柵。殖民政府擔心局勢蔓延到鄰近的檳城英人墾殖區，遂下令數艘砲艇開進拉律河。義興也回中國搬救兵來支援。戰爭一直進行到一八七四年元月，英國人始在某個島上（編按：邦咯島）召開各方會議。出席者有蘇丹、海山和義興首腦，再加上新到任的英國駐區領事，這位駐區領事的助理不是別人，正是史畢迪。經過一番斡旋，達成和平協議。華人幫會參與了政府決策，顏面十分光彩。（編按：海山領袖鄭景貴與義興領袖陳亞炎，皆被任命為甲必丹。）

到了一八七〇年代，馬來亞人口有四分之一以上為華人，有些地區，華人人數甚至超過馬來人。一八七六年，英國殖民政府一位文官在頗有影響力的《傅瑞哲雜誌》（*Fraser's Magazine*）上發表一篇長文，探討這項可能會爆發爭端的敏感議題。必麒麟（W. A. Pickering）深入研究東方問題，他通曉中文，也是眞正研究華人黑社會的第一人。他在文章中寫道：

> 我們不能閉目不去正視一項事實：華人大量湧進，攸關馬來諸邦和平。這會涉及我們的介入以維持和平。能夠籌集資金去開礦或務農的人，大部分是生來即為英國臣民或歸化為英國臣民的人；而工人全都透過祕密幫會來到我們的殖民地，因此在馬來人諸邦若有任何騷動，都會傷害吾人之貿易，危害到殖民地的

良好秩序和寧靜生活。甚且，我們也有道義責任要保護馬來人不致被華人人口趕過，也要避免好鬥成性的華人自相殘殺。

必麒麟旋即被派任為華民護衛司，決心試圖阻止苦力再受到雇主和華人幫會的剝削。他仲裁幫會之間的爭執，擔任各宗派衝突的調人，逐漸被全體華人視為公正不倚，可尊敬的文官，他們可以不去找幫會首腦或殿主，有事找必麒麟就行。

必麒麟的文章發表不到數星期，就發生英國官員勞伊德上尉（Captain Lloyd）遭人用斧頭砍死，棄屍霹靂某地的事件。這是華人幫會搞的謀殺，主謀是「和成」幫會，一名華人兇手因而被處絞刑。但是幾可確定，此人乃是合成幫為了避免激怒當局而交出來的替死鬼。英國派駐霹靂州的駐區代表休·羅（Hugh Low）指出：

整個霹靂州海岸，從吉輦（Krian）直到安南（Bernam）河口，都由和成幫掌控。他們的想法是，不靠政府協助，自力開發，政府就沒權向他們課稅或定規矩管他們。一八七七年就有兩個這類社區抗命不從霹靂政府，所幸政府還能伸張公權力。目前在拉律，一般咸信在邦咯島（Pangkor）對抗課稅的不滿情緒，已產生一種憤怒，有可能鼓動犯罪發生。

華人黑道罕於冒險殺害歐洲人，因為深怕引起反彈。因此，勞伊德被害，可謂相當不尋常，其目的應是教訓英國人：不要干預華人幫會活動。

一八八四年，英國人也在霹靂州派了華民護衛司舒茲上尉（Captain Schultz）。他和本地華人幫會有來往，但對當地華人命案的減少毫無作用。照他的說法，這是因爲：

祕密幫會有害的影響使然。透過他們完美的邪惡組織，不同幫會個別成員之間的小口角或嫉妒，也會變成嚴重破壞治安的謀殺、縱火、破壞有價值財產的行爲。

舒茲的失敗其實是非戰之罪。打從一開始，他就居於不利地位。華人幫會不想讓他介入，一般華人也怕接近他，而且他根本不曉得在他自己管區內就有許多幫派。霹靂州大部分是叢林，當局根本沒有辦法掌控幫派活動。來自麻六甲的「福明」在雪蘭莪招募了兩千名會員，警方才曉得有這麼一個幫會存在。舒茲發覺，要求幫會註冊登記，根本沒有意義。他主張取締華人幫派，只要查到攜有入會文件就予以起訴。

這些祕密幫會認爲馬來諸邦，尤其是霹靂州，是個快樂的狩獵場，可以從這裡榨取大量收入。其誘惑之大，縱使派到此地工作的人極具風險，也擋不了他們到此招兵買馬。他們並不以此爲滿足，爲了增加成員及收入，我發現，最近他們放寬自己的規定，馬來諸邦有心入會的人，不必親到檳城宣誓入會。他們派來的密使有權在本邦主持儀式，讓新成員熟悉口訣、祕記，並宣誓入會。

舒茲的建議在一八八九年八月獲得採納。加入華人幫會、主持儀式、持有入會文件，可以受到罰鍰、坐牢、杖刑、驅逐出境、財產沒收等處罰。新法令根本沒有作用。光是霹靂州，就有九千四百四十七名聚英會眾，五千三百九十四名海山會會眾；沒加入幫會的華人不到一百人！

＊

馬來亞在英國統治下欣欣向榮，犯罪活動的機會也大增。華人幫會除了搞敲詐勒索、包娼包賭、控制勞工和鴉片等勾當外，又新添了持械搶劫、公路搶劫、綁架勒贖、海盜等「營業項目」。雖然英國人賦予他們一個富裕的殖民地環境去發展，許多幫會卻擺明反英，而且此一立場堅持到一九五七年馬來亞獨立，才算告一段落。由於他們的政治根基不穩，被各方視爲是反帝國主義的團體，有利於其生存。會黨人數已占馬來亞人口三分之一。

馬來亞是個種族多元、宗教分歧、政治分裂的地方。在馬來人心目中，華人和歐洲人都是外來者，沒什麼差別。華人不是佛教徒，就是道教徒，而馬來人絕大多數信奉伊斯蘭教。華人有不同的風俗習慣，不同的語言文化，又投機，馬來人看待他們有如歐洲人看待猶太人一般：自私、只顧賺錢，而且有個祕密野心——接管生意、排擠本地土著。

被馬來人視爲和英國人是一丘之貉，華人總得爭氣些才行。因此他們和馬來人站在一起，把英國人當做殖民暴君。華人認爲本身遭到英國剝削，馬來人也相信自己受到壓迫。只要亮起民族主義的旗幟，華人幫會就支持華人社區盡全力去破壞英國人。

不是只有華人才拉幫結派，馬來人也有自己的宗教祈禱團（jema'ah），因爲他們集結在不同的信仰旗幟之下。雖然也遭到取締，他們可沒有華人幫會那般興風作浪；到了一九〇〇年，檳城的馬來人幫派已整併爲兩大派。一是白旗會，一是總部設在亞齊街（Acheen Street。編按：華人稱打石街）的紅旗會。

第一次世界大戰期間，馬來亞華人幫派除了繼續其犯罪活動外，並沒有太多表現。戰爭並未影響到遠東的殖民地，不過，英國的確在法蘭德斯（Flanders）戰場擁有許多馬來人及香港華人苦力大隊。他們並不從事作戰任務，只擔任建築工人，修橋造路、挖壕溝、掘墳墓，收集屍體，擔任碼頭搬運工等等。許多單位都配備一些出身相同的華人，其中不少人即是幫會份子。他們吃苦耐勞、英勇無比、非常可靠，有許多人更是客死異鄉，未能歸葬故土。

到了一九二〇年，華人幫派在馬來亞、新加坡較著名者包括海山、新義興等四大幫派。新義興人數最大，勢力最強，是一九〇五年從義興獨立出來的組織。這些幫會在犯罪活動上非常活躍，卻開始喪失他們的本源和傳統，刪節儀式，簡化入會程序，減少集會以免被治安單位偵破。

一九二〇年代也發生另一新現象，穆斯林幫派開始投靠華人幫會。一九二三年，在柔佛州首府新山出現一個兼收馬來人和華人爲徒眾的幫會，專門到鄰近的新加坡去搶劫。白旗會原本是由馬德拉斯（Madras）來到馬來亞擔任勞工、做生意的塔米爾人（Tamils）和穆斯林成立的互助組織，主要從事婚喪喜慶互助和宗教慶典活動。它和新加坡的新聚英會成立祕密協定。此後，白旗會逐漸放棄原本的社交和宗教宗旨，變成犯罪組織；華人收納他們，以便腐化大部分非華人的馬來亞勢力。紅旗會同樣也被義興的對手「義福」所吸收。

這些所謂的旗會和華人幫會有許多共同點，以致於有些觀察家相信，旗會就是華人幫會專爲穆斯林成立的組織。兩者都舉行半宗教性質的入會儀式，全員以一套不起眼的問題來相認。華人幫眾可能會問人：「你有母親嗎？」若是自己人，就會答說：「我有五個母親。」紅旗會就會問：「你家老娘有舊熨斗嗎？」這些旗會有特別的握手方式，和華人幫會相似。當幫會變得有不同種族加入時，華人幫眾（通常沒有握手習慣）以三合會式的手勢與同黨或穆斯林兄弟相認。即使華人主導了幫會，也特別禮遇穆斯林。穆斯林新弟兄入會時，改用古蘭經置於他腦門，華人愛吃的豬肉，則是穆斯林禁忌，也刻意排除在外。紅旗、白旗在華人而言也有特殊意義。紅色是洪門代表色，白色則象徵效忠和悼念，代表會眾入幫之後，過去種種譬如昨日死，而今重新復活效忠山主。

到了一九三〇年代，馬來亞局勢十分嚴重，到處都有祕密幫會。馬來人發覺幫會的妙用，也自組各式各樣幫會，有的是爲抗衡華人勢力，有的是爲爭取獨立，試圖滲透進殖民政府。固然獨立運作，但這些全是馬來人的幫會卻向華人幫會「借」來儀式：儀式利用深夜在叢林裡舉行，設壇，獻祭一隻雞，雞血置於碗中，大家輪流喝下，再把碗打破。華人幫會的階級制度也被他們採用。香主稱爲「天巴加」（*tembaga*），馬來語的銅，香爐就是用銅做成。紙扇稱爲「基帕斯」（*kipas*），馬來文的扇。草鞋稱爲「卡蘇」（*kasut*），馬來文的鞋。紅棍是「東卡他」（*tongkata*），馬來文的棍棒。和華人幫會一樣，有些團體原本是社交組織，不久就變質了。達魯馬穆足球俱樂部（Darul Ma'amur Football Club）一九二〇年在檳城成立，五年之內就變成道道地地的祕密團體。

跟絕大多數華僑社區的祕密社團不同的是，馬來亞的華人會黨除了從事黑道勾當，也有政治宗旨。一九〇五年七月，孫逸仙來到新加坡籌募革命經費，華僑踴躍捐輸，其中有相當大比例來自黑道捐獻。一九〇六年春天，孫逸仙再次到達，組建同盟會馬來亞分會；爲了籌款，他出售中國的採礦權（他還不是主人）給華人錫礦主；他又以每一本新加坡幣兩元的代價，出售革命政府「護照」，持有人在革命之後可持之進入中國。這不都是騙局嗎？革命遲遲未成功，孫逸仙在新加坡逐漸失去支持，遂於一九〇九年移往檳城。不過，共和思想在新加坡靠著祕密社團中和堂維繫不墜，其集會地點竟是華人基督教青年會（YMCA）的會議室。武昌起義一發生，數千人加入同盟會以示愛國團結精神。

華人幫會雖在二十世紀伊始之際就受到當局取締，其實並未認眞掃蕩，只有在肇致重大事端時，當局才出面追緝。這種放任態度導致他們幾乎嚴密控制了馬來亞華人生活的每一層面。一九三九年實施的限制華人移民法令，阻止逃避中日戰爭的難民湧入，才算影響到幫派吸收新會員。

*

第二次世界大戰期間，日軍占領東南亞，華人幫派起而抗日。在香港，有些幫派和日本人合作，可是馬來亞、新加坡和蘇門答臘的華人幫派卻成爲地下抗日組織。日軍進攻期間，他們攻打雪蘭莪一間警局，救出澳洲囚犯，當時有十一名華人被擒，遭到處決。他們炸毀吉隆坡到芙蓉（Seremban）鐵路上的橋樑；萬宜（Bangi）橋遭破壞後，日軍大怒，屠害三百名華人以示報復。日軍節節勝利，華人幫派加入華人「敵後」組織，協助盟軍特務。他們大部分是由重慶的林謀盛吸收。林謀盛在新加坡經商，是華人祕密社團的資深幹部，當新加坡遭日軍包圍時，他號召華人團結抗日，新加坡淪陷，他逃往印度，輾轉回到中國，被國民黨的戴笠吸收，加入代號「蓋斯塔夫斯」（Gustavus）的情報組織。他的這支特務群精通馬來語，其中有個化名「亞吳」的客家人「吳在新」。吳在新在怡保以從事黑市買賣做掩護，傳聞說他替日本人營運一家鐵工廠，把廢鐵鎔化再運到日本。在這家鐵工廠裡，據信他幫助日軍把四處搜刮來的黃金鎔鑄，此即後來傳聞埋在菲律賓的「山下奉文寶藏」。蓋斯塔夫斯小組成員還有：李漢光（李青），是邦咯島的漁人；化名「石夫」的余天送，是打巴（Tapah）地方的小店主；龍朝英（亞英）在錫加里（Sigari）開一家咖啡廳兼茶館；陳崇智（亞林）和林謀盛本人則經常親自出動。這些人是盟軍在馬來亞地區最可靠的特務。他們全都是華人幫會成員或關係密切者。許多人遭日本憲兵隊逮捕，吳在新、陳興陽和余天送活了下來，但是林謀盛本人一九四四年底死於華都亞也（Batu Gajah）監獄。

張宏（Chang Hung，音譯）是另一個幫會重要成員（或是與幫會有關的人）——其實誰也搞不清楚他的真正身分。他是馬來亞共產黨高級幹部，也是控制馬來亞和蘇門答臘許多游擊隊的「抗日聯軍」組織（Anti-Japanese Union and Force, AJOF）的幹部。奉駐守錫蘭的東南亞戰場盟軍最高統帥蒙巴頓勛爵（Lord Mountbatten）之命，這支抗日聯軍得到盟軍訓練和裝備。戰後才發現張宏是雙面諜，也把情報傳遞給日軍；他有十幾個化名，其中一個很有意思，叫做「萊特先生」（Mr. Wright）。有一次，大批游擊隊領袖祕密集會，他故意遲到，洩密給日軍，讓他們落網。他還把盟軍東南亞一三六部隊的消息走漏給日軍。戰後，馬來亞共產黨揭發他這段不光彩的歷史。一九四五年九月，他捲逃馬共大筆金錢，從此消失無蹤。

*

馬來亞光復之後，華人幫會開始重新改造，到了一九四八年，已經構成治安重大威脅。經過二次世界大戰洗禮，他們武器裝備精良，相當危險。當局迅速通過新的武器管制法令，但是新加坡警方和華人幫會之間的槍戰，幾乎是週週上演，絕不冷場。馬來亞共產黨展開反英游擊戰之際，當局宣布馬來亞進入緊急狀況，華人幫會卻從事販售武器給共產黨的生意，一點兒也不理會他們在中國的同志，正忙著和毛澤東的中共部隊作戰。他們也替馬共當間諜。英國許多軍事設施雇有華人僕佣，其中不乏幫派份子，其中有些人趁機偷取地圖，或傳遞聽來的消息。在孤立的橡膠園裡，幫會誘嚇華人職工把歐洲人雇主的言行舉動向他們報告，許多雇主因而遭到狙殺。

新加坡方面的英國當局發起「匕首行動」（Operation Dagger）對付華人幫會及馬共份子，行動一直持續到一九六三年馬來亞獨立爲止。到了一九五九年十月，華人幫會犯罪猖獗，政府宣布特赦約一萬名住在新加坡的華人幫會份子。不料黑道並不領情，反而大搞綁架、暗殺和搶劫，猖狂到了極點。有個新加坡黑道老大歐金吉（Oh Kim-kee）甚至乾脆亮出名號，把自己的組織稱做歐金吉幫，有錢的華人聽到他的名號就相當害怕，因爲他搞綁架、勒索，絕對心黑手辣。歐金吉在一九五〇年代剛出道時只是個小角色，一九五三年因搶劫被捕，判刑八年，到樟宜監獄坐牢。出獄之後，他和柯姓牢友合組歐金吉幫，並於一九五九年十月搶劫一家店鋪。次年二月，他們試圖搶劫運錢進英軍營房的軍需官魏德朋（Wetherburn）。魏德朋抗拒不從，歐金吉從背後開槍打死他，搶走新加坡幣三萬五千元。遭到通緝的歐金吉變本加厲，搞起綁架，架走一名華人富商陳林宏（Tan Ling-hung，音譯），陳的家屬遵令付出贖金，歐金吉食髓知味，又綁架三名華人富商，每次犯案都把細節計算得十分精準。新加坡百姓大嘩，逼得警方全力查緝。最後，警方在新加坡沈氏大道（Sims Street）一三四號堵到他，把他格斃，據傳他死時，雙手各執一把發燙、冒煙的左輪手槍。其他歹徒效法他的強梁行徑，使得當時的馬來西亞華人幫派被公認是全世界最殘暴、兇悍的狠角色。

匕首行動和後續的掃黑行動並沒有消滅華人幫會，但的確使他們氣燄大挫，也改變了作案方式。到了一九七〇年代，新加坡只剩下三大幫派：一是「洪順堂」，二是「月山社」，三是「小義和」。小義和最爲特別，是個全女性的幫會，專門強迫青少女從娼、搶劫和勒索，活動地點是都會區裡中產階級聚居的高樓大廈社區。

一九七五年七月，新加坡警方發動一起大規模掃黑行動，逮捕了兩百多名嫌犯，其中多人（包含安順堂上下）遭到各種罪名起訴。同年，馬來西亞警方也展開掃黑，逮捕若干高級幹部，流放到木蔻山服勞役。這一協同行動改變了馬來半島華人幫會生態。到了一九八〇年，「華記」成了吉隆坡最大幫派。「安邦會」則在新加坡、檳城、麻六甲和關丹（Kuan Tan）稱雄。除了傳統黑道活動之外，他們也是國際販毒生意的主要角色。

今天，華人幫會仍在馬來西亞活躍，令馬來西亞和新加坡當局憂心忡忡。現在，這些幫會幾乎全是華人幫眾，成爲種族紛爭的起源。馬來人和華人之間的種族緊張已經緩和，但仍無所不在；華人生意手腕靈活，多年來一直招忌。偶爾，這份忌恨會升高而出事；一九六九年一個溫和的政黨在全國選舉中獲勝，但華人嫌它太偏向馬來人了，結果在吉隆坡爆發動亂。陸軍奉召平亂，衝進華人社區恣意妄爲，造成華人社區領袖搬出黑道協助。風波持續數年之久，直到華人在政治上得到若干讓步，才算逐漸平息。自從一九八〇年代中期起，馬來西亞的華人幫派在政治上又活躍起來，讓馬來人不豫的是，這些幫會在全國選舉中支持華人參選。

在東南亞的其他地區，反華情緒有時候也很高昂。在印尼，華人幫會與非法組織印尼共產黨站在同一陣線，希望印共或許會扭轉親穆斯林的政權，使人數眾多、但仍居少數民族地位的華人有好日子過。他們也提供武器，協助反政府運動，譬如支持在東帝汶爭取自治的叛黨。蘇哈托政府於一九九八年被推翻時，民間發生多起動亂，其中不少是以華人社區爲肆虐對象。有人張貼海報，指責華人是亞洲的猶太人，不少華人遭到殺害。許多華人擁有的生意遭到打劫和破壞；據傳，也有許多華人婦女遭到印尼暴民姦污。據說有些華人幫派份子出來保護華人生意，但大體上，他們並不招搖，不希望招惹印尼安全部隊的注意。

現在有些嚴刻的法令鎖定華人幫會，其嚴峻程度甚至引來人權組織的關切。在新加坡，販毒若被逮到，一律處以死刑；參加黑道幫會可以不經審訊逕予拘禁。許多人未經司法程序就在牢裡吃盡苦頭。警方藉由這套嚴刑峻罰，不必太努力搜集相關證據，也不會因證人突然失憶或遭暗殺，而不能起訴嫌犯。證人遇害、殺雞儆猴的一個例證，來自香港廉政公署的證人趙國揚（Tommy Chui To-yan，音譯）遇害事件。趙原本預備出庭，就某樁價值數億美元的跨國香菸走私勾當作證，但是一九九五年四月，他的屍體出現在新加坡柯立福港（Clifford Harbour）外海。趙某遭到勒殺，臉貌遭亂刀割劃；他被歹徒從保時捷汽車中架走，車鑰匙擺的方式代表這是和安樂下的手。香港華人鍾偉民後來落網，遭到檢方以共謀殺人罪名起訴，於一九九八年十一月經香港法院判決徒刑二十七年。

馬來西亞華人幫會雖然依賴包娼包賭、收保護費，規模已經小了許多，反而進軍侵吞公款、詐欺等白領犯罪，近年更從事野生動植物買賣，滿足中藥業者需求。他們從印度、印尼進口虎骨、虎鞭；據保育團體表示，蘇門答臘虎瀕臨絕種，全是他們搜購的結果。當然，他們也沒有停止海洛因生意。即使要殺頭，也不足以嚇阻他們不要以身試法。

第四章 另闢蹊徑、生財有道

今天，黑道幫派的存在是以替成員賺錢發財爲宗旨。不論他們過去的動機是什麼——愛國情操、兄弟情誼、宗教信念、政治意識或社會良知——總是與賺錢發財並行不悖。但過去五十年裡，發財的誘因已經泯除了其他任何宗旨。

犯罪活動大體可區分爲三大類：一般的街頭犯罪活動、大型犯罪事業，以及暫且稱之的黑道企業。第一類通常由紅棍和四九負責；第二類由中層幹部率領紅棍和四九負責；第三類則是最高層首腦玩的勾當，由具有特定技術的部屬和未必是黑道成員的商業夥伴支援。我們必須要說，今天的紅棍和四九未必全是手持兇器、粗魯的街頭流氓，他們很可能精嫺電腦，遠勝過懂得玩弄利刃。

黑道幫派的基本營生，乃是他們數百年來從事的種種非法勾當之延伸。其中最常見的就是敲詐勒索和收取保護費。不論黑道幫會座落在哪個國家，都以華人生意爲覬覦對象，其作業方式幾乎像抄書一樣，千篇一律。一名紅棍，或許由一、兩個四九隨行，來到一處華人店家。店家可能是餐廳或小店，甚至也可能是會計師事務所這種專業單位。起先，紅棍以客人的身分出現。譬如說，他可能踱進餐廳，坐下來點了菜。帳單送來，他會付錢，但也不忘向老闆建議：一定要未雨綢繆，買好保險。店東若是夠聰明，就會從命；從此之後，別無選擇，每幾個星期或每個月定額付錢給這個紅棍或其代表。如果餐廳生意上來，保護費也隨著水漲船高。從一開始可能就已經講好，要按照營業毛額抽取一定百分比的保護費。

萬一店老闆拒絕交保護費，紅棍可能微笑、告辭。接下來，情勢就會上升。過了幾天，他會帶一些四九小弟回來，占了一張桌子，在用餐過程刻意惹事生非。他們可能大聲喧嘩，開始打架，羞辱其他客人，「意外地」把一盤菜掉到地毯上——往往還選擇醬汁多的菜來打翻，因爲會留下污點。客人必定嚇得半途跑掉。店東顏面大失，餐廳聲譽也受損。另外一招是，紅棍安排原訂星期六上午送的貨遲到或根本不送貨，因而毀掉星期六夜晚的大好生意。最後，他可能挑一天深夜，派十來位四九小弟把廚房砸爛——但不到徹底破壞的地步。黑道就跟所有的寄生蟲一樣，曉得絕不能把宿主弄死。過了兩、三個星期，這家餐廳老闆別無選擇，只好乖乖交保護費。萬一他冥頑不靈，堅持不低頭，甚至報警，他可能就會被砍幾刀，生意也被迫關門打烊。

黑道幫會經常控制或是參與許多華人生意，因此能夠起相當大的作用。在某些地方，他們刻意控制住某一行業的關鍵部分，俾便透過它發揮影響力。餐飲業就有一個例證。中國餐廳透過專門經營東方食品的公司取得食材，例如豆芽是常見的配料。爲了求新鮮，豆芽菜不能靠進口，而是在豆芽「農場」培育；所謂豆芽農場通常指的是一所建築物，裡面設了水池，把豆泡在水裡，舖展開來，利用光線迫它發芽。兩天就可以收成，二十四小時之內必須售出，否則就壞了。黑道幫會涉入這些豆芽農場，一是直接擁有，一是做經銷商或控制其經銷商。他們藉這種手法，掌握了豆芽、草菇、生鮮蔬果、麵條、麵包、魚丸等等的供應，若有餐廳老闆不識趣，可就拿不到貨了。

餐廳是比較容易掌控的目標，數十年來一向如此；今天的華文錄影帶出租店也一樣。只要有華人移民的地方，就有錄影帶出租店供應錄影帶或光碟片等華語娛樂節目——通常就是電視連續劇、平劇和香港功夫影片等等。黑道幫會特別喜歡找上這些出租店，一則可以勒索保護費，一則也因爲這是配銷盜版錄影帶和音樂光碟的理想通路。黑道兄弟找上門，要求店主配合；如果店主不識相，他們悄悄拿一支強力磁石畫過櫃子，這些錄影帶畫面就花了，客人租到肯定大怒。黑道兄弟再度登門，若是還不從命，他們就把整家店的存貨統統消磁或燒掉。店東一旦屈服，他們不僅抽取利潤，還強迫買進盜版品轉售。這麼一來，藉敲詐賺到黑錢，藉盜版品洗了髒錢。

即使公認安全的行業，也不能免於遭勒索的噩運。倫敦有一間華人會計師事務所在一九八〇年代被黑道盯上。他們倒也乾脆，開門見山就要求付保護費，否則就要毀掉生意。華人會計師認爲，專門職業怎麼會需要交保護費？立予峻拒。黑道兄弟潛進辦公室，既沒破壞電腦紀錄或檔案，也沒有搗毀家具設備；他們偷走資訊，再把資訊傳給會計師的客戶。會計師事務所的業務機密保不住，客戶轉到其他非華人的事務所去，這家華人會計師事務所被迫關門。

操控勞力市場

有些地方的黑道幫會仍和十九世紀的香港一樣，繼續操控勞力市場。然而，今天黑道操縱服務業的可能性，大於操控勞工。在香港各式各樣的服務產業裡，黑道雖隱身幕後，卻依然予以操控，譬如無照計程車即是一例。也就是在這個行業，黑道踢到鐵板，難得不是碰上警方礙事，而是碰到一名歐洲婦人橫阻於前。杜葉錫恩（Elsie Tu）出生於英國新堡（Newcastle upon Tyne），天生的硬骨頭，絕不妥協。她嫁給華人，受到多方膺選爲市政局議員，一心替華人勞工階級講話而名聞遐邇。碰上華人幫會是無可避免的事，她多次和他們發生衝突。她在自傳中（編按：《我眼中的殖民時代香港》〔*Colonial Hong Kong in the Eyes of Elsie Tu*〕）記載計程車司機如何受到威嚇，透露出華人黑道是如何囂張。

香港目前具有全世界最先進的公共運輸系統，但是有很長一段時間，公共運輸不足，導致出現無照計程車（俗稱「白牌」車）。一九六〇年代末期，無照營業的白牌計程車相當興盛，引起黑道覬覦。有些車子由黑道直接經營，有些則是黑道出面、警察躲在背後當老闆。由於業務太好，搞得有牌照的合法計程車行賺不到錢，司機丟了工作。他們不准在一些特定街道上下客，而且經常被騷擾或毆打，還有一點不利是，在准許載客的許多定點，他們必須排班候客，可是拿了好處的警員卻准許白牌車隨意上下客。杜葉錫恩拿到照片證據可資證明警員受賄，去找主管交通的高級警官申訴，卻碰了一鼻子灰。交通組受賄已經到達頂級主管。之所以不干涉黑道經營白牌車，理由很簡單；杜葉錫恩前往申訴的對象之一，正是大肆搜刮的警官葛柏。只要稍爲收斂一點，白牌車生意照做，錢照賺。杜葉錫恩並不氣餒，繼續爲社會不公出面講話，力抗黑道幫會。一九九七年，香港回歸中國，她是極少數被延攬擔任立法局議員的非華人之一。

某些勞動市場還是由黑道牢牢主宰。香港的營造業可能是黑道在全世界最賺錢的一個領域。香港一連四十年，房舍、大樓興建一直不斷，一九九七年主權移交也似乎沒有影響到這一片榮景。摩天大樓一棟接一棟搶建，海埔新生地每週增加一英畝，拆遷舊樓宇也是又快又高效率。然而，由於土地價格奇高，加上資金不想長期套牢在一個投資項目上，許多房地產公司作業步伐極快速。時間就是一切——而時間正是黑道幫會擁有的利器。他們收取高額報酬，以確保鷹架準時送達，混凝土攪拌車不會遲到，工人不會請病假，建材不會缺貨，水泥不會攙了鹽以致結構受損。直到一九八八年經濟降溫之前，黑道偷渡勞工（尤其是從中國大陸）、引進非法移民以填補人力短缺。據估計，香港每棟摩天大樓的建築成本，有百分之十二用來支付各種回扣。以平均每棟摩天大樓造價港幣四十億元來計，回扣的數額乃是天文數字。很少有營建公司會如此承認，但是傳聞卻說，興建赤鱲角香港新國際機場（這是香港迄今最大的土木工程項目）的若干包商，定期支付數百萬元的保護費。不過，這似乎還不足以保證全然無事——在機場完工前幾個月，傳出有約二十英里長的電線被人從機場大廈裡偷走。

我們無從想像黑道從香港營造業搾走多少油水。若是再延伸到新加坡、雅加達、曼谷、馬尼拉、河內、胡志明市、深圳、廣州、珠海和澳門等地的營建，那就更是無法估計了。

另一個遭到黑道緊密掌控的勞力市場，即是香港非常成功的電影事業。由於拍電影是一項勞力密集的行業，只要稍爲威脅要搗亂十分緊湊的拍攝時程，通常就足以迫使製片人奉上保護費。出外景要由四九來控制，拍完的毛片在送沖印過程需要「保護」，明星需要「隨扈」，道具都靠黑道提供「保險」。攝影棚內布景工、木匠、電工等全都奉黑道之命，隨時可停工不幹。儘管有了上述層層保護，拍片還是會受到阻礙：甲幫收取保護費，大發利市，並不代表乙幫不會來搶好處，分一杯羹！製片人向一組以上的兇神惡煞繳交保護費，也不是稀奇的新聞。

不僅華人製片商遇上麻煩，就是跑到香港出外景的洋製片公司也會遇上兇神惡煞。一九九六年，來香港拍攝一個兩小時特輯的英國格拉那達電視台（Granada TV）人員就招惹上新義安。這齣相當熱門的影集《鞭炮》（*Cracker*）是由羅比・寇特蘭（Robbie Coltrane）主演，扮演一個特立獨行的法庭心理專家。製作公司聘請曾任香港警官的尼爾・麥唐納（Neil MacDonald）擔任外景隊經理。電視台在灣仔拍片時，麥唐納就在全體外景隊眾目睽睽下被黑道架走，帶到太平山西端堅彌地城（Kennedy Town）一家餐廳。他的勞

一幅褪色的十七世紀圖畫，描繪一座庭園式的三合會聚所。

十九世紀的三合會成員證明，以墨印在絲綢上，粗黑的字體為朱紅色印章。

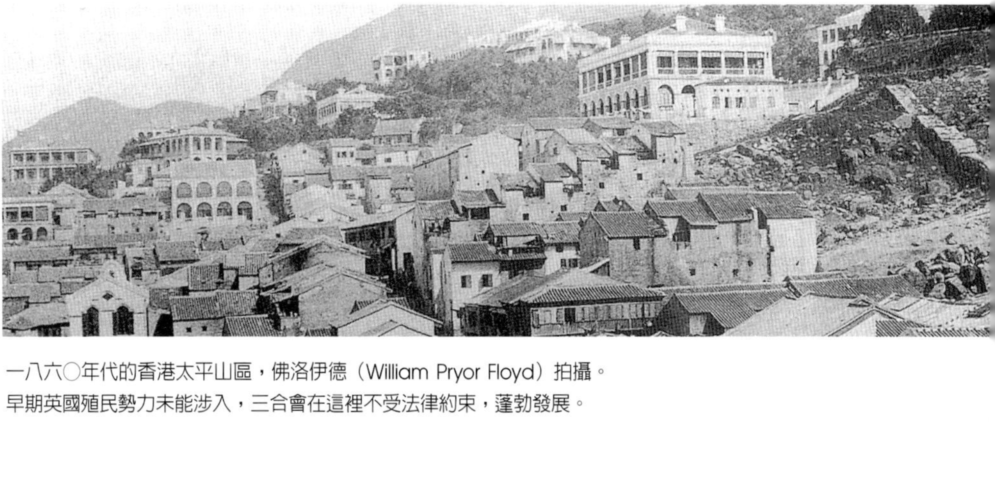

一八六〇年代的香港太平山區，佛洛伊德（William Pryor Floyd）拍攝。早期英國殖民勢力未能涉入，三合會在這裡不受法律約束，蓬勃發展。

上圖左：關帝是三合會奉祀的神明。照片中的神像位在香港文武廟，大批遊客來到此熱門景點，卻多半不瞭解其中的意涵。

上圖中：非犯罪型社團的慶典遊行，二十世紀初期攝於香港。遊行隊伍當中還有包頭巾的錫克族警察跟隨。

上圖右：相當珍貴的義和團拳民照片。

右圖：上海，一九二七年四月。白色恐怖期間，同情共產黨的民衆遭到青幫暴民殺害。

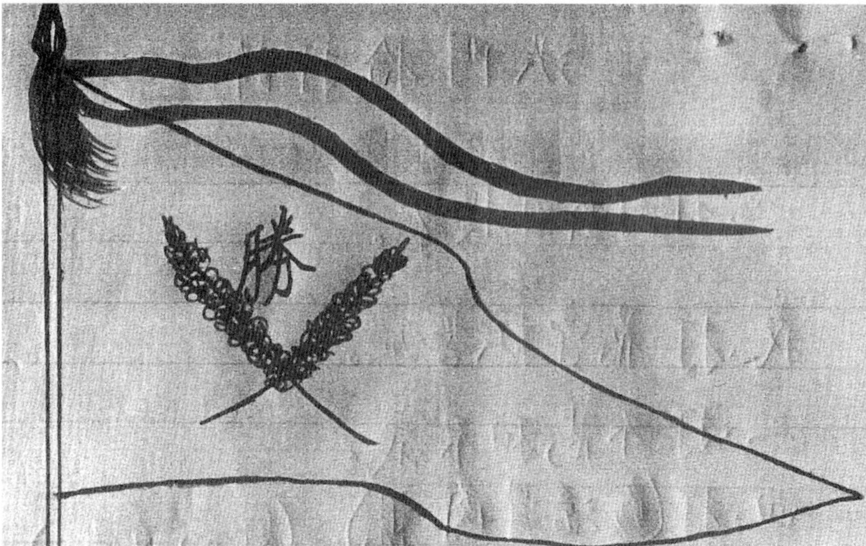

（洪順堂）　（金蘭郡）

本卅身受洪門四三二之職

（（四三二）（九底）（草鞋）職位詩）

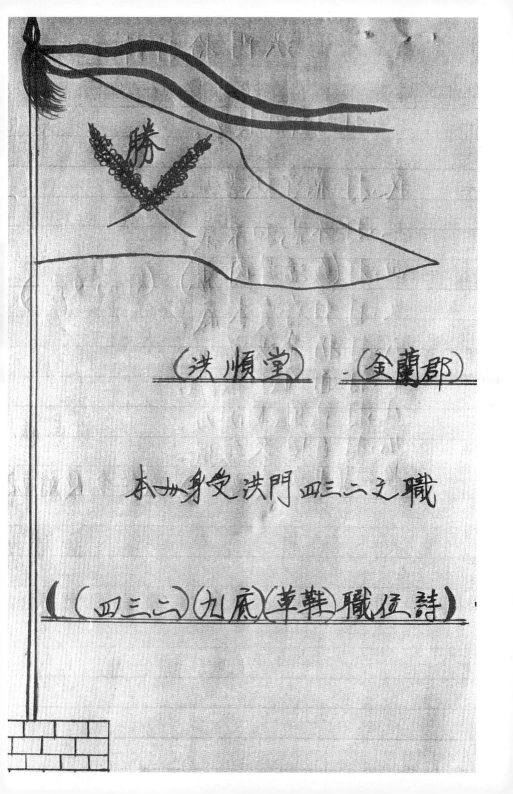

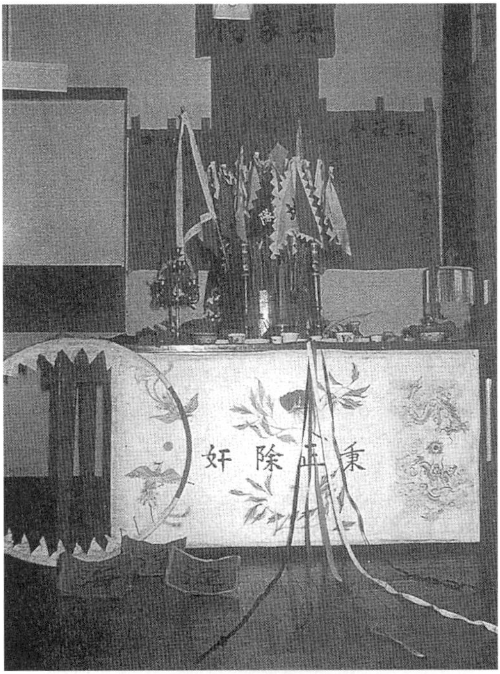

上圖左：傳統三合會祭壇。（香港警方提供）

上圖右：在香港查獲的現代三合會祭壇，以非常簡略的方式象徵原本的物品。（香港警方提供）

左圖：絲質的傳統三合會儀式旗幟。

右頁：今日和勝和使用於儀式的旗幟，於紙上草草畫成。遇上警方臨檢搜索，可以輕易毀滅證據，但也顯示三合會儀式逐漸凋零，不再受重視。

圓形圖框：和勝和成員T恤上常見的幫派標記特寫。

最上圖：非常罕見的三合會刺青，拍攝於一九九八年。這位工人在炎熱的天氣脫掉上衣，只見一幅巨龍圖騰盤踞他整個背部。

上圖：在紐約中國城舉行的王凱學喪禮，以針孔相機拍到的監視畫面。照片中可見弔唁者作出傳統的三合會手勢。這是其他照片中所未見的。

左頁：三合會香主的服飾。這張照片是由香港警方拍攝。紅色頭巾為山主專有，披掛在身上的長巾為紅色，長袍和腰帶則為白色。注意左腳的草鞋。（香港警方提供）

三合會的械鬥武器，包括鐵蒺藜飛鏢，為香港警方於一九八〇年代所查扣。

三合會在倫敦街頭械鬥的武器。這是一枚硬幣切割成數個銳角，可以直接擲向對手的臉上，或當作老虎指來攻擊。

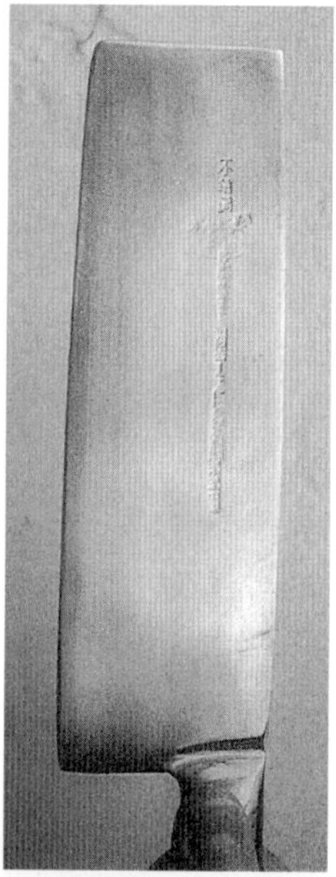

切肉刀是三合會用來報復的傳統武器。長約二十公分，刀面鑄著廠牌名稱。

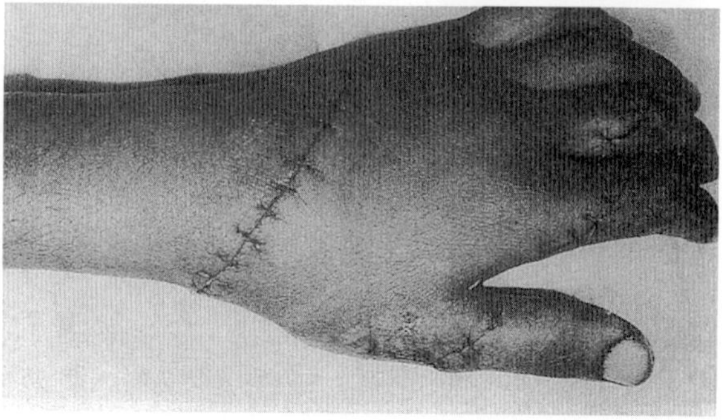

被刀砍傷的結果。（倫敦大都會警署提供）

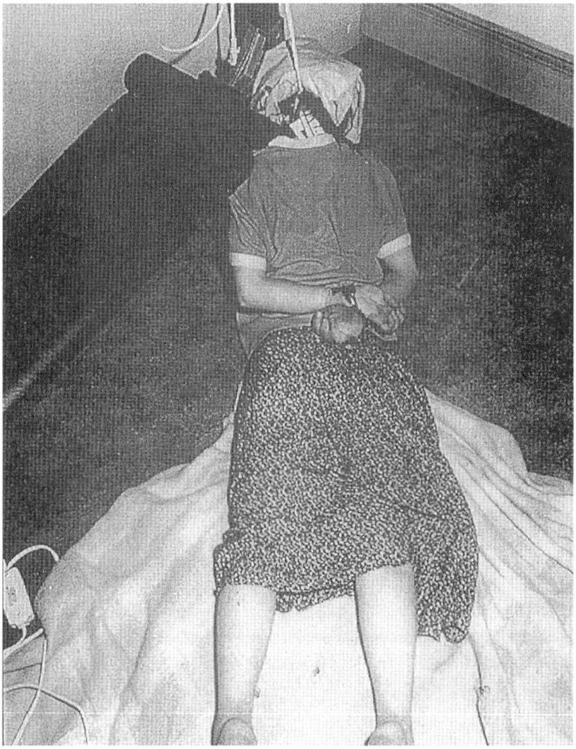

紐約的三合會綁票受害人，遭到強暴並勒死。注意她右手小指被剁下，用以向親屬證明她被綁架。（紐約警局Mark Craig提供）

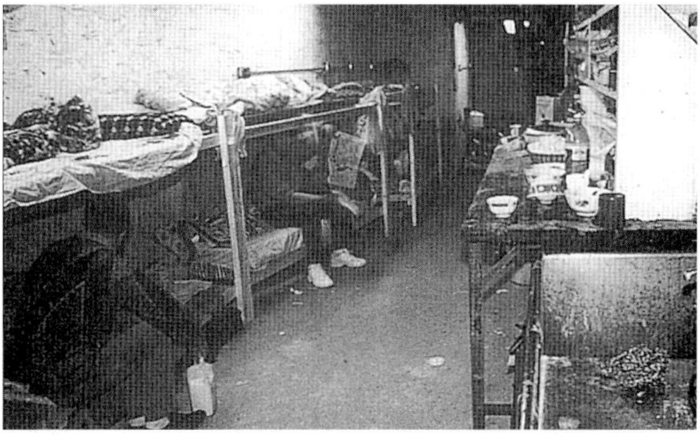

藉由人蛇偷渡的非法移民，抵達悲慘的最後一站，落腳紐約某廚房後面的過道。（Mark Craig提供）

孫逸仙和夫人宋慶玲。

左圖：外號「大耳杜」的杜月笙（右）、綽號「麻皮金榮」的黃金榮（中）。左邊那名人士身分不詳。（南京大學提供）

上圖：新加坡商人兼資深三合會幹部林謀盛，於日軍占領馬來亞期間，與盟軍合作抗日。與他合照的是英國盟軍情報員戴維斯（John Davis）。（Faith Spencer-Chapman提供）

葛肇煌，十四K開山祖師。

鐘孟，人稱「五%先生」，十四K在阿姆斯特丹的龍頭老大，一九七五年三月於普林斯．亨德里克街的公司外遭人槍擊身亡。（香港警方提供）

「跛豪」吳錫豪。（南華早報有限公司提供）

向華炎。（南華早報有限公司提供）

綽號「崩牙駒」的尹國駒，可謂澳門、甚至全東南亞最有勢力的三合會領導人。

上圖左：九龍的「中國城夜總會」。根據香港警方指出，一九九五年這裡是新義安舉行入會儀式的場所。

上圖右：吳錫豪曾住在九龍塘根德道二十號的豪宅，現在此地是一間賓館，資金來自國際海洛因走私的龐大利潤。

左頁上圖左：澳門葡京酒店。

左頁上圖右：九龍「黃金電腦商場」。一九九八年以前長達十年時間，這裡是電腦軟體交易的大本營。

左頁下圖：一九三○年位於德州聖安東尼奧的一間致公堂會所。大門上方有個共濟會標誌，外表看來是個慈善機構。

MD-16-08

黃金電腦商場
GOLDEN COMPUTER ARCADE
GOLDEN COMPUTER CENTRE
TAXI

上圖左：舊金山的「金龍大酒家」。一九七七年九月因群義幫和華青幫結怨，在餐廳內發生重大槍擊案，造成五人死亡，十一人受傷。（Mark Craig提供）

上圖右：倫敦蘇活區吉拉德街。這兩座雕像為非法移民的聚集點，當地華人稱之為「失業人口仲介所」。

左圖：香港街頭的毒販。注意他同時有兩隻行動電話，作為轉接用，確保毒品供應來源不會被追蹤。

左頁：三合會召募新血，一九八〇年代末期香港警方在一次掃蕩中破獲。（香港警方提供）

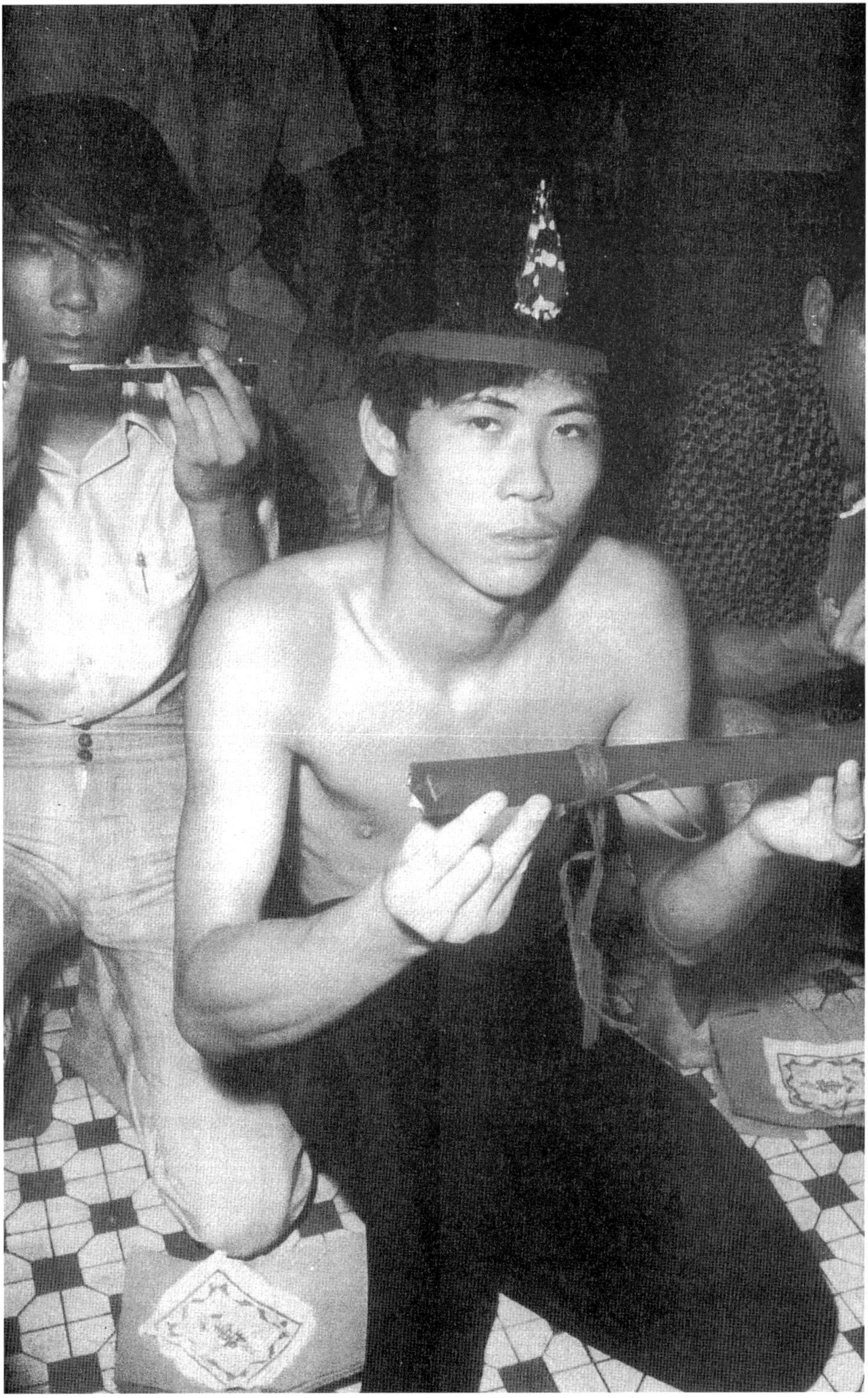

以崩牙駒生平為腳本的《濠江風雲》盜版光碟封面。電影上映不到幾小時，敵對幫派就完成製作，在市面上販售盜版。

香港警方掃黑宣傳海報，同時有中文版本。（香港政府新聞處）

力士錶和金項鍊被搶走不說，歹徒還要他付一杯四千元港幣的酒錢。歹徒誤以爲他是富有的導演或製片，不曉得他只是個經理。等到發現他身上沒什麼現金，歹徒就剝了他一些衣物，送到外景隊，附帶口信：拿錢贖人！錢不來，就要打斷麥唐納的腳。製片人趕緊付「贖金」，換回麥唐納。

拍片過程，新義安的四九小兄弟不時在外景街頭索取「租金」。攝影師架好鏡頭要拍了，卻出現路人故意碰撞，使他拍不成！警方也不痛快，因爲一向有套規矩防止外景隊受騷擾，譬如警察會被照會外景隊的拍片地點，派員到場以免黑道鬧場等等。有時候，警察並沒有受賄，但會事先告知黑道，讓他們瞭解電影公司的意向，讓他們有機會表示「免予收費」，大家保住顏面。可是，格拉那達電視台人員顯然不懂規矩，因此新義安要爭回面子，順帶也撈點金錢上的好處。

不樂之捐

另一種斂財行爲雖是小伎倆，卻十分普遍。黑道兄弟（特別是香港，但各地中國城都有）經常在他們掌控的街道收取停車費或送貨費。這其實很簡單。貨車來到某條街道，要卸貨交給店家。問題是，此地沒有停車位，司機只能並排停車。黑道小弟現身。並排停車是違規行爲，小弟收點錢就可以替他留意交通警察。若是湊巧有個車位，小弟會說車位已經被「預訂」了，但司機付點錢就能使用二十分鐘。還有些花樣是「保護」停在路邊的車不受破壞，或向攤販收取騎樓稅。在遠東許多城市，光憑這一花樣就可以日進斗金。街上擺攤要先申請許可，指派特定位置。黑道向合法攤販提供一般保護，向非法攤販提供加強保護。收了「服務費」之後，他們會注意巡邏警員是否出現，若是攤販不肯付服務費，黑道先把他打一頓，搗毀攤子，再匿名檢舉他無照擺攤。

另一項利潤極高的街頭犯罪是零售毒品。在香港，這門生意是由一群受過訓練的四九小弟，運用種種技巧的精明作業。有一種是街角小販，你若經驗老到，一眼就知道他是什麼路數的人物，沒經驗可就不易察覺其身分。海洛因通常裝在一支塑膠的飲料吸管裡，約兩公分長，兩頭封起來。這支吸管可藏在手裡。一旦發現苗頭不對，立刻丟掉。有技巧的小販可以把一根吸管丟到十公尺高的住家窗戶裡，讓夥伴接走。另一種交易方法是電話下單。癮君子打的行動電話號碼通常屬於一個行動中的小弟，他接受下訂之後再轉告另一個電話。（還有更隱密的是，電話打到置於空屋中的一支行動電話，又透過轉接服務，轉到另一支電話，要追蹤都很難。）海洛因就這樣用吸管轉運，或以粉狀裝在塑膠信封裡，每包約一公克至二十八公克不等，或裝在保劑丸的空瓶裡。這些手法現在全球通行。

沒有任何東西是神聖不可冒犯的。宗教節慶是華人文化生活中極爲重要的一部分，也被用來賺錢發財。節慶時期，黑道幫派組織起來向店主或路人、香客收取「捐獻」。香港著名的長洲太平清醮，數十年來都由潮州幫主導；今天，他們依舊出現，只是在收取募捐時，不敢太招搖。天后誕是一項大型宗教慶典，一九八二年在香港將軍澳的天后誕慶典，十四K與和勝和兩幫人馬，穿上特別印染的鮮艷制服出現。在數千名群眾之中，見不到幾位警察，他們堂而皇之收起捐獻金。

色情產業

黑道幫會當然長久以來就涉及色情業。在十九世紀和二十世紀初期，他們在中國各大都市以及海外經營歌樓舞榭和妓院。不過，他們最著名的大本營還是在上海和香港。今天，黑道掌控的色情業可分爲兩大類：一是經營妓院或供應妓女；一是產銷色情影片、雜誌。

直到一九四〇年代末期，香港多數妓女是以阻街女郎和「貓仔間」女郎爲主；所謂貓仔間就是妓女戶的委婉說法，現在以骨董街著稱的摩羅上街（Upper Lascar Row），本地人依然習慣稱之爲「貓街」。高檔妓女戶由歐洲人經營，專門服務歐洲人顧客。稍次一檔的歡場女郎主要服務華人，間或也有歐洲顧客。有些妓院專門爲華人窮人開設，多半是層次低的妓女，或是因年老色衰、有病在身而由較高檔妓院打下來的貨色。阻街女郎是最尋常的妓女，由「保護」她們的馬伕操控，替她們物色客人，提供住所及打點警員。服務軍人的妓女是傳統的阻街女郎，徘徊在英國添馬艦海軍基地門口、灣仔紅燈區騎樓下，或是尖沙咀地區——因爲這附近有個大型陸軍營區「威菲路軍營」（Whitfield Barracks）。毫無例外，她們的馬伕就是黑道兄弟。不同的街道分由不同幫會盤踞，通常大家井水不犯河水，不去冒犯別人地盤。當局私底下把娼妓當做是「必要」之惡，也不太認眞去掃蕩。

華人妓女也不見得全由黑道幫會操控。有些年輕婦女由一個顧客（往往是一名軍人）包養。這名恩客在軍事基地外頭替她租個房間，休假時就來聚首。通常就是一間小房間或公寓，由他付房租，她就形同小老婆，替他洗衣燒飯兼陪宿。有些女郎後來嫁給恩客爲妻，也有的因受過服侍人的訓練，成爲歐僑家庭的佣人。許多女郎自組二奶俱樂部，雖然有祕密社團或準祕密社團的性質，卻和黑道沒有關聯。其中有個團體即號稱「結拜姊妹會」。

有女郎陪酒的酒吧，因爲李察・梅森（Richard Mason）的小說《蘇絲黃的世界》（*The World of Suzie Wong*）而聞名遐邇，其實是非常不健康的地方。通常只是一個大房間，配上小酒吧檯、一小塊木地板舞池，幾個包廂內有張桌子和人造皮椅，加上自動點唱機；間或有幾家空間稍大者，還可以容下一支樂隊。大門通常掛著珠簾子，旁邊一定供奉財神爺，至於酒吧檯後方也會有關帝像，一則保佑平安發財，一則揭示其道上關係不淺。

酒吧女全是華人，身穿緊身長衫，兩側開衩至大腿際，還有拉鍊可以繼續往上拉開。她們全由黑道幫會「擁有」，酒吧業主通常是個四九或紅棍。通常妓女是在附近另租一個房間進行交易，當然這個房間也是黑道兄弟擁有、營運或保護。雇用酒吧女一定要易於監督才行。譬如說，有個水兵看上了某個女郎，她會先告訴他收費標準，從最快的吹簫到過夜，價目不等。講好價錢，他得付錢買「檯鐘」——也就是付錢給酒吧，帶她出場。這筆錢交給掌握她的黑道兄弟，他再和酒吧老闆或上級分帳。理論上，女郎可以保有她那份夜渡資。其實，她還得付保護費，保證水電不缺、房租不漲等種種巧立名目的服務。她的房東很可能也是黑道兄弟。換言之，一隻羊被剝了好幾層皮！

酒吧客人的酒錢還不算不合理，有些酒吧也供應食物，通常也價廉物美，但是酒吧女的飲料可就敲竹槓了，往往客人當了冤大頭還不知情。客人一坐進包廂座位，酒吧女就要求為她點一杯飲料。他一說好，侍者就給她端來一杯茶、可樂或礦泉水之類的東西，其價格大約是一般飲料的兩倍。在她頻頻勸酒之下，顧客每點一杯酒，她通常抽兩成五，酒吧老闆抽三成，餘數歸黑道。如果酒吧雇了媽媽桑來管姑娘，媽媽桑也要分。除了那個呆頭鵝之外，人人都是贏家。酒吧女拚命灌迷湯，不需提供性服務，也能繼續賺錢。由於她喝的飲料不摻酒精，她可以千杯不醉。在某些高檔酒吧裡，業主會在業績超過某一程度後，讓吧女抽取獎金，無怪乎她們會想方設法勸酒。

喝得醉醺醺的軍人也是黑道下手的對象。他們很少受到皮肉傷，除非是在酒吧發生鬥毆，毀損財物，讓黑道丟了臉，才偶爾會遭到教訓。但他們是黑道行騙、斂財的對象。另外，黑道也會透過女色來勒索大兵。不知天高地厚的大兵，最好是兩人成雙，進城來找樂子。他們在酒吧裡碰到吧女獻殷勤，黃湯拚命灌，黑道准他們酒色皆可先享用、後結帳。一個晚上下來，帳單高得嚇人，這兩個混小子才發現錢不夠。這個節骨眼上，幾個小兄弟出面嚇唬他們，酒吧老闆願意從寬處理，建議說：如果他們願意回到船上或營房去偷同袍財物，或是走私毒品（當然必須出錢買）進船上或營房，欠債可以一筆勾銷。爲了確保他們不作怪，其中一人留下做人質，另一人回去辦事。黑道這時候可能又耍詐，大兵花錢買的東西，以爲是海洛因，卻是滑石粉、精糖或麵粉。

這種供應女色的酒吧存活到一九七〇年代中期（大部分在新義安卵翼之下），但是，由於越戰終了，美軍撤離遠東，加上英國駐軍逐漸減少，大部分都歇業了。現在幾乎已無一存在，碩果僅存的尖沙咀紅唇酒吧（Red Lips Bar），在一九九五年改成迪斯可。灣仔杜老誌道（Tonnochy Road）上的「新杜老誌夜總會」繼續營業，但已改成大型、高檔俱樂部，旗下女郎華洋兼有，備有高檔、現場駐唱樂隊，專人代客泊車，當然索價不菲。是否由黑道直接或間接擁有，外人就無從判斷了。

香港賣淫行業的形態已經有了變化。供應女郎的酒吧已被卡拉OK酒吧取代。客人自備女伴到卡拉OK歡唱飲酒作樂，或是到場再釣馬子。卡拉OK酒吧可說是古代歌樓舞榭的高科技新版。妓女可能不是黑道掌控，只是爲了賺幾文錢、好在香港享受高檔生活的女店員或辦公室女職員。雖說如此，大部分卡拉OK酒吧還是由黑道擁有或經營，相當好賺，也因而經常滋生幫派互鬥事件。一九九七年一月二十五日，位於九龍寶勒巷的「頂尖」（Top One）卡拉OK酒吧起火，十三名客人重傷，十七人死亡，原因是某幫派對擁有這家店的幫會尋仇，故意縱火。一九九八年三月初，鄰近的加連威老道（Granville Road）上的「花城」

（Flower City）卡拉ＯＫ酒吧，遭人放置炸彈；這枚炸彈含有足量的工業炸藥，可以夷平整棟樓房。攻擊目標指向掌控尖沙咀地區經營娛樂業的新義安幫。所幸這枚炸彈並未爆炸。

華人黑道經營的色情行業遍布全球。曼谷有五大潮州幫黑道幫會涉足全球賣淫生意，其中之一單在澳洲就有七百名女郎效命，由此即可見識到此一行業的規模有多大。只要有華人定居的國家，都會有妓女戶存在。這個行業可追溯到一百五十年前，當時華人外移人口絕大多數是男性。他們若非不想和當地女人廝混，就是被禁阻與當地女性交往，因而黑道輸入華人女性。這些女性往往不滿二十，有些更只有十二歲。通常其家長因無力負擔嫁妝，所以把她們出售，以免失了顏面。西方人或許視之爲妓女，華人卻認爲她們只是賣身爲妾，不會看不起她們。事實上，在夏威夷和加州有若干家世悠久的華人富有家庭，其祖先可追溯至小妾出身。

今天的妓女未必是被賣入娼寮，而是以爲能到海外當餐館服務生、家庭幫傭或店員，以期改善生活而被誘來。有些女郎則是逃家少女，或出身父母離異的家庭。謊言總有拆穿的一天：她們一到了異國，且往往是非法偷渡進去，不會說當地語言，舉目無親，不就套牢了？黑道遂恐嚇她們：既是非法入境，若是向警方求助，下場會是如何可怕等等。絕大部分女郎，特別是來自中國大陸者，天生就害怕碰上執法人員——北京公安可沒有伯明罕或波士頓的警員來得和藹可親。

爲了確保她們俯首貼耳，旅行文件一概沒收，而且形同軟禁在妓院裡，由老鴇供應食物、飲料和化妝品。有些老鴇更狠，不給她們衣物，只讓她們穿「工作服」——睡衣及開襠褲，以免她們逃跑。若是外出，只准一、二人成行，且必定有人（往往是華人女性）陪伴。有時候她們被放出來在旅館大廳、賭場或度假勝地海灘釣凱子，但絕對不能脫離監視者的視線之外。倘若犯規，不會被打，因爲渾身傷痕的妓女怎會吸引顧客呢？但她有可能被處死。不聽話的妓女是隨時可以拋棄的。她們賺的錢，理論上相當多，其實卻微不足道，因爲她們形同坐監，還得付錢給黑道幫會。食、宿、旅行費用，全得扣除。她們工作十分辛苦，在一家生意好的妓院，當班八小時，服侍十二個客人，並非罕見之事。若是生病或月事來了，往往排班擔任其他雜役。

華人黑道召募的妓女並不限於華人，也有菲律賓、泰國、柬埔寨、越南等國女性，馬來西亞和印尼女性就比較少。雖然客人層級仍以華人男性爲主，卻不再專以華人爲對象。有一大部分客戶是想要物色順從、乖巧的「亞洲寶貝」之西方人士；他們老覺得東方女子嬌小可愛、溫柔體貼，（傳說也說）性事方面靈巧。東方女性全是性事女神的神話，當然是一派胡言。許多被誘入行賣淫的女性，是被掌控她們的黑道兄弟教授待人之道，他們像馴服野馬一樣教她們服侍男性的祕訣。輪姦是馴服妓女、建立她「正確認識誰是主人」意識的常見手法；有些女性甚至必須滿足黑道兄弟的性需求。若是面貌姣好，還被逼著去拍春宮電影。

許多黑道經營妓女戶搞連鎖體制，女郎在一處工作一段時間之後，就調到另一處服務。妓女戶的成功不僅在於旗下女郎貌美，也需要不時提供新鮮貨色。歐洲方面，妓女大約三個月一調。那些面貌天眞者往往被當做處女再次出售，到了新地點上班，短時間內可調高收費。她們經常在不同幫派之間被當做貨品互換或轉售，甚至在歐洲跑遍碼頭後，再出口到北美洲。主人不定時會給她們做健康檢查，因爲妓女若明顯帶有性病，就賣不了錢；但是，「看不見」的疾病，如愛滋病毒，可就沒人認眞檢查了——因此，國際賣春是傳染愛滋病的主要管道之一。

幫派控制下的妓女到了工作生涯末尾（通常是三十歲上下）時，有幾條路可走。她可能被賣去當家庭幫佣，往往是賣到中東，從此消失在阿拉伯家戶裡，再也不復現身；過了一段奴隸般的悲慘生活，她也有可能被殺了。還有一種可能，她轉而替幫會工作，在妓院當媽媽桑，運送毒品或當毒販。當然，如果幸運的話，她也有可能恢復自由身。經歷十多年性奴隸的生活，她可能被放走，就像被俘的野獸放生一般。有些幫會把旗下一流妓女送去唸書，精通不同語言，提供漂亮衣飾，這時就派她去主持黑道掌控的生意。然而，絕大多數就丟到街頭，不加聞問。

黑道也經營其他形態的賣春業。在香港常見的是，他們組織低廉的妓女供應勞動階級工人，九龍的深水埗地區，尤其在元州街（Un Chau Street），夜鶯活動最盛。同性戀媒介，以及日本「砲兵團」最愛光顧的按摩院，也是幫會經營項目。九龍廟街地區最有名的，是提供一種病態性服務，以身障或智障妓女服務嫖客。黑道也提供童妓，但並不認爲這是戀童癖，因爲中國數百年來就有收十二、三歲女童爲妾的習俗，未成年男女結婚一度也很普遍。一九七〇和八〇年代，供應童妓的地方俗稱「魚丸攤」，因爲這些小女孩發育未全，胸部小，又軟又白，恰似魚丸。這些場所現在都已關閉，但嫖客若有嫖玩童妓的癖好，仍可透過廣告號稱「康樂中心」的地方找到門路。戀童癖觀光業存在的地方（泰國最著名），通常是由華人幫會經營，或與日本黑道結盟；菲律賓方面，與華人黑道有關的幫會也經常參與此一行業。然而，華人幫派經營的性產業，並非全都如此不堪。他們也經營西式夜總會和伴遊服務，雇用外籍妓女；其中非常高檔的妓女，往往就成了大富豪的情婦，這種情形在遠東尤其常見。

除了賣春，華人黑道從一九五〇年代初期起，實際上也壟斷了東南亞的春宮圖書、影片。他們以出版春宮圖書起家，進展到八厘米電影，然後隨著科技進步，產製春宮錄影帶。起初，春宮電影以四九兄弟和妓女爲主角，後來開始雇用四處流浪的國際遊客、想賺外快的外國軍人，乃至本地青少年演出。今天，雖然仍產製錄影帶，色情電影已隨著高科技同步進展到推出光碟片。

香港在全世界電子業及塑膠製造業居於龍頭地位，黑道順勢進軍性愛玩具業，也就不算意料外的事。假陽具、按摩棒、充氣娃娃、西班牙金蒼蠅等等，洋洋大觀，無不生產。一九八〇年代的九龍城裡，有一家全世界最大的塑膠陽具製造廠，走進工廠，舉目盡是塑膠陽具掛著晾乾，有如肉舖掛著各式各樣香腸一般。這個行業現在已遷往中國大陸，圖的是生產成本更低廉，不過，依然掌握在黑道幫會手上。

持械搶劫

華人幫會也和其他犯罪集團一樣，會搞些一般搶案，只不過這已不是他們的主要活動，明槍執火搶劫，太過招搖，划不來。美國的黑手黨往往在紐約甘迺迪機場倉庫演出大搬家洗劫，華人幫會不一樣，寧可小心謹慎。雖說如此，在某種情況下，他們也不是不會從事持械搶劫。在香港，這種情形最常見，當地的銀樓和高檔珠寶店是他們覬覦的目標。一旦遭劫，往往血流五步，成爲賣座警匪動作片的好題材。搶匪持自動武器，甚至是輕機槍衝進店裡，一陣掃射，有時還丟顆手榴彈。一九九〇年代上半葉，香港就爆發一連串銀樓搶案，搶匪不是本地道上兄弟，而是來自中國大陸的幫派弟兄，其武器借自或偷自人民解放軍——許多搶匪本身就是退伍軍人，容易取得武器；有些則奉上級命令來香港作業，因爲這些長官縱使不是幫會成員，也和黑道淵源頗深。

持械搶劫搞得最轟轟烈烈的是葉繼歡。葉繼歡一九六五年生於廣東省海豐縣，一九八〇年代初期遷往香港；一九八五年因持械搶劫價值港幣一百萬元的珠寶被捕，判處有期徒刑十六年。一九八九年八月，他僞裝盲腸發炎，送到香港島瑪麗皇后醫院就醫時逃跑成功，潛回中國大陸；逃亡期間，他綁架了一名汽車駕駛及一名幼童。回到大陸後，葉繼歡躲在家鄉，接受一位親戚保護，此人是地方政府重要官員。一九九一和九二年，他三度率領一群中國大陸歹徒（其中有些是人民解放軍退伍軍人），潛入香港行搶，得手港幣一千萬元左右。他把分到的錢花在賭博及各種奢靡揮霍上面。香港當局懸賞港幣一百萬元花紅要緝拿他到案，這是港幣有史以來針對個人提出的最大賞金。一九九六年五月十三日清晨四點三十分，已經蓄鬚易容的葉繼歡，在街道遇上兩名巡邏警員，掏出波蘭製黑星自動手槍朝他們開火。警方開槍，打中葉繼歡三槍，與他同行的五名歹徒乘機逃走，拋下一個袋子，內有一把七點六二厘米俄製自動手槍、一點八公斤人民解放軍軍用炸藥。警察算是命大，原來葉的槍卡彈了！起先，警方並不曉得逮到大魚，因爲葉繼歡持的是假身分證和回港證，化名劉志祥（Lau Chi-cheung，音譯）。等到查了指紋，警方才曉得逮到過去二十年來最兇悍的中國搶劫要犯。現在，他已身殘，坐輪椅，單獨禁錮在赤柱監獄。

然而，通常黑道幫會若要搞搶劫，都是悄悄地幹。一九五〇和六〇年代，他們在全港各地觀光客愛到的地方，佈下天羅地網的扒手。今天，他們還搞扒竊，但通常都雇越南人動手，或由受幫派保護、專門跑單幫的扒手作案。他們已經不偷手錶或皮夾內的現金，現在他們看中的是信用卡和護照，價值可比現金高多了。今天，多數的一般搶案是搶倉庫或工廠，而且不太動用暴力。因爲他們早已學到：愈是不涉及暴力，警方就愈不會加強追緝。

綁票勒贖

有一項罪行華人黑道最愛搞，那就是綁票，其實從十九世紀以來，綁票一向就是東南亞各國華人幫會最拿手的把戲。在香港，富商不時會失蹤，有些會再出現，有些就人間蒸發，再也不知去向。

近年最著名的兩個案子，就是香港最大的物業集團「新鴻基」主席郭炳湘，以及香港首富李嘉誠的兒子李澤鉅遭綁票案。郭炳湘傳說付出港幣六億元贖金，換回自由身，事後雇了一群保鏢隨侍在側，走到哪兒，都坐特製的寶馬防彈轎車。至於李澤鉅的贖金更是驚人，傳說高達港幣十億元。

在亞洲以外地區，綁架案也不少。倫敦有個華人創業家泰利・譚（Terry Tam），由於債務糾紛於一九八六年遭到和勝和綁架。譚先被騙到曼徹斯特一家賭場，遭歹徒架走，坐車到伯明罕。往後數天，歹徒載著他在英國各地流竄，逼他到處打電話向親友籌集四千英鎊贖金。譚的一名表親報警，警方在倫敦萊斯特廣場（Leicester Square）伏擊歹徒，終於把他救出虎口。

一九九六年有位蔡姓福建男子在倫敦北方的漢登（Hendon）遭到綁架，華人在英國被綁架勒贖的新聞才受到各方注意。歹徒把蔡姓男子誤認爲他們要綁架的鄭姓男子。即使已經弄清綁錯人了，歹徒還是將錯就錯，不放人，照樣向他勒贖。蔡某被逼問招出福建老家村子裡共用的電話號碼之後，綁匪打電話向蔡妻索取五十萬元人民幣（約等於四萬五千英鎊）的贖金，這個金額就算全村的人集資也無力負荷。一連十二天，蔡某被銬上手銬，一再痛毆，歹徒屢次打電話過去討價還價，最後講好，贖金降到十五萬人民幣，但這裡頭有個花樣：贖金要在中國大陸交付。（這種海外擄人、中國付贖的方法，旨在躲過外國執法機關抓人，近年來此一手法愈來愈常見。）這時候，英國警方和中國公安部已取得聯繫；這是中、英雙方治安單位首次合作跨海辦案。在這項代號「朱比特行動」（Operation Jupiter）的中、英合作案裡，英國警方查出蔡某被關的地點，展開突襲，救出被害人，綁匪被判處十五年徒刑。合作能夠成功，其實非常意外，因爲其中困難重重：倫敦和福建兩地時差八個小時，作業聯繫困難；歐洲方面找不到通福建方言的通譯；公安部主張付贖，英方則主張拖延以爭取破案機會。不過，雙方總算學到重要教訓，也建立聯手打擊犯罪的固定聯繫機制。此後，若干起綁架案均運用同一套作業模式，順利破案。

放高利貸

黑道還有另一種行之有年的活動——在中國至少已有兩百年歷史的放高利貸行業。直到二十世紀，中國一直沒有現代化的銀行制度，黑道一直利用從其他犯罪活動賺來的錢當做資金，放款給有需要的人。農民借錢到下次收成再償債，城市苦力失業了要向黑道周轉，窮人爲了娶媳、葬親也得借錢。

直到今天，還是有人向黑道貸放業者借他們從銀行借不到的錢；有些是因爲這些錢的用途不夠正當（如償付賭債），有些是因爲借款人債信不佳或沒有抵押品。放款通常以現金支付，利息高得嚇死人：每週複利兩成，並不罕見。借款人未能如期償還，利息就再滾上去，往往一涉入就債滾債，利滾利，不能脫身。倘若持續不能償還，往往導致家屬、乃至本人，肢體傷殘，甚至喪失性命。在香港，由於接受存款公司（Deposit Taking Company）的出現，接受比銀行要求爲低的抵押，就能放貸，因此高利貸大量減少，但未能根絕；即使這麼可怕、利息這麼高，它還是生存下來。

放高利貸並不只是單純放款，還有黑暗的另一面。若是債務人無力償付，或是高利貸債主覺得債務人沒有誠意償還，於是綁架債務人，等候親友籌款代償才放人，也不算是新聞。債務人被扣期間，往往遭到毆打或強暴，事後再加以勒索。譬如，受害人被迫擺出見不得人的裸裎姿勢，拍下照片。女性被迫與數名男子發生性關係，有時還得多P演出，錄影留下紀錄。男人被迫拍下同性戀歡愛鏡頭，一旦照片公開，必然身敗名裂。要拿回底片，受害人除了償清借款，還得另付一筆遮羞費。在遠東，近來也流行脅迫受害人到銀行開戶，再把銀行發的信用卡、金融卡交給高利貸業者或勒索人去運用。

賭博簽注

賭博當然一直是華人黑道主要收入來源，中國人以好賭著名，全世界有華人的地方，就有賭博行業。他們賭的名目簡直不勝枚舉。鬥雞、鬥狗，在第二次世界大戰以前相當盛行；鬥蟋蟀迄今盛行不衰。在中國偏遠省分，鬥馬直至一九八八年仍有所聞，可能迄今仍未停止。賭的名堂太多，最流行的是麻將、番攤和天九。麻將之於中國，就好比西方人打橋牌，親朋好友、家庭成員湊足搭子，立可開打。在香港，還有號稱麻將學校的俱樂部，供人上門打個高興。這些麻將館實際上幾乎全由幫會經營，通常警方把麻將當做「國粹」，也不會干涉。所謂麻將學校通常設施相當簡陋，備有幾張牌桌、椅子，幾個茶壺，服務生可替牌友到外頭買些東西來吃。黑道業主賺錢之道就是收取會員費、牌桌使用費，有時也抽頭。主要在賭場裡擺設的番攤，就是大家猜，一落牌子每四顆一堆，分到最後，剩下是零、一、二或三？天九有點像西洋骨牌，在街頭、火車上、渡輪上，隨時隨地都能玩。若是禁賭，當地必有非法的賭場。

華人社區裡常見一種簽賭攤，號稱「字花」，以押對數字為贏。在香港流行了好幾十年，直到官方推出六合彩，才失去魅力。同樣的，英國華人社區也熱中押賭數字，直到一九九四年政府推出全國樂透，才戢止這股風潮。

在遠東方面，賭博的淨利高達數十億美元。最賺錢的兩大博奕事業，一是賽馬，一是賭場；前者在香港最盛，後者在澳門發揚光大。

香港是全世界賽馬的主要中心之一，由香港皇家賽馬會此一非營利組織主司賽馬，所有的利潤統統回歸到地方社區，興建並改善教育、衛生保健和文康育樂設施。大學、中小學、醫院，甚至亞洲最大的海洋館「海洋公園」，其經費全都由賽馬所得利潤來支應。香港有兩個跑馬場，是全球最現代化的場地。所有的賭注全由一套龐大、繁複、不受駭客干擾的電腦系統控制，其押賭方法相當複雜。賭客不只賭哪匹馬跑第幾名，而是綜合牠跑第幾名、累計出場所得名次結果，以及到達終點的先後順序等等。所有賽事統統公開，唯有在跑馬場以及場外由馬會核准之簽注站簽注，才算合法。

用不著多說，黑道幫會想方設法要繞過此一系統，不過並不太成功。要破解馬會對押賭的獨占，理想工具是在跑馬現場利用行動電話通風報信，可是跑馬場禁止觀賽者攜帶行動電話進場，人人都需接受嚴格檢查。兩個跑馬場四周都有高樓可以俯瞰，但是標示賭金簽注情況的大型告示牌，位於司令台前方，從場外並不易看清楚。因此黑道想知道簽注狀況，唯有靠望遠鏡觀察賽事，再利用行動電話把訊息傳遞到澳門或廣州的非法下注站。這種方法並不理想。

比較容易滲透的是澳門的賭場。澳門當局積極鼓勵博奕事業，以致於澳門有「亞洲蒙地卡羅」或「亞洲拉斯維加斯」的稱號。要瞭解幫會涉入合法博奕事業的情況，我們必須先瞭解澳門賭業歷史，以及涉及此一行業的主角人物。

賭場早已存在多年，但是從一九六〇年代初期以來，澳門賭業主要人物一直是聲勢畏人的何鴻燊，他在若干方面，儼然就是亞洲的霍華德・休斯（Howard Hughes）。何鴻燊很少在公開場合露面，住在香港一棟豪宅裡頭，傳說身價八億美元上下，不過這只是估計，誰也不曉得眞實數字。他的家世像謎一樣，大家只能半猜半想像。他祖父是怡和洋行買辦何東爵士（Sir Robert Ho Tung）的兄弟；他的父親是在印度出生的伊拉克猶太人沙宣（Sassoon）家族的買辦，沙宣家族在一八七〇年代掌控了中國四分之三的鴉片市場。這個職位使得何父相當富有，不料他搞內線交易，名利雙輸。爲了躲避醜聞，何父把妻兒丟在香港，在一九三〇年代跑到西貢去；何鴻燊母子在香港遭到社會摒棄，生活困頓。一九四一年，日軍進占香港，何鴻燊和母親避居保持中立的澳門，被迫放棄正式上學的機會。就物質條件而言，他很窮，但在另一方面卻相當富有。靠著家世背景，他累積了豐富的人脈關係，因而有個華人雇他在一家從事日本、澳門貿易的公司上班。他努力學日文，展開他的事業生涯。到了一九四五年，何鴻燊已經腰纏萬貫，成爲百萬富翁。

戰火既熄，何鴻燊在香港和澳門開設自己的貿易公司，把賺來的錢投資到香港的不動產上面，到了一九五九年，已是全港最富有的人之一。他之所以能夠事業成功，有一大部分原因是他能在澳門從事黃金買賣。葡萄牙並非管制戰後黃金市場交易的布列登森林協定（Bretton Woods Agreement）簽署國，因此，黃金在澳門可以像其他商品一樣自由買賣。

澳門其實是個相當遲滯的落後地方。這一塊小殖民地根本沒有任何工業，是個奇怪而歷史悠久的城邦，介於奧波多（Oporto）和廣州之間。建築物相當古老，很像是拍攝古裝電影的外景。從前觀光客甚少，要到澳門觀光，必須從香港搭乘渡輪，航行七十二公里才能到達。然而，一九六〇年代初期，在何鴻燊的規畫下，一切都變了。

澳門准許賭博，在新馬路（Avenida Almeida Ribeiro）破舊的中央酒店（編按：後更名爲新中央酒店）裡就有一家賭場。賭博專營權由華人傅氏家族（編按：即傅老榕）取得，爲時二十五年，即將到了續約時期。何鴻燊決心把它搶過來。他找上澳門當局和葡萄牙政府去協商。如果葡方把日益淤塞的港灣疏浚，並且准許香港船隻及渡輪進來，何鴻燊承諾要投資興建新酒店和賭場，重振澳門旅遊業。葡方果然點頭，經過與傅家一番劇烈角力，何鴻燊如願搶到專營權。

賭博獨家專營權一到手，何鴻燊成立「澳門旅遊娛樂有限公司」（簡稱澳娛，英文縮寫爲STDM）。據說，何鴻燊持股百分之二十五，一個主要股東是香港地產業財團新世界集團。他掌控此一專營權直到今天（譯按：二〇〇四年開始，澳門此一特許權已經開放，不再由一家獨占，何鴻燊雖仍有特許權，已非獨家占有），澳門光靠向何鴻燊經營的賭場抽取稅金，其收入就占整個國內生產毛額（GDP）的百分之五十以上，自從一九六〇年代以來，雖然觀光業和製造業大幅成長，賭博業依然一枝獨秀。據估計，何鴻燊的「澳娛」於一九九〇年的市值約在十億美元左右。

澳門最大的賭場是葡京酒店。這棟造型奇特的酒店裡頭有將近一百張賭桌、拉霸機、吃角子老虎、百家樂，還有番攤、麻將等東方項目。賭場二十四小時開放，沒有任何表演節目可讓賭客分心旁騖。葡京酒店內部（澳門其他酒店，如著名的文華酒店也一樣）還設置私人套房，出租給小型的賭博組織，由他們包辦經營，專供豪客試手氣。這些賭博組織經常由黑道幫會控制，也經常引起幫派之間的摩擦；但是，對黑道而言，它們相當重要，因爲它使得黑道得以插足合法的賭博行業。

何鴻燊的企業使得原本酣睡的澳門徹底改造。酒店林立，餐廳則具有國際水準。現在，觀光客要到澳門，可以搭飛機直抵新落成的國際機場，也可以從中國搭車過來。港澳之間也有快速輪渡，每天有二十小時是十五分鐘一班，另四小時爲三十分鐘一班。噴射飛翼輪渡爲「澳娛」擁有，是全世界首屈一指、最大的噴射飛翼輪船隊。

歷經多年發展，何鴻燊的酒店和賭場帝國合法擴張到巴基斯坦、澳洲、馬來西亞、西班牙、葡萄牙、印尼和菲律賓等國家。在菲律賓，他從馬可仕（Ferdinand Marcos）總統那裡得到賭博特許權，馬可仕也藉機參與賭博行業，強行分潤獲利。據說，馬可仕有系統地做手腳，欺騙何鴻燊賭場營收數字。何鴻燊在北美洲也擁有相當數量的投資和產業，在多倫多擁有一棟豪宅。

何鴻燊有個生意夥伴葉漢，被他倚爲左右手歷二十年之久。葉漢出身傅氏家族賭場裡的賭攤發牌員，是個職業賭徒。他最有名的一樁事跡是，曾在拉斯維加斯的凱撒宮（Caesar's Palace）大賭場一夜之間輸掉八十萬美元，面不改色，掏出一張銀行本票付錢結帳。一九八八年，他在這家賭場玩百家樂，贏了一百多萬美元，聲名大噪；一九九二年，葉漢又出了一次名，他一夜之間贏了二十萬美元，賭場卻有眼不識泰山，把錢誤給了另一名香港華人賭客葉漢發（音譯）。然而，傳說葉漢的生活另有見不得人的一面。一九八〇年，舊金山警方宣稱葉漢是華人黑道份子，從事海洛因走私，與人在紐約市中國城的勿街（Mott Street）共同擁有一棟建物，照美國緝毒局的說法，這棟樓房被用來販毒和非法賭博之用。據說，葉漢和香港富商李偉文也有合夥關係；美國治安單位相信李替華人黑道犯罪集團洗錢。儘管傳聞鼎盛，何鴻燊從來沒被起訴或定罪過，也從來沒被美國當局列爲偵查疑犯。

一九八〇年代，何鴻燊和葉漢的交情起了變化，何付出一筆數目不詳的錢買下葉在賭場的一切股份和權益。謠傳葉漢憤憤不平，覺得顏面大失，買兇要幹掉何鴻燊，好在有香港黑道大老出面斡旋，才打消念頭。葉漢用出售賭業之所得在澳門創辦一座賽馬場，卻沒有成功。他在一九九七年五月心臟病發，死於座落在香港馬己仙峽道（Magazine Gap Road）的豪宅，享年九十三歲。

何鴻燊本人或許平安無事，他的若干部屬就沒有那麼幸運。一九八七年七月，何的機要祕書兼「澳娛」經理湯瑪斯・鍾（Thomas Chung）被人亂刀砍死。何懸賞港幣一百萬元，徵求各方通風報信，助警方緝兇，卻沒有人敢出面講話。各方臆測紛紛。澳門警方說，此一兇殺案和在葡京酒店設置「辦公室」的黑道高利貸業者有關。此一說法似乎言之成理，因爲葡京酒店八樓經常有高利貸業者進出。香港警方則認爲，這和香港某一黑道幫會想擠進澳門另一幫會的高利貸業務有關。但是這兩種假設，都不能全然解釋清楚。鍾和何鴻燊都沒有從事高利貸，鍾何以會慘遭兇殺？沒有人能講出個道理來。鍾遇害和三個月前另一個富有的華人賭徒黃迪浩（Wong Ti-ho，音譯）遭殺害，兩者之間的關係究竟如何，也有人懷疑，但是也沒法證明。這兩樁命案迄今都沒偵破，但一般相信，鍾某之死是因爲澳門某一賭博集團想對何鴻燊施加壓力，至於原因爲何，則不清楚。

何鴻燊的賭場被利用來洗錢，是一樁不言可喻的事情。全世界的賭場都是最有效的洗錢場所，業主縱使有心，也無能爲力去阻擋。黑道透過葡京酒店洗錢。來自東南亞各地的黑道老大都來葡京玩，手下小弟從大哥手中領到的薪餉，往往是籌碼而非現金，藉以隱匿所得來源。多年下來，澳門成爲黑道幫會的會議中心，他們到澳門賭錢，也到澳門碰面談生意、談和、立盟拜把，以及和想投資不太好見光的生意的巨商富賈取得聯繫。當然，他們也兼營色情業，給一擲千金的賭客提供美眉。

何鴻燊和黑道究竟是什麼關係，長久以來眾說紛紜。有人聲稱，他的確是非常高階的黑道老大；也有人強力主張，他不是黑道中人，只是和黑道有密切來往。第三種說法是，他要經營賭博業，必然就不只是與黑道和平共存而已。不論眞實關係如何，何鴻燊從來沒被證明是個黑道人士，也未出現他涉及黑道罪行的例證。他也否認涉及犯罪。何鴻燊是個冷靜、沉著的人，罕於表現情感；不論他是什麼人，他鐵定是個高明的政客。就經營的賭博王國而言，一定會吸引黑道上門，卻能維持和黑道大體上相安無事的局面。

仿冒名牌

上述種種犯罪行爲，本質上都屬於傳統黑道行徑，可說是數百年歷史的現代版活動。更上一層的罪行則較爲現代，往往走向國際化。

黑道有一項罪行最明顯，但許多人卻不察的，就是仿冒品市場。這項活動在遠東甚爲猖獗，事實上無遠弗屆，遍及全球；這是黑道理想的犯行，因爲最利於洗錢。

華人黑道從事仿冒生意已有數十年之久。遠溯至一八八〇年代，就以仿冒馬來西亞、泰國和香港低面額硬幣，以及中國硬幣出名。一九六〇年代初期，他們用鋁大量仿製港幣五角的硬幣，這些僞幣幾可亂眞。直到一九六〇年代末期，黑道一直盜版印書，尤其喜愛盜印諸如簡明牛津字典這類昂貴的教科書。他們拿廉價紙張印成平裝本，賣給全東南亞各地的窮學生。東西雖簡陋，但窮學生買不起原版書，能從盜印本得到知識，也就管不了其他問題。

今天，仿冒重點已轉向其他擁有廣大市場的豪華名牌商品。最出名、最盛行、最肆無忌憚的就是仿冒手錶。尖沙咀位於九龍半島南端，是遊客到香港血拚購物的勝地，其仿冒手錶販子在全世界鼎鼎有名。這些販子絕大部分是十四K小弟。北京道（Peking Road）特別有名。他們的作業方式就和販售明信片的老人一樣，混在人群裡，挑中遊客，拿著簡介傳單靠上來，往往開門見山就問：「你想不想買個仿冒勞力士錶呀？」只要遊客一點頭，就把他帶到附近的假錶商。有個營業多年的假錶商，據點就設在某一五星級大飯店樓下附設商場內、一家小店後方的小房間裡，與這家小店毗鄰的可都是國際知名女裝代理店！進到小店，老闆拿出一個文件夾，琳瑯滿目盡是各種手錶的照片，勞力士、古馳（Gucci）、登喜路（Dunhill）、卡迪亞（Cartier）、愛瑪仕（Hermes）、豪雅（TAG Heuer）、百年靈（Breitling）、江詩丹頓（Vacheron et Constantin）和愛波（Audemars Piguet）等名牌，應有盡有。售價不一，但很少超過一千元港幣（相當於一百七十五美元）。遊客挑中某個商品，或是要求瞧瞧一、兩樣現貨，店員就從後面房間或走廊取出來（這些贗品往往放在手提箱內，以利當局突檢時，方便逃走）。這些仿冒品品質極佳，只是錶帶和金屬錶扣沒有眞品好，鍍金部分往往用了幾個月就褪色，露出馬腳。然而，錶框和錶面卻幾可亂眞，即使擺在放大鏡底下觀察，也很難分辨出來。機械部分通常品質不差，往往是用卡西歐、星辰、精工等價位較低的品牌來抵用，全都走得很精準。

其他商品也逃不過遭受仿冒的命運。譬如，仿冒名家設計服飾就十分盛行，只要是知名品牌，一定就有仿冒品，洛夫羅倫（Ralph Lauren）馬球衫、凱文克萊（Calvin Klein）T恤和牛仔褲的仿冒品銷遍全球各地。這些仿冒品甚至僞造標籤，拿假品牌魚目混珠。由於東南亞是國際紡織品製造中心，有些仿冒品根本就在生產眞品的同一家工廠裡產製，請問你如何去辨識眞假？就這一點來講，或許不該說它們是仿冒品，只能歸類爲超額生產，用來圖利。女性用品如手提包也在劫難逃，最愛仿製的品牌有古馳、路易威登和香奈兒。一九九五年，幾家國際知名品牌的遠東銷售經理應邀上一家香港電視台接受採訪。電視台拿出若干眞品和贗品。他們連自家品牌的眞僞都搞不清楚，縫工和皮件都一模一樣。有一位經理更是當場出糗，由於自家眞品沒有贋品來得精美，竟然指著眞品說：「這是仿冒的。」

盜版光碟

近年來華人黑道最精巧的仿冒事業，已轉到仿製電腦軟體上去。這是一個營業額數十億美元的大生意。商業軟體聯盟（Business Software Alliance）和軟體發行人協會（Software Publishers' Association）估計，一九九六年全世界約使用五億兩千三百萬個新商業應用軟體，其中有兩億兩千五百萬件是仿冒軟體，造成軟體生產商的損失在一百一十二億美元左右。某些執法人員及智慧財產權保護專家相信，軟體仿冒遲早會超過毒品，成爲獲利最豐厚的全球犯罪行爲。

這個行業被官方稱爲電腦軟體盜版業。要幹這一行，其實並不難。黑道先到市面上買一套合法軟體，然後就無休無止地複製起來。唯一的成本就是複製拷貝和分銷出去。至於密碼、登記序號等等軟體保護措施，黑道有全球最聰明的駭客會想方設法破解。任何商業上有利可圖的軟體程式，從一般電玩到複雜的程式語言軟體，全有人盜版複製。這個市場在一九八〇年代中期開始出現時，絕大多數軟體複製在軟碟片上。今天，軟體程式已經發展到好幾百萬位元，盜拷商遂利用光碟片來複製。黑道與時俱進，現在在華南、菲律賓和泰國，乾脆就自設光碟廠，大規模經營起來。

這項非法行業的「世界貿易中心」，有十來年就座落在香港一條街廓上。全世界電腦玩家即使沒有親身蒞臨，也都曉得它的大名。其入口位於九龍郊區深水埗福華街和北河街的交叉路口，對面就是一家著名的蛇羹餐廳，鄰近的地下鐵車站，還冠冕堂皇正式立個路標，指引你如何找到此一「黃金電腦商場」。

商場位於此一占了整個街廓的住商混合大樓底下三層樓，有兩百多家電腦軟體商店銷售盜版商品。這些店全由黑道擁有、經營或保護。商品銷售不是根據眞品價值衡酌，而是依據每片光碟片的成本——一九九七年平均成本是港幣三十元（相當於四．五美元）。每片光碟片盡可能灌進最多的軟體。筆者於一九九七年五月在黃金商場買到的一片光碟，裡面就灌了三十四種程式，包括全套微軟應用軟體（含Windows 95）、諾頓系統工具（Norton Utilities）、Visual Basic程式設計軟體等等。在倫敦，要買齊這張光碟片全套內容，合法的零售價超過一千一百英鎊（相當於一千八百美元）。在市場上販售的可都是最新版本，有時候，夠認眞的電腦玩家可以搶在正式版本上市之前，就買到α版或β版。此地賣的不只是電腦軟體，也賣盜版電影光碟片。這些影片有的是華人黑道拍攝的限制級色情電影，有些是日本黑道製作的春宮電影（怪的是，性器官部分統統刻意遮住），但多數可是熱門的院線片——一九九六年可以買到《星際大戰》（*Star Wars*）三部曲盜錄成的六張光碟，售價港幣三百元（相當於四十美元）。警察和海關當局不時會臨檢此一商場，但遏阻不了該行業。歹徒只要搬到另一個地點，譬如香港島灣仔道的三二八商場，就能照常營業。今天，反盜版法令執行得較爲嚴格，盜版商只好躲躲閃閃，可是生意照樣火紅。

到黃金商場走一趟，就可以見識到有組織的犯罪是多麼肆無忌憚。他們根本不屑遮遮掩掩。顧客群有迷上電玩的華人中小學生，也有手提沙奇（Saatchi）名牌公事包、身穿亞曼尼西服的企業老闆。這些企業界老闆因公務出差經過香港，也到此一遊。他們買盜版軟體，往往不是圖省幾文錢，不讓著作權所有人賺錢，而是先買到最新版軟體，好評估是否合法採購。

黑道另一項活動就是盜拷音樂光碟片。通常都是複製當紅知名歌星或合唱團的暢銷作品，當然也是買了一張有版權的合法光碟片，就可以不停地複製下去。不只西方合唱團遭到盜拷，華人粵語歌也可以盜拷，銷往各地華僑社區。電影錄影帶當然不能倖免於拷貝；雷射影碟（LD）倒是較少有人仿製，因爲雷射影碟市場僅限於香港和新加坡，市場太小，不值得大幹。不過，近年來由於數位影音光碟（DVD）技術在全球發展迅速，此一新興市場已有黑道覬覦。

僞造信用卡

黑道搞仿冒並不限於能銷售的商品；公債、證券、護照等全在僞造之列，他們尤其精於僞造信用卡。僞造信用卡主要是以高信用額度的金卡和白金卡爲對象。信用卡犯罪有兩種途徑，一是單純的偷走信用卡，到有店員勾結的商店去盜刷，或伺機在一些商店刷卡消費，一直用到其合法持卡人發覺卡不見了，發卡銀行利用電子系統停止其使用爲止。這種行徑通常是街頭小混混、扒手和四九小弟玩的把戲，只圖賺點小便宜而已。

第二個途徑可就精緻多了。黑道在自設的製卡工廠僞造信用卡。要有模子，以及高度技術才造得出幾可亂眞的僞卡。有些僞卡根本就是利用銀行淘汰的舊製卡機製造，或是逕自向製卡機生產商直接購進機器所產製。然而，在僞卡能使用之前，有個問題必須先解決才行。就算這張卡看起來幾可亂眞，眞正得「眞實無誤」的是磁條上所輸入的訊息。要取得這些資訊有三條路，一是在發卡銀行內得到內應配合；二是透過網際網路找到信用卡號碼編製者，取得一個隨機選取之號碼；三是借來一張眞卡。前兩者的機會雖不是沒有，畢竟可遇而不可求，後者則相當容易，因此是最常見的手法。

僞卡大部分源自遠東地區。遠東地區，信用卡極爲流行。即使街頭攤販或巷子裡賣原子筆和廉價電子錶的小店，也都接受信用卡，裝有電話連線刷卡機。磁條密碼走漏，通常發生在黑道擁有、經營或迫之聽命的小店或餐廳。持卡人到此惠顧，刷卡付帳，信用卡離開其視線到櫃檯去刷。透過電話授權，同時亦由掃描器記錄其消費金額、場所等訊息，卡片還給持卡人，交易完成。可是，與此同步，這些密碼訊息也被複製到僞卡上。這張僞卡遂能披掛上陣，通過刷卡機。通常用這張僞卡來購買昂貴的奢侈品，再以低價轉售變現，完成洗錢任務。

這張僞卡大約可用上一個月，直到主人收到帳單，發現怎麼出現許多他沒買的交易項目，或是直到發卡銀行發現情形不對爲止。銀行通常很小心，不願多講他們是如何發現信用卡密碼遭盜用，只肯承認運用電腦「動態選樣系統」查核不正常的使用型態。譬如，某位持卡人平常買的東西不超過兩百英鎊，突然間卻刷卡買了三、四件每樣五百英鎊的東西，電腦就會複查。某張卡片突然在海外某地使用，電腦就會仔細核對；特別是在很短一段時間內，在兩個以上相隔遙遠的地區出現交易行爲。這個方法必然抓到許多盜用者，因爲華人黑道僞卡集團經常到歐洲購買昂貴物品，再回到遠東出售變現。據說，華人僞卡集團占全球僞卡損失的四成左右，在一九九六年達到美金三億五千萬元！

種種仿冒事業的資金來源不外乎：一是從販毒或其他非法活動取得之髒錢，一是來自合法商人投資參與黑道事業。後者被認爲「沒有人受害」（搞海洛因買賣，有人會吸食致命，買賣假勞力士錶、盜刷萬事達卡就不致要人命），能降低風險，因爲警方很自然會以掃毒、掃黃爲優先項目。當然，天下哪有犯行是沒有受害人的。仿冒品的獲利也立刻投資到其他幫派活動上去。

插手電影市場

華人幫派有一項投資領域，就是衍生自保護勞動市場這項勾當。黑道在一九八〇年代開始把興趣轉移到電影事業。他們不再以收取保護費為滿足，許多幫派積極設法參與電影拍攝與行銷。

華語影片可以賺大錢。有「亞洲馬丁・史科西斯」（Martin Scorsese）之稱的名導演吳宇森執導、香港影星周潤發主演的《辣手神探》，於一九九二年推出時，三個星期的票房收入高達港幣一千一百萬元以上。任何一部成功的華語影片，可以預期至少賺到三倍利潤；長期下來，加上海外播映及製成錄影帶販售，可能淨賺十五倍利潤。難怪華人黑道亟思染指。他們熱中促進香港影業，尤其是功夫影片，還有另一個原因：因為這些影片往往把黑道描繪得忠義千秋，相當光榮。一九九一年的《跛豪》是以吳錫豪一生為背景，相當賣座；一九九二年的《廟街十二少》由巨星劉德華主演，描述九龍某位黑道老大的故事。光是在香港首映三個星期，前者賣座港幣三千八百七十萬元，後者賣座港幣一千兩百六十萬元。

一九九〇年的香港電影業在全世界排名第三，僅次於好萊塢和孟買。黑道在此時開始起意要介入電影業，企圖收服梅艷芳、成龍、鍾楚紅、周潤發等巨星，以及性感女神葉玉卿。由上述任何一位明星主演的影片，在香港一定賣座，轉到台灣、南韓和東南亞各地也大受歡迎。起先，黑道製片人和導演會邀請大明星演出，大明星往往因為劇本太鬆散、敘事冗慢而予以婉拒。黑道眼看敬酒不吃，就端出罰酒，訴諸暴力。葉玉卿在銀幕上從來不曾全裸演出，黑道曉得若能讓她褪盡衣裳，必然大發利市，遂威脅她若不擔綱演出裸戲，一定教她付出代價；葉玉卿報警，尋求保護。一位女星因中途退出黑道投資拍攝的影片，港幣十五萬元的片酬在她眼前付諸一炬化爲灰燼。另一位姓名不詳的女星，據說因拒絕受聘演出，慘遭輪姦。劉德華的辦公室遭人搗毀，經紀人被歹徒拿槍對著頭，逼他聽命。某位著名影星因爲不肯配合，據說被綁架到新界某一地方，在槍口下被迫吞下自己拉的屎。威脅並不局限在香港一地。成龍可謂繼李小龍之後香港最著名的武打明星，現已進軍國際影壇。他被迫在一部由美國華人黑道「華青幫」出資的電影中擔任主角。成龍因爲與嘉禾影業公司簽立合約，受到限制，立予婉拒。當他和畢雷諾斯（Burt Reynolds）合作拍攝《砲彈飛車續集》時，電影公司在舊金山的辦公室遭人開槍射擊。據說，成龍被要求支付四百萬美元賠償金給華青幫老大，因爲老大太沒面子了。十四K代表在香港向成龍收帳。至於成龍有沒有付錢，外界就不得而知了。

到了一九九二年，黑道對香港影業施加的壓力，已到了爆發臨界點。元月間，許多知名影業工作者和明星發起公開遊行，抗議黑道滲透進入電影業。發起人可謂十分勇敢，遊行也引起民眾注意此一現象，可是並未能解決問題。影星梁家輝參加遊行，卻受到暴力威脅，只好和家人遷到另一祕密住所；可是，梁家輝並沒有向警方報案。三個月之後，電影製片蔡子明遭人謀殺，不過由於蔡子明涉及吸毒，他的遇害也可能與電影工作並無關聯。不久之後，另一個與黑道有關係的製片黃朗維在灣仔遭人捅了幾刀，緊急送醫診治，不料次日凌晨就在醫院病床上遭人殺害。

黃朗維之遇害，據說是新義安幹部陳耀興授意下手，原因是報復黃對拒絕在某一宴會上唱歌的梅艷芳，賞了一記耳光。陳耀興是橫行灣仔地區的新義安老大，有「灣仔之虎」的綽號。他以喜愛飛車疾馳出名。他的開車絕技使他得以參加一九九三年十一月的澳門大賽車。然而，陳耀興卻無緣出賽：他和賽車夥伴技師謝振鋒，在澳門的帝濠酒店門口，遭人用機關槍給亂槍打死。有人不爽他下令狙殺黃朗維，因而出手懲罰他。

一九九四年初，香港影業開始走下坡。武打片題材已經羅掘一空，沒有新意；西方電影在香港捲土重來，尤其是耗資數千萬美元的賣座巨片，如《魔鬼終結者2》（*Terminator 2: Judgment Day*）和《魔鬼大帝：眞實謊言》（*True Lies*）等，其電影特效和打鬥場景，讓香港影片根本難以望其項背。台灣投資人撤走，開始支持自身剛萌芽的電影業。中國大陸製片也開始進軍國際，不過，多數導演仍是香港華人。他們之中有些是爲了減輕或迴避黑道干預，而轉進中國。到了一九九五年夏天，黑道雖未完全放棄，已經降低對影片製作的興趣。

市場不景氣，也是重新改組、收購及擴張當前營業規模的好時機。向華強、向華勝兩兄弟果眞如此。他們的兄長正是前文提到的向華炎。他們兄弟倆在一九九一年（編按：亦有說法爲一九八〇年代）初次涉入電影業，創立「永盛電影公司」，向華強年輕時也曾在功夫影片中軋一角。向氏兄弟拍攝一些不怎麼樣的影片，如果不是近年來最出名的武打明星李連杰投靠，他倆可能早就玩完了。李連杰的經紀人於一九九二年夏天遭人殺害，遂投靠向氏兄弟，成爲旗下專屬影星。當時，香港影業中不時發生男女演員遭脅迫而接受某個角色的情況，只是罕有人報警求助罷了。受到暴力威脅的人，並不只限於演員，向氏兄弟也遭到歹徒威脅。向華勝就曾在電影公司辦公室遭到三名男子持械攻擊。

到了一九九五年，向氏兄弟已是小有成就的製片人，擁有一家成功的製片公司、若干加盟電影院，還有好幾部成績不差的電影。在香港和中國大陸金主的支持下，他們在與香港毗鄰的深圳經濟特區，蓋了一座一萬八千五百平方米的現代化攝影棚，以「永盛娛樂」和「中國星」這兩家子公司名義，每年生產約十二部高品質電影。

向華勝不再積極參與製片工作，把公司交給向華強經營。向華強偶爾戲癮發作，也會在電影中客串演出；一九九二年的一部警匪打鬥片《藍江傳之反飛組風雲》中，他就扮演一名清廉的官員。永盛娛樂逐漸成爲亞洲主要製片公司，可是向華強的運途卻不順之至。美國參議院常設調查小組委員會在一九九二年把他列爲新義安主腦人物。這項指控在一九九四年更增添實質內容——有個新義安幫小弟在紐約市布魯克林法院出庭作證時，挑明他就是新義安首腦。一九九五年，加拿大當局亦認定他是新義安要角，拒絕發給他入境簽證。

香港影業還是持續出現黑道勢力。道上兄弟見到向氏兄弟的成功，也投身影片製作，其中有一號人物是台灣的吳敦，他曾因涉及作家江南（本名劉宜良）命案在美國被定罪。一九九五年十月，著名製片人羅杰承遭人砍傷。羅曾資助陳耀興的賽車，在陳耀興遭機槍掃射喪生之前一分鐘，才剛和他分手。然而，從此之後，影劇圈暴力事件就減少了。評論家說，這是向氏兄弟傳話江湖要保持和平，才得到的結果。業界人士往往稱譽向氏兄弟是亞洲的山姆・高德溫和路易・梅耶（Samuel Goldwyn and Louis B. Mayer。譯按，美國米高梅電影公司創辦人）。香港電影業雖已式微，但黑道並未完全退出。

走私

數百年來，黑道幫派一直以走私爲主要活動，他們一向是精明的海盜。第二次世界大戰之前，黑道和海盜在東南亞各地相當活躍，只要有錢賺，樣樣可以拿來做買賣。大戰期間，親盟軍的幫派運送槍械、食物給抗日游擊隊，運送難民，也替盟軍工作；親日的幫派則與他們作戰。戰爭結束後，他們利用建立起來的網絡走私違禁品。有一個相當成功的集團，走私香菸進入華人大量移居的菲律賓。這樁生意從一九四五年起始，至少延續到一九七〇年代中期。香菸從台灣走私出境，越過呂宋海峽，送到巴布延群島（Babuyan Islands），再於呂宋島北部的北伊洛克斯省（Ilocos Norte）登陸；當地華人接手，負責配銷。

北伊洛克斯省住有一個來自福建省的蔡姓大宗族，他們自稱是著名的海盜、探險家李馬奔（Li Ma-hong）之後裔。蔡氏宗親的大家長是個法官；從研究馬可仕財產的資料研判，我們似乎可以合理推斷，這位蔡姓法官即是馬可仕的祖先。馬可仕於一九六五至一九八六年出任菲律賓總統；透過華人黑道幫派，他和香菸走私業者關係密切；甚至當了總統，還從走私香菸賺取大量財富。馬可仕也和與台灣國民政府、美國中情局交情匪淺的走私客里諾・波卡蘭（Lino Bocalan）合作；波卡蘭供應武器給東南亞各地反共團體，但也走私香菸、香水及其他奢侈品回到菲律賓卡維堤省（Cavite）老家。馬可仕則力保蔡氏宗族成員在馬尼拉的交通銀行位居要津；這家銀行正是台北交通銀行的分支單位。

馬可仕並非第一個與華人黑道幫派有關係的菲律賓總統。一九四八年出任總統的季里諾（Elpidio Quirino）與華裔施（Syquia）姓家族聯姻，該族宗親和位於台灣、福州及廈門的華人幫派結盟。馬可仕的前一任總統馬嘉柏高（Diosdado Pangan Macapagal），有個政治親信蔡孝固。沒有華僑的合作，換言之，沒有華人幫派的合作，菲律賓政府根本動不了，迄今依舊不能獨立運作。

近年來，華人黑道的走私變得益加雄心勃勃。鄧小平於一九八〇年代末期開放中國經濟（譯按：一般公認中共經濟改革始於一九七八年十二月中共十一大三中全會之後），中國突然對西方奢侈品產生需求，華人幫派開始大量走私供應電視、音響、錄放影機、微波爐和CD播放機。這些貨都是向香港大盤商合法買進，再運上俗稱「大飛」的特製船隻上。這種玻璃纖維的快艇，漆成灰色，以四部大型同步馬達的動力，最高時速六十節。船上通常塞滿各種消費產品，全面熄燈，趁月黑風高之夜由香港領海出發，沿中國大陸海岸線駛向闃無人跡的會合點，再卸貨送到黑市出售，卸貨時往往能得到收賄的人民解放軍或公安警察協助。

還有另一樁在香港和中國大陸均爲非法的高獲利走私行動。香港是全世界豪華轎車最多的城市，使其成爲偷車賊猖獗的「大型超市」。偷車賊可以接受訂貨才下手偷車，每輛「大飛」可裝一至三輛汽車，每輛汽車均以泡棉和舊輪胎頂住，以防車身碰損。這些贓車是應有盡有，高檔的賓士、寶馬、凌志（Lexus）、奧迪，甚至保持捷，無一不備。一九九〇年代初期，偷車最盛之際，香港每天二、三十輛汽車失竊。香港警察經常演出快速追捕飛船的驚險鏡頭，不時有所斬獲，就把無主認領的贓車改成警方用車，對付擁有車速快的名車之黑道份子。偷車業在香港警方和中共公安部合作下，遭到重大打擊。中、港治安人員找到一道妙計——在香港，所有車輛靠左走、方向盤安在右方；在中國，車輛靠右走，方向盤安在左方。因此，中方定下一條法令，規定不准發執照給方向盤安在右方的汽車。不過，香港汽車照樣失竊，只是贓車必須銷到其他市場罷了。非洲是個好市場，尤其是維持汽車靠左走的舊英國殖民地。南非、尚比亞、辛巴威、坦尚尼亞和肯亞，全都出現來自香港的贓車；甚至還有少許車輛被走私到加勒比海；也有若干車輛銷到加拿大和美國，當然方向盤必須改裝。

偷渡

走私非法移民，尤其是華人，一向也是大買賣。自從華人幫會於十九世紀介入苦力仲介生意以來，他們在移民運輸行業的利益就很大。現在，這行已變成不人道的國際事業。在和中國幫會合作下，他們許多客戶來自華南的廣東、廣西和福建等省分，就和一八六〇年代一樣。

中國的失業問題十分嚴重。消息來源不同，數字各異，但是據估計，在共產中國高達三億人口若非失業，就是處於極端貧窮的境地。毋怪乎有許多人要離鄉背井，盼望到了海外能夠打拚，賺錢餬口，再省點錢匯回老家扶助家人。藉著此一人間悲劇大發其財，正是黑道幫會的拿手好戲。

福州是中國大陸非法移民出口的主要港口，人口偷渡業是地方經濟的主幹。偷渡客當然要繳交旅費；一九九五年，前往美國的平均旅費為每人三萬一千美元。有些家庭張羅一切，省吃儉用，湊足錢把兒子送上船，圖的是來日前程。有些人則向黑道高利貸借錢，有些人則先付部分頭期款就上路，天眞地承諾以到達目的地後賺的錢來付清餘款。前往歐洲者，坐飛機或走陸路；前往美洲者則坐船，偶爾也有搭飛機的。前往歐洲的陸路行程，通常從華中取道新疆省，到達塔吉克，越過裏海，進入土耳其，再前進到保加利亞，然後分由數條路線前往西歐不同國家。每過一個國境，都挺困難，而且沿途餐風宿露，相當苦，不過還算安全。有一條偷渡客常走的路線是經由阿爾巴尼亞潛入西歐；義大利黑手黨在杜瑞斯（Durrës）和佛洛瑞（Vlorë）兩個港口接應，導致義大利在一九九一年就有十萬名以上非法居留的中國人。自從一九九〇年代初期阿爾巴尼亞共產政權垮台後，比較少有人走這條路；偷渡客經常從捷克共和國或聖彼得堡進入德國。羅馬尼亞首都布加勒斯特也是一個大站，此地有一華人幫派「赤龍會」（Red Dragon Society）經營人口偷渡行業。偷渡客若走空路，通常是持僞造的台灣或泰國護照，從中國大陸飛到布加勒斯特、布拉格、莫斯科或聖彼得堡，再轉搭當地班機。

非法移民遍布歐洲各國；即使孤懸大洋中的英國，他們也藉由藏身貨櫃卡車闖關入境。由於英國機場移民官員十分警覺，藉由空中偷渡入境者極爲罕見。一九九七年十一月，大都會警署突檢倫敦南方克拉彭（Clapham）一間公寓，拘押十三名華人（其中有一名女性）。這些人實質上就是囚犯，只准外出長時間工作，賺取極微薄工資。跟他們一起被捕的，還有五名工作人員。警方在公寓裡抄出大約一萬英鎊現金和若干幫派武器。雖然鄰居曾經見到衣冠楚楚的華人男子乘坐亮麗的寶馬轎車和紳寶（Saab）敞篷車出入，卻從來沒有人曉得那是非法移民的藏身處所。據估計，一九九八年平均每個月有四百名華人偷渡進入英國。

前往美國的偷渡客，則搭上比十八世紀奴隸船略勝一籌的小貨船，擠在船艙裡，只准上甲板略爲活動筋骨。有個著名的案例，即是一艘破舊貨船「黃金冒險號」（Golden Venture）於一九九三年元月在紐約市皇后區某一公共海灘外約兩百公尺處擱淺，船上有兩百八十一名偷渡客，其中六人在試圖游泳上岸時不幸淹死。這些船有許多是勉強可以出海，偷渡客不能在碼頭靠岸下船，必須在人跡罕至的海灘，靠小艇接駁上岸，小艇又不時有翻覆之虞。司法單位不時發現小船在海上漂流，而全員皆已喪生的事例。

大部分的偷渡船隻屬於印尼或台灣公司所有，黑道份子是公司股東。每一艘船由黑道幫會或中共幫派雇用，船員是一般海員，但是一定有幾個號稱「馬仔」的四九；這些是基本上管事的人，確保船上不出亂子。有些拿工錢幹這些事，有些則是由偷渡客出任，換取旅費減讓。在他們上面有個紅棍，通稱「蛇頭」。偷渡客被稱爲「偷渡豬仔」——經歷一百五十年之後，還是沒什麼變化呀！

美國紐澤西州羅格斯大學（Rutgers University）刑事司法學院教授陳國霖，過去十五年來訪談調查許多偷渡到美國的華人，編輯成可怕的經歷報告。陳國霖引述某個廣東青年的話：

在偷渡船上的那段期間，是我一生中最悲慘的時刻。在船上，每個人至少都哭過一次。我們吃臭飯、喝髒水，過著低賤、無尊嚴的生活。那艘破船不時故障，人人又驚又怕。偶爾，我們沒來由就遭到船老大痛打。船隻開到大西洋時，有兩組偷渡客爲爭搶食物，打得頭破血流，船員必須開槍才能制止他們。女人遭船員吃豆腐，甚至拿食物來誘使她們獻身。馬仔也藉機強暴那些從十八歲至三十歲不等的婦人。

強暴同性或異性、餓肚子、敲詐、毆打和處死的故事，汗牛充棟。某些婦人遭到強暴後，跳海自殺。生病、暈船，更是家常便飯。

上了岸，偷渡客還不見得遠離險境。在美國、加拿大上岸的，坐上巴士，送到聖地牙哥、洛杉磯或溫哥華等大城市，消失在華人社區和黑道生活裡。至於在墨西哥登陸的，要往北走，可又是一長段艱鉅、危險的旅程等著他們。陳國霖記載以下一段偷渡客的告白：

我們的船到達墨西哥，當地人帶我們坐小船上岸。他們把我們送到某個山腳下，就丟下我們。我們住在森林裡，吃的東西活像原始人的食品。他們偶爾送些食物來，可是份量不夠，大家經常爲一片麵包、一口水打起來。雖然森林裡有野果，我們卻不敢吃。七天之後，才有兩個嚮導在夜裡出現，帶我們偷渡國境。

要過境進入美國，必須賄賂墨西哥和美國邊防人員，允許載偷渡客的小巴士通過。若是邊防人員不受賄，就得破壞圍籬潛入。陳國霖訪問了另一個中年華人男子，此人談起一九八八年他們兩名男子、一名女子及其小孩偷渡入境的經歷。他們幸運地由香港搭飛機，取道泰國和日本，來到墨西哥。此時，他們的苦難才開始。

……一個會講英語，也略通普通話的嚮導來機場接我們。他把我們兩個男的塞進汽車後行李箱。這名女子和她兒子則坐到另一輛汽車前座。在後行李箱裡頭，我們動彈不得，也沒有足夠的空氣。司機車子開得很快，後行李箱的高溫令人無法忍受。引擎又剛好位於我們背部底下……我們差點昏過去，狼狽不堪……他們〔司機和嚮導〕打開後行李箱之後，把我們像行李一樣拎出來……我們餓極了……〔他們步行經過山區……〕小男孩走不動，他媽媽不禁悲從中來，放聲痛哭。嚮導說，她可能需要另外付錢，雇個墨西哥人幫她揹小孩。〔受訪者和同夥幫她揹小孩。〕我們走了幾天，已經沒有多少水剩下，但我們儘量把水讓給小孩喝。媽媽感謝萬分。她的丈夫已經到了美國，因此她才攜子投奔……我們到了邊境，等到天黑才翻越圍籬入境。我幫小男孩，他媽媽則手腳顫抖，好不容易才越過障礙。到了美國境內，由另一名嚮導帶我們住進一家旅館。午夜時分，突然有人通知我們趕快逃。我們兩名男子跳窗而出。那名婦人和兒子站在窗前，不敢跳。

這名受訪者和另一名男子從窗外接住小孩和媽媽，一起躲在樹叢裡，直到狀況解除。後來，他們搭上飛機飛往紐約。

並不是所有徒步偷渡客都能這麼幸運。那些越境進入亞利桑納州的偷渡客，往往在沙漠中禁不住熱浪侵襲，脫水而死。也有人凍死，不過，不是因爲氣候冰寒而死——非法移民躲在冷凍載肉卡車中企圖闖關，闖關不成而喪生的新聞也迭有所聞。

就全世界來估計，非法走私華人偷渡客這門生意，每年「產值」超過三十五億美元；鑒於中國大陸就業狀況惡化，此一數值還在上升。一九九四年，中共公安部估計，全世界約有五十萬名中國人非法居留國外。然而，西方觀察家認爲這個評估太過保守，因爲在德國等國家，每個月就有一千多人潛入境內——而這還只是官方所曉得的數字。

這個行業的確駭人聽聞，但也有一小部分著實具有人道主義精神。一九八九年天安門廣場屠殺事件之後，有一個非法移民組織成立，專門把異議人士偷渡送出中國大陸。代號「黃雀行動」的這個組織，由香港匿名人士贊助，其中不乏演藝圈人士，也和西方國家外交官、華人黑道毒梟合作。異議人士循走私路線，持假護照前往香港或台灣。許多重要異議人士得到此一組織協助，逃出中國大陸，而此一組織持續運作至一九九七年中期。也說不定它還在繼續運作，畢竟其行動極爲保密，迄今也只有少數參與人的身分曝光。

國際販毒

截至目前爲止，華人幫會最賺錢的勾當是國際販毒，尤其是海洛因買賣。

第二次世界大戰之前，吸食鴉片煙在中國相當普遍，在西方社會則相當罕見。放蕩不羈的作家、藝術家、知識份子、演員和影星若是吸毒，通常是使用大麻或古柯鹼，但一般民眾大多不去碰毒品，讓他們成癮的是酒。一九一九年美國修憲，實施禁酒令，黑社會開始涉入，進入私酒橫行的時代，憑此賺大錢。一九三三年，禁酒令取消，黑道亟思找到可以替代私酒釀造、運售的好買賣；一九四五年之後，鴉片煙在全世界被公布爲非法，黑道終於找到新的「印鈔機」。華人幫派傳統上供應鴉片或海洛因給全球華人，這下子順理成章成爲華人圈外的供應者。到了一九五〇年代末期，他們已發覺要佈建販毒網並不難，而且其中利潤極爲豐厚。在產地付一百美元買進生鴉片，稍加提煉，即可製成市價五千美元的海洛因。

華人幫會絕大部分的鴉片來自金三角：一九九五年全世界海洛因至少百分之六十源自該地區。金三角地區人口約五十萬，是華人和西藏裔緬甸人混居之地，以農業爲主要經濟。過去四十年，所謂的農業指的是鴉片。一九三〇年代，年產量約四十噸，大部分由黑道幫會走私進入中國，逃避高額稅金。一九五〇年，中共占領中國，毛澤東又發動全面掃毒，國民黨將領李彌率領九十三師退入金三角地區。李彌躲在山區裡，發覺當地土著的罌粟商業價值和政治潛能極大。他有系統地收買泰國官員，治理此一國軍組成的迷你國，而且做爲中國西翼的反共力量，也得到美國政府援助。在美國提供武器裝備之下，根據美國政府一場公告宣稱，李彌部隊協助中情局攻打中國，「遏阻共產主義侵入東南亞」。一九五一年四月，李彌的九十三師一萬五千名部隊，打起「雲南省反共救國軍」旗號，攻進中國，但立刻被擊退。李彌退回金三角，逐漸變成種植罌粟的軍閥。

李彌身爲國軍將領，和泰國、台灣及香港的華人幫派有所聯繫。他和泰國憲兵司令施利雅諾達（Phao Sriyanonda）將軍合作，發展出一個運輸網，鴉片在他的部隊護衛下，經由騾車和苦力隊送到清邁，再轉送曼谷，由華人幫派接手處理。

李彌死後，此一王國由另一名國軍將領段希文接手。一九六〇年代，另一個國軍將領李文煥崛起，成為前文所述香港馬氏兄弟的供應商。後來，又有第四個霸主羅星漢冒出頭。除了這三人之外，另一個漢人和撣族混血、曾在國軍部隊服役的張奇夫也參與販毒業。張奇夫就是大名鼎鼎的坤沙。毒品市場大到足可撐起四大天王互爭雄長，但是羅星漢和坤沙之間長期交惡，也是人盡皆知的事。到了一九九五年，金三角每年生產的鴉片超過一千五百噸；上述四大天王裡，羅星漢還健在，坤沙則據傳於一九九六年元月向緬甸當局投降後，已「退出江湖」。

金三角海洛因的主要配銷商，即是前文已提到的潮州幫。他們早在一八七五年就從事鴉片煙生意，當時暹羅一批潮州商人取得官方許可，在上海法租界零售鴉片。上海第一家鴉片零售商「鴻泰土棧」就是他們的公司。他們於一九五〇年代在曼谷打進現代販毒生意，到了一九六五年，實質上已壟斷了經由香港出口的海洛因製造和供應生意。從一九七二年起，他們已是國際毒品生意的最大盤商。

潮州幫是全世界最大的華僑團體，勢力極為強勁。他們以「關係」為基礎，擁有自己的全球地下金融體系；他們的洗錢技術世界一流，企業經理人組織最精密。他們在東南亞各國都蓄養了自己的律師和政客。一九七一年的一樁例證，最能凸顯出潮州幫的勢力。寮國駐法大使索賽沙納親王（Prince Sopsaisana）搭機從永珍飛往巴黎履新，下機時行李中查出藏了六十公斤海洛因。索賽沙納親王不僅具有大使身分，還是寮國國會副主席、寮國全國律師公會理事長，又是法蘭西國家同盟（the Alliance Francaise。譯按，前法屬殖民地各國獨立後合組的一個政治團體）主席。當下，他被禁止呈遞到任國書，返回寮國。潮州幫和台灣政府也有十分密切的關係，經常替台灣從事情報工作或聯手合作；他們和美國、義大利黑手黨，以及俄羅斯黑社會都有聯繫，也在加勒比海建立洗錢機制。他們是全球犯罪組織最為國際化的黑道。

華人幫會從國際犯毒生意賺了多少錢，是無從估計的。世界銀行評估，一九九四年全球毒品交易涉及的金額，遠大過食品交易；我們可以由此推斷，華人幫派之所得，一定遠超過許多國家的國內生產毛額。金額有多大，還有另一個指標：據信，有位潮州幫大毒梟在香港某華人銀行有九億八千萬港幣的存款，警方卻不敢去碰它，因爲他們曉得，若是官方企圖查封這筆存款，一定出現擠兌風潮，會株連許多存款戶和合法生意人。聯合國第九屆預防犯罪及罪犯處遇會議（Congress on the Prevention of Crime and the Treatment of Offenders）於一九九四年發表一份報告，更是凸顯出問題的嚴重性。這份報告坦率指出，有組織犯罪現在已危及許多會員國的政治、經濟結構，因爲這些國家的財政竟然仰賴有組織犯罪的收入，使其國家經濟風險極高。

有一部分販毒所得會投資到其他不法生意，但大部分經由洗錢，轉入合法事業。許多合法事業因此若非全由黑道犯罪出資，即是有部分資金來路不乾淨。黑道投資的合法事業五花八門。傳統上，他們投資在旅館、餐廳、夜總會、電影院和賭場等娛樂事業，但是他們也投資營造、金融、交通運輸、媒體傳播、體育推廣和不動產行業。大家心照不宣地承認，在香港任何一家年營業額超過港幣一千萬元（即美金一百三十萬元左右）以上的公司，通常都不由自主地受到黑社會資金滲透。這個假設或許也適用於全世界華人社區的生意——當然，非華人經營的事業，未必就沒有華人幫會資金滲透進去。

第五章　從飛仔到金融家

廣東話「飛仔」指的是並無正當職業，靠小聰明在街頭混生活的年輕人。從香港到多倫多，到倫敦，華人社區街頭常可見到他們的蹤影。年齡約在十八至二十五歲，衣服必是最新流行樣式，襯衫光鮮，牛仔褲燙得筆挺，手帶名錶，腳登新鞋，頭髮略長，甚或紮個馬尾，類似古代中國武士。可是，他在人群裡突出還另有原因：人們不論是明是暗，之所以尊重他或對他退避三舍，是因爲他很可能是幫派中人，或許是四九小弟，否則也是即將入幫的青年。

今天，一個幫派成員透過組織內的層級晉升，從四九爬升到山主，要看他在組織裡的貢獻而定——不論他在哪裡入幫，其實全世界黑社會幫派的晉升程序大同小異。香港警方把黑道份子在犯罪生涯裡依其進展，分做四階段，如果此人命大，升到最高階，可就財富、權力兼俱。

任何幫派要成功，第一階段徵募新血就很重要。華人幫派儘可能從青少年中徵募新血。十五至十八歲的青少年是主要目標，不過偶爾也會吸收十二、三歲的少男。學校運動場和街頭是常見的召募站；在香港，住宅街區和體育會也是「求才」處所。幫會提供兄弟情誼、歸屬感，在無根的都會環境裡自有幾分吸引力。

青少年一旦加入幫會，不會直接成爲四九，而先歷經一段類似試用的時期，表現自己的能耐。首先跟著若干四九兄弟學習忠誠，在召募會員或欺壓其他少年時，跟在一旁吆喝助陣。藉由一九九六年三月香港法庭審理的一樁案件，可以一窺幫派少年行爲的嚴重性。十七歲少年李文傑（Li Man-kit，音譯）是個染上毒癮的幫派小弟，在十五歲那年，就已犯下搶劫、與未成年少女發生性行爲等罪行，後來獲判保釋。兩年來他在香港的地盤從事恐嚇敲詐等勾當，裹脅其他少年加入自己的幫派，勒索，惡意欺壓弱小，強逼一個十四歲少年吞下劑量足以致命的白粉，還用火燒他的陰毛。當他被判移交少年監獄服刑，李還要求法官把他送到成人監獄。之前的判刑只能算是個笑話。

青少年幫派份子和「弟兄」混在一起（這些弟兄可能就是四九），穿同樣的衣服、分享權力意識及幫派提供的身分認同。幫派經常有個名字，只是未必眞正和他們附屬的黑道幫會有關係。名稱很可能就是來自他們的「制服」、愛抽的香菸品牌，或是愛去流連的地方。因此就有了「耐吉小子」（Nike Boys）、「幸運」（得自香菸品牌 Lucky Strikes）或是以荃灣道爲地盤的「荃灣幫」。一九六〇年代的香港，青少年幫派往往以流行歌星或歌曲之名命名；一九六二年，九龍就有「艾佛利兄弟」、「巴弟哈利」和「逃跑」等幫派，名稱分別來自艾佛利兄弟二重唱（Everly Brothers）、偶像歌手巴弟・哈利（Buddy Hollies），以及戴爾・夏儂（Del Shannon）當紅歌曲「逃跑」（Runaway）等名稱。還有另一種建立團體意識的方法就是刺青。通常在身體某一不太明顯，但立可展露的部位，如捲起袖子露出雙頭肌的部位，刺上特定圖樣。有些圖樣十分繁複，由專業刺青師傅紋上龍、鳳，有些則隨便由同志，甚至本人，信手標上去。有時候則免去刺青，在腹部或臂膀上用火紅的硬幣燙上幾何圖形的疤痕。

並不是所有的少年幫派成員都會晉級爲正式黑道份子。有人因畢業離校，進入職場就業或搬家，就退出幫會，並不會受到責難。沒有脫離的青少年，參加各種不同的違規犯紀活動，很可能就加入黑道幫會擁有的武術俱樂部，接受指導，準備晉階升入第二階段，成爲街頭幫會份子。

一旦加入街頭幫會，這個青少年極可能就正式入幫成爲四九。絕大多數街頭幫派份子，年齡在十六歲至二十五歲之間，都是黑道幫眾。他開始廣交兄弟，學會一口口訣，身爲「新丁」，要「宰肥羊」，不能「失風」被捕，「彈八爪」蓋手印。現在已涉入犯罪活動的他，可能有一份正當工作，可能替犯罪集團工作，也可能靠介紹朋友賣身而過活。如果她決定離他而去，不論是「脫離賣淫」或是投靠他人，他會向她收一筆脫身費，錢由她或其新男友支付。大家好來好去嘛，反正都是做生意！

街頭幫派的主業是動粗、搞恐嚇取財，收保護費，放高利貸、討債、經營低層賭攤、販毒、賣娼。街頭混混現在晉級爲罪犯見習生。他可以決定要對勒索對象有多兇：如果太強悍，受害人可能會報警；若是不夠狠，又會沒面子，威信掃地。如果他搞非法賭博，這時已經學會如何經營賭攤。如果他搞色情業，此時也學會如何拉皮條、管束妓女和勒索嫖客。在這一階段，他一路學習。此時，他或許會自立堂口，附屬在一個紅棍大哥麾下，聽命行事。

做爲一個小兄弟，他也必須奉命打架。無可避免，這會涉及到和其他幫派爲爭地盤，爭利益而械鬥。在香港，各個幫派勢力範圍劃分得十分清楚，彼此井水不犯河水，有些街道則用來界定疆界。可以經過其他幫派的地盤，但絕不能跑到別人地盤去做生意。

在這個階段，他有可能奉命去擔任殺手，「砍」殺某個對象。

傳統上，華人幫派不用槍枝；不過，近年來已逐漸增加使用槍枝的事例。華人幫派眞正的武器是砍刀，殺人就用中國式的切肉刀。華人屠夫不像西方屠夫分解各部位，往往用一把砍刀就著骨頭直接剁成適當大小，就丟進鍋裡去煮，因此中餐若烹肉，經常會咬到骨頭。切肉刀在中國餐廳裡極爲常見，大約二十五公分長，十二公分寬，有著木柄、極爲鋒利。受害人被砍時，除非是蓄意取其性命，否則通常是朝手動刀。一般是斷其手指或砍斷小臂。砍人往往意在教訓，並不在於取其性命。如果是要致他於死地，被害人一定是亂刀砍死。

其他的傳統武器就精巧多了。有一種像猶太人大衛之星形狀的鐵蒺藜飛鏢，這種飛鏢每個角都磨得尖銳無比，直徑約十公分；當它在空中快速擲出時，無堅不摧，雖不至於穿越，卻可以崁入汽車門板。飛鏢也可以換成邊緣磨利的硬幣。它雖沒有飛鏢那麼厲害，卻可以造成皮開肉綻的傷勢。還有一些武器，其設計可以上溯到至少一千年前，如一條鐵鍊，一端配把手，另一端配尖刀或釘狀鐵球。尖刀型武器可用來砍殺，或摔直去刺人。鐵球型則用以重擊。

除了械鬥，四九也參加和解會議。甲幫派侵犯到乙幫派地盤時，往往先爆發械鬥，最後再以談判來解決紛爭。這是幫派培訓人員的重要環節，使得新進人員明瞭犯罪行爲的分際，以及妥協的重要性。

直到現在，四九小弟的薪水取決於他的成績表現，而大部分的所得，扣掉佣金後是歸他上級支配的。然而，如果他夠幸運，表現也不錯，就有可能在黑道生涯更上層樓，晉入第三階段。能晉入第三階段的四九並不會太多，絕大部分終其一生在第二階段打混，聽命於人、跑腿辦事。這個情況和其他一般行業並沒兩樣，只有少數人能嶄露頭角，從基層到中階經理人，再晉級進入董事會。

在第三階段要晉升爲幹部的機會增大。四九晉升爲白紙扇、草鞋或紅棍。最可能的位子是紅棍，因爲一個幫派裡，紅棍人數並無定額，視規模和其四九作戰單位實力而定，每個單位都得有個紅棍來帶領。晉升並不是自動出現，全視當事人的專長、能力，以及上級幹部是否有人辭職、退休或死亡而定。四九要晉升的另一途徑是自立堂口。

一旦晉升爲幹部，他要負責打理本幫的犯罪事業，大部分跑腿、出力氣的差事就由四九或下屬幹部去做。他愈來愈不太可能涉及到砍人或血鬥，除非是個人顏面大失，必須親自出手以維持威信，或是有需要提醒受害人，他得罪的是老大，而不是小嘍囉。

他的所得現在相當快速上升，地位愈高，收入愈高，因爲四九兄弟賺來的錢大部分孝敬了他。他讓屬下分潤，給自己留下份額，其餘再孝敬上級。他也可以開堂收徒，抽取介紹入會費。收入增加，他就得設法向警方及稅捐單位隱匿所得來源。通常，他會設立現金收入的生意做掩護，譬如開設計程車行、經營許多店攤、搞餐廳等等。

這些生意也可能用來替同幫派其他人洗錢；警方因此很難解開這一繁複的財務謎團。雖然有些黑道份子會洩漏出財富，絕大多數並不會招搖地過著幫派人物的生活。唯有做掩護的生意的確賺錢，或許才會置備豪華轎車，蓄養二奶小妾；非常高階的黑道老大，過著樸實無華的生活，並不罕見。這並非而今才有的預防措施，遠在十四世紀就有富商故作貧窮狀，以免被政府盯上課稅，或發現他們在海外從事法律所不容許的貿易生意。

除了設立掩護事業之外，多金的黑道人物投資完全合法的公司或個人事業者，也不乏其人。在他成長到得以多角化經營的地步時，他可能已是個精明的生意人，養了一群專家替他效勞。他們住往投資在未必暴利的生意，寧可有穩定的收入，不要暴起暴落。然而，也不是說他們就不投資諸如股票、期貨、外匯等高風險的投機型商品，甚至也有從事創投風險基金生意的。就後者而言，黑道金主也有可能、甚至不惜動粗，接管成功的事業體。資金來路不明的公司，都不會絕對安全無虞；許多生意人根本不知道他的投資人是誰，一旦知道時，往往已經太遲！從合法生意賺來的利潤，通常只再投資到合法生意去；不法投資則由不法的所得去支應。兩者涇渭分明，才能使當局搞不清楚，以防資產遭到官方查封。

到了第四階段，這個黑道人物已經相當有勢力。從外表看，他滿值得尊敬，可能經常出入上流社會。他可能成爲社區領袖，在慈善機關慷慨解囊，既有名聲，又有掩護作用。名望愈高，愈好辦事。在合法的生意方面，他誠實、正直，符合規定，不必另做手腳。可是，他具有合法生意人所沒有的東西——躲在暗處，幾乎不間斷的、不用繳稅的所得源源而來。

雖然合法生意和犯罪活動分得清清楚楚，黑道大亨在有需要時，也會請出幫派協助。要求財務協助的案例較罕見。他需要的是有人出面當打手。譬如，商場競爭對手太狠，搞得他沒錢賺，打手就得上車。競爭對手的工廠可能遭人侵入，重要機器遭人搗毀；轎車被噴漆；在極端的情況下，搞不好子女遭綁架，太太被侵犯。對手很快就學乖了。當然，受害人永遠不能證明誰在搗鬼，只能心知肚明，可又不敢聲張。

黑道人物成了大亨就會呼朋引伴，邀請若干犯罪夥伴加入其合法事業的董事會。因此，合法事業無形中就被不法份子滲透。我們若分析現代香港公司董事會的組成，就可以瞭解黑道在這方面的力量有多大。據估計，香港各公司四成有黑道人士擔任董事；至少八成的商業不動產其融資有一部分是髒錢。光在香港，這部分就有數十億美元之鉅。如果這個估計再外推到全世界華人商務活動十分活躍的城市，如新加坡、雅加達、溫哥華、多倫多、舊金山、紐約等，黑道從事犯罪活動賺來的錢，有多少投入國際商務活動，我們實在無法估算。

因此，任何一個中國城的青年分四個階段，在幸運眷顧、本身毅力之下，得到黑道扶助，頗有可能不僅在黑道上升，也能在合法生意上出人頭地。這個情形實際上在全世界各地都發生。

第五篇　征服蠻夷

第一章　篩子、麒麟和「毛澤東」

到了一九六〇年代，馬來半島和印尼的華人幫派承受極大的壓力。警方把他們當做顛覆國家的叛亂份子追緝，本地人也仇視他們。許多幫會立刻明瞭，要生存，要賺錢，此地已不容，必須走人。他們決心向海外擴張還有另一個原因：海洛因已經躍為國際上選毒品，和古柯鹼一樣搶手。擴大客戶基礎，顯然是合理的下一步。他們的第一站是荷蘭。

他們可不是隨隨便便就挑中荷蘭。荷蘭是個航海國家，海港是歐洲最重要的航運中心，多年來境內已有一批華僑移民。自從荷屬東印度公司時代，荷蘭商船就大量雇用住在蘇門答臘的華人為船工；在鹿特丹和阿姆斯特丹都有華人及蘇里南人（Surinamese，從東印度群島歸國的荷蘭公民）社區。此一外僑社區的主幹是華人船工，有些在一九三〇年代經濟大蕭條時期遭辭退，有些因為第一次世界大戰爆發而流落異國。他們保持自己的語言、文化，不肯融入荷蘭社會，自成一格。直到一九三九年以前，他們因為販賣一種印尼甜點——糖衣花生餅乾維生，被稱為「花生餅華人」。

當然，凡有華人聚居之地，就有華人幫會的存在。第二次世界大戰之前，鹿特丹和阿姆斯特丹就有幾個華人幫會，打著「華僑公所」的旗號存在。他們並非犯罪集團，而是宗教或愛國團體；在納粹占領荷蘭期間，也停止活動。荷蘭華僑在大戰期間保持不張揚的低姿態，納粹大體上也不太干涉他們，只不過也有少許華人在種族肅清過程中被送進集中營，自此消失。

一九四五年，荷蘭商船又開始雇用華人船工，以彌補戰時折損的人力，迷你中國城又在荷蘭出現。這些居民大多是來自荷屬東印度、馬來亞和新加坡的華人。有些人具有黑道背景，他們剷除戰前的華僑公所，旋即重操舊業。

到了一九六五年，荷蘭已成爲華人黑幫的理想沃土。荷蘭人夙來對毒品持容忍態度，警方對於有組織的犯罪並無經驗，而荷蘭又位居整個西歐的中心位置。荷蘭人撤出遠東殖民地、印尼獲得獨立之際，阿姆斯特丹和鹿特丹成爲數萬名華人難民聚居之地。華人幫會隨著難民潮進入荷蘭。跟往常一樣，華人社區自外於當地人社會，使得他們不被發覺，迅即搞起賭場、收保護費的勾當。中國餐廳的盛行給予他們最好的掩護；有若干中餐廳由黑道擁有，做爲合法的掩護，也可做爲集會地點、收容所，以及一般犯罪的中心。任何華人只要聲稱來某家餐廳打工，就可拿到簽證，順利入境。透過這種關係網絡，華人幫會迅速在華僑社會建立強大地位。

不久，阿姆斯特丹「紅燈區」周邊的一條吉迪克（Zeedijk）街就出現了一個小型中國城。儘管和這些性商店、性表演、性博物館及妓院毗鄰，華人並不經營色情行業。不過，誠如我們所見，從一九八〇年代起，他們已自泰國和中國進口妓女供應歐洲性產業。他們不去介入色情業，有特別的原因，因爲黑幫還有比賣淫更大的買賣要做。

荷蘭人對毒品的寬容態度，不僅反映在毒品法令寬鬆，對於有效取締亦出現許多法律障礙。警方依法不得假扮買主，誘捕毒販；電話監聽固然可以，卻不得呈庭做爲證據；允許歹徒以認罪換取減刑；攜毒固然不合法，警察攔檢的權力卻受到極大限制。若沒有被抓到使用皮下注射器注射，要偵辦、起訴癮君子還眞不容易。軟性毒品根本不受理會，咖啡館就可取得執照販售。一九七七年以前，擁有或販售海洛因最高刑期是四年；一九七七年起，加重爲十二年，但很少有人被判如此重刑。即使已被定罪，判了最高十二年徒刑，只要坐牢八年即可假釋出獄，甚且，坐牢也嚇阻不了毒販或遏止販毒。荷蘭監獄是出了名的舒服，毒販仍可利用訪客，以及不受限制的對外電話通訊，從牢房裡遙控販毒。最要命的是，荷蘭警方根本沒有華人警官，對華人幫會活動毫無概念。

走私海洛因的機會極大，以致於歐洲其他國家海關人員把荷蘭稱爲「篩子」。史基浦（Schiphol）機場的檢查程序相當鬆弛；鹿特丹港大到連海關都很難監視船隻；海防也不嚴，船隻隨隨便便就能靠岸，和比利時的邊界根本不設防，全然開放。海洛因進到鹿特丹，不消幾小時就可送往德國、法國或英國。

荷蘭警方首次抄到海洛因是在一九七一年，警方突檢一家華人幫派經營的地下賭場時，從一名華人賭客身上起出五十公克海洛因。這是荷蘭警方第三次碰上這種毒品，前兩次則是前一年查到癮君子個人吸食。可是，海洛因早在一九六五年就已經走私進入荷蘭。

這不僅是因爲荷蘭警方不曉得，即便是碰上了，也不認得這就是海洛因。毒品辨識訓練最多只稱得上剛剛起步。有一個故事，可能並非事實，卻暗示此一情形有多嚴重。故事是這樣傳的：有一天幾個荷蘭警察臨檢某中國餐館，在廚房裡見到一個水桶裡有幾袋塑膠包，上頭印著紅圈圈、幾個中國字、兩頭獅子和一個地球。警員問：塑膠包裡頭是什麼啊？得到的答案是，裡頭是炒中國菜用的一些草藥。不久之後，警方湊巧看到金三角運來的海洛因照片，就是此一地球牌商標。警察衝回中國餐館，塑膠包當然不見了；餐館老闆堅稱警察「一定記錯了」，把在別處看到的東西，記成是在他店裡碰上。

走私進入荷蘭的海洛因，主要終點站是西德，尤其是美國陸、空軍基地；美軍吸毒者甚多，在基地周圍城市如漢堡、法蘭克福、海德堡、烏爾姆（Ulm）、司圖加特（Stuttgart）、慕尼黑和威斯巴登（Wiesbaden）的街頭，隨便就能買到海洛因。美軍士兵從遠東和阿姆斯特丹攜帶海洛因進入德國，利用美軍郵包把毒品寄往美國，或者就用郵政包裹運回國。華人黑幫在美軍士兵群中找到好市場。在越南戰場上爲了壓抑恐懼而吸毒的美軍，現在卻藉吸毒排遣和平的無聊。新兵則在同儕壓力下也上了癮。然而，經過一段時間，軍方上級開始檢肅毒品，把有毒癮者除役或送去勒戒，需求遂告下降，毒梟必須另尋出路。他們朝向一般老百姓開發市場。歐洲海洛因毒潮開始泛濫。

*

雖然前文所述的馬家兄弟和吳錫豪是供應歐洲海洛因的要角——後者在阿姆斯特丹也擁有若干事業（其中至少有一家餐館），並組建起被稱爲「荷蘭關係」的網絡——他們從來不是荷蘭境內華人幫派的大人物。荷蘭華人幫派的龍頭老大另有其人。

身高五呎六吋、相當健壯的鍾孟（Chung Mon，音譯），有一張像猿猴的圓臉，雙手奇長，和身體不成比例。他的頭髮老是抹一層厚髮油，臉上一向帶著笑容；一九二〇年九月十日生於廣東省寶安縣，是個客家人。鍾孟另有一個名字陳賢（Chen Hsien，音譯），在阿姆斯特丹的華僑圈裡，大家稱呼他「火麒麟」——中國神話裡具有神力的動物。一九三六年，鍾孟加入國民黨，十八歲時前往香港，在一艘開往鹿特丹的貨輪上找到當廚子的工作。船到荷蘭，他立刻跳船，消失在當地華人圈中。他安然熬過納粹占領期，一般猜測，他替德國蓋世太保擔任線民。他不尋常地娶了荷蘭女子安・赫斯（Ann Hess）爲妻，除了感情，恐怕還圖她的國籍。她取了中文姓名，在一九四〇年代末期替他生了一個女兒。這段婚姻維持了二十年，大部分時間都住在阿姆斯特丹郊區紐文丹（Nieuwendam）伊爾培維德街（Ilperveldstraat）一三九號公寓的二樓。

十四K何時在阿姆斯特丹開山堂，鍾孟在什麼時候加入，現在都已不可考。可以確定的是，一九五一年時十四K一九五一年已在荷蘭活動。五年之內，它成了阿姆斯特丹最強大的幫會，而鍾孟是幫主。表面上，他是地方仕紳，樂善好施，其實卻是荷蘭最大的犯罪頭目。到了一九六〇年，由於行政管理技能高超，他把十四K在阿姆斯特丹的活動統統整合起來，尤其是不法的華人賭場業更是一統江山，結果，阿姆斯特丹成了十四K在香港以外最賺錢的一個城市。

海洛因從一九六五年開始抵埠，鍾孟成爲進口商，他的手下負責送貨、接貨、重新包裝，再配銷出去。這一來，十四K和他個人都大發利市，鍾孟起了擴張業務的念頭。一九六八年，他搬到德國杜塞道夫（Düsseldorf），但計畫失敗；香港的十四K首腦命他回到荷蘭，並給他一大筆經費在荷蘭擴大犯罪活動。回到阿姆斯特丹之後，鍾孟開了一家新餐館，取名「四海酒家」，也開了一家只收華人顧客的賭場。這兩樁生意都由十四K出資，並脅迫華人社區捐獻。他還在普林斯．亨德里克（Prins Hendrikkade）街一〇五之六號設立辦公室，經營其他事業，包含一家進口公司和「華僑旅行社」（Overseas Chinese Travel Service）。他被推舉爲華僑公所主席，這只是他參與眾多慈善活動的一小部分而已，他還參與了許多公益，給貧苦華僑提供衣食，代付醫療費用。荷蘭政府還公開表揚他的義行可風。

鍾孟也不是事事順心如意。賭場開張不久，就發生槍擊案，鍾孟被捕，一連扣押三個月不准交保，後因證據不足，才得以開釋。一方面是沒人出面作證，一方面是鍾孟在阿姆斯特丹警署裡有朋友。他替這些警界朋友當線民，出賣下層毒販來鞏固社會地位。

大約在一九六八年至六九年間某個時候，香港十四K決定指派鍾孟爲全歐的總堂主。他開始到處旅行，以不同姓名分持英國、台灣、馬來西亞或印尼護照；台灣護照更使他具有外交豁免權。一年之內，香港警方就認定他和犯罪份子（包括馬氏兄弟）有往來。後來，特務人員回報，指鍾孟在台灣受到官方歡迎，並由副總統接待，香港警方更加懷疑鍾孟身分不簡單。

鍾孟飛回阿姆斯特丹，接管整個西歐地區的海洛因配銷。走私客一度可以挾帶高達兩公斤的毒品闖關，不過，通常是以海運送達更大量的毒品。他們進口兩種海洛因：三號海洛因比較次等，可用以吸食，供應全歐華人癮君子，以及若干在前殖民地染上毒癮的荷蘭人吸用。四號海洛因是注射用，供應對象爲美國士兵，以及德國、法國、義大利和英國日益增加的毒癮客。有時候，鍾孟私人的防彈賓士轎車還親至史基浦機場或鹿特丹碼頭接貨。

一九七二年是鍾孟事業上一個重要里程碑。此時越戰進入尾聲；土耳其政府禁止種植罌粟（土耳其占歐洲鴉片供應量的四成）；鍾孟唯一的競爭對手，義大利黑手黨控制的輸歐毒品路線，所謂的「法國關係」，遭到瓦解。前文提到，馬氏兄弟和吳錫豪遂大量尋找其他管道運毒進入歐洲，供應市場上升的需求。鴉片煙純度標準上升，價格卻節節下降。十四K以低價供貨，吸引更多癮君子。

鍾孟爲了保護江山，和阿姆斯特丹警察總監陶瑞納（Gerard Toorenaar）建立良好關係。他提議替警方通風報信當線民，檢舉不法，並且防阻華人幫派在本市火拚，條件是警方不干擾他的生意。陶瑞納竟然接受了，這並不是說陶瑞納貪瀆腐敗，他是天真無知。有一回，鍾孟的賓士轎車在比利時被扣，陶瑞納出面交涉，替他索回汽車。據說，陶瑞納還提供證詞，聲稱鍾孟沒有涉及販毒；鍾孟運用此一證詞，得以避開在香港被拘留的命運。從香港警方檔案裡雖然查不到任何蛛絲馬跡，但有些警官堅稱，的確有這樣一份證詞存在。

平常都抽百分之五佣金的鍾孟，綽號即是「五%先生」；他在翌年開始把毒品輸出到美國。這下子，美國緝毒局盯上了他；緝毒局確認阿姆斯特丹是全歐洲海洛因的轉運站，因此緊盯阿姆斯特丹，果眞在當地偵破首宗海洛因走私案。消息很快就傳到香港，鍾孟奉召飛往香港受訓，俾便瞭解如何應付此一局勢。鍾孟亦前往美國，在內華達州快速和安·赫斯離婚；旋即以假名和另一名華人女子結婚。據說，新娘子原本是他手下主要運毒高手，替他生了一個兒子。

鍾孟的生意賺錢，鼓勵了遠東其他華人幫派進軍歐洲。和勝和大舉進軍阿姆斯特丹；其他幫派則在鹿特丹、柯布連茲（Koblenz）和安特衛普（Antwerp）建立基地。不久之後，各個幫派就打得頭破血流。阿姆斯特丹爆發公開大戰，有多次動用鋸短槍管的獵槍，一種荷蘭華人黑道愛用的槍械。鍾孟決心確保地盤，不讓和勝和染指，遂向警方密報。

下一個想搶地盤的是吳錫豪。他派三個部下從香港過來，在鍾孟的賭場對面開設一家豪華賭場。鍾孟又向警方密告。警方一臨檢，果然在吳錫豪的賭場裡搜到海洛因，而且幾可確定就是鍾孟手下暗藏，用以栽贓。警方逮捕若干人犯，但吳錫豪的三名手下已提前數小時聞風逃出國境。鍾孟氣不過他們如此囂張，尾隨他們到香港，據信，他向當局檢舉吳錫豪。鍾孟很可能是受到十四K的鼓勵才這麼做；十四K和吳錫豪早已不對盤，而且吳已受到警方監視。鍾孟因爲這一步棋，付出重大代價。一九七五年三月三日，鍾孟從普林斯·亨德里克街的辦公室走出來，預備搭上賓士轎車，不料路邊跳出三名華人男子，在近距離向他開了十槍。刺客是由香港專程來荷蘭，但永遠沒法予以確認，也從未落網。但是情資證實，他們的確是吳錫豪昔日幫派的成員。鍾孟之死，起了一個作用——使歐洲警界開始注意到華人黑幫的存在，但是仍要過了十年，警方才正視其勢力非同小可。

鍾孟代表十四K和馬家兄弟在短短幾年內就建立海洛因銷售網，使得歐洲迄今不能解脫。他也啓動了海洛因進入美國東岸的機制。直到今天，華人黑道仍把鍾孟當做全球海洛因生意的始祖。

＊

荷蘭警方在鍾孟遇害之後，大力查緝阿姆斯特丹華人黑道，許多人紛紛避走。有些人轉到德國，有些人回到遠東，但是大部分前往英國，因爲十四K在倫敦、伯明罕、利物浦和曼徹斯特的華僑社會已經十分活躍。

十四K從香港派了一個長相像毛主席、綽號「毛澤東」的陳原木（Chan Yuen-muk，音譯）來取代鍾孟。陳粗魯、兇暴，出身九龍的地痞流氓。他對非法賭場勒索，提高保護費，還下令走私毒品進荷蘭的幫派要繳交「落地費」給十四K，甚且一再吹噓自己勢力強大，人人畏服。不久，整個華僑社區都受不了他：原本並不痛恨必須繳交規費給鍾孟的一般商家百姓，開始痛恨陳；黑道也不信賴、不喜歡他。最要命的是，他引來警方注意。十四K的競爭對手察覺這股民氣，決定善加利用。

首先煽風點火的是新加坡來的「阿公幫」（Ah Kong），意指「公司」。過去他們向鍾孟繳交五%規費，換得從事販毒生意多年，陳卻企圖收回這項特許，要求他們一定要透過十四K做生意，上繳的利潤要提高。結果當然不好：一九七六年三月三日，陳在一家中國賭場門口遭到殺害。大家都曉得這個日子的意義。兇手是來自新加坡的殺手。

陳之死使得十四K立刻陣腳大亂。阿公幫把握機會，向江湖放話：今後任何人走私毒品進入荷蘭，都得委託他們代爲分銷，他們要獨霸阿姆斯特丹的海洛因市場。有人不理會，遭到香煙頭燙身之刑，再以亂刀刺死，這是華人幫派五雷轟頂、千刀砍死之刑的變形。由於海洛因生意昌隆，有些獨立走私客在取得阿公幫許可下也做起生意。當然，也有人決心不理阿公幫，放手一試。人稱「強尼・陳」的新加坡華人陳振前（Tan Suan-chin，音譯）就是這樣一個大膽傢伙。他安家在瑞典，娶個瑞典女子爲妻，但在阿姆斯特丹做生意。一九七七年，警方接到阿公幫線民檢舉，把他抓了。

十四K被搶走地盤，卻無力反擊。他們在香港的老巢，因爲警方才剛自清，廉政公署窮追不捨，已經陣腳不穩。和勝和在香港乘勢崛起。十四K必須全力對付此一新局勢。十四K遂和阿公幫達成協議：阿公幫據有阿姆斯特丹和德國市場；十四K保有鹿特丹、巴黎和倫敦的地盤。由於毒品市場已經大到足以容許一個以上的主角，兩派遂決定瓜分天下，共同分享。

幫派之間照常因爲有些人要自立地盤或爭面子，不時爆發械鬥。一九七五至一九八〇年間，阿姆斯特丹街頭三不五時就出現華人自相殘殺的事件。六、七個華人黑道幹部遭人殺害，還有不少人被砍。荷蘭當局和華僑社會都受不了，當局大舉掃黑。販毒的最高刑期提高兩倍，由四年增加到十二年；警方緝毒單位擴編，也和香港警方、美國緝毒局、聯邦調查局與英國海關加強聯繫；移民黑道人物被捕，送進監獄，或驅逐出境。

這些措施在民眾面前或可交待，實際上卻一點也妨礙不了毒梟做生意。海洛因繼續流進荷蘭，若非一九七七和七八連續兩年金三角罌粟歉收，恐怕生意還要愈做愈大。由於金三角產量降低，華人黑道的光采被以金新月（Golden Crescent，位於巴基斯坦、伊朗及阿富汗邊界）爲基地的土耳其人、伊朗人和巴基斯坦毒梟搶了過去。此地的罌粟種植業不僅資助黑道犯罪，還參與政治鬥爭。阿富汗游擊隊抵抗俄國軍隊入侵，就靠著海洛因支撐。

由於毒品的根基受到侵蝕，荷蘭華人幫派只好再回頭搞地下賭場、收保護費、持械搶劫的把戲。一九八〇年代，犯罪率大幅上升，而之前被抓去坐牢的華人黑道也逐漸獲釋出獄。犯罪所得不僅使幫派鈔票多多，也可用來資助泰國販毒事業的發展。泰國毒梟從寮國引進海洛因。阿公幫因警方查緝得兇，人員和勢力均告降低，地位大不如前；原本聽命於他們的馬來西亞或新加坡走私者，又回去投靠勢力再起的十四K。

十四K學到重要教訓。他們在荷蘭不再居於劣勢，已是一個組織嚴密的團體，不僅進口海洛因，也進口嗎啡磚。他們在荷蘭鄉下的祕密提煉廠，在烏特列克（Utrecht）、希維森（Hilversum）等城市的公寓，或荷蘭北部偏遠地區，把嗎啡磚提煉成海洛因。由於阿姆斯特丹的華僑已散居各地，不再有華人社區存在，因此十四K化爲零星小組，借中國餐廳爲基地營運。一九八〇年代中期，荷蘭警方查獲七座海洛因工廠，散布在荷蘭各地。十四K恢復雄風，獨霸市場，使得荷蘭社會得到平靜，暫無幫派械鬥。可惜，好景不常。又有一個新的華人地下組織即將崛起。

*

大圈仔首次出現於一九六〇年代末期。它並不是道地的華人幫派，雖然本體上循幫派路線運作，卻不依賴儀式維繫，也和傳統毫無瓜葛；並非單一幫派，而是眾多犯罪堂口的鬆散聯盟。大圈仔的創始成員，是毛澤東惡搞文化大革命時留下來的紅衛兵，以及從人民解放軍退役下來的士兵。他們和十四K一樣，始於廣州及其周圍縣分。大圈仔之得名，有兩個說法：一是廣州在黑道口裡稱爲「大圈」；一是許多歹徒被紅衛兵送去勞改的集中營，在地圖上以一個大圈標記。大圈仔是職業歹徒，往往是從勞改營逃出來，來到香港後，又轉往北美洲。有些是得到政治難民簽證的移民，大部分則靠偷渡入境。留在香港的大圈仔靠暴力持械搶劫維生，銀行、金舖和保全車輛，無所不搶。由於能取得人民解放軍軍火，他們配備中共部隊的攻擊步槍和槍榴彈發射筒。一般的華人幫派是避免明火執仗搶劫，大圈仔卻悍然作案，搞得各幫派相當不痛快。

大圈仔在一九八六年進入荷蘭，大多數靠假身分入境。不到兩年時間，他們就掌握了華人黑社會活動，成員大肆擴張。他們具有軍隊一般的高效率組織，又是泯不畏死的兇悍，立刻接收了十四K對販毒的專賣壟斷事業，把阿公幫氣燄壓制下去，很快就成爲歐洲最有紀律、最複雜又協調一致的犯罪集團。它的基地是阿姆斯特丹，但全歐各地都有獨立堂口。想滲透進去，或取得有關他們的可靠情資，可說十分困難。除了海洛因，他們也染指地下賭場和收受保護費，並且強力介入非法移民生意。其勢力之大、惡行之猖獗，逼得荷蘭警方於一九八八年公開表達關切華人社區暴力犯罪上升，明白號召全國華人社區協助緝拿大圈仔，繩之以法（警方特別點名大圈仔）。難以置信的是，這項訴求激發了華人社群，一些中國餐館業者集合起來，匿名上書荷蘭政府，申請保護。由於華人社區領袖和失勢的黑道幫會協助警方，大圈仔遭受相當大壓力。有一個大堂口遭警方瓦解，他們在阿姆斯特丹的力量因而爲之中挫。

然而，此一成績僅能算是八爪章魚斷了一臂而已。大圈仔在國際上仍然十分強大，橫行歐洲各地——歐洲共同體的護照管制和海關檢查在一九九〇年代放鬆之後，他們益發猖獗。爲了逃避官方偵查，他們把海洛因進口及提煉廠分散開來，並且不時流動，易地操作，毒品提煉師還從遠東飛來製造毒品。由於其組織技巧高明，大圈仔在歐洲一直是個大問題，而阿姆斯特丹也一直是他們的活動大本營。

就許多方面來講，阿姆斯特丹也依舊是華人幫派活動的大本營。與歐洲其他國家比較起來，荷蘭法令依然十分寬鬆；阿姆斯特丹又居於地理要衝，極易跨國進出，是個多種族的大城，華人在此並不顯眼。荷蘭不斷出現華人幫派行兇殺人案件。一九九五年，有九名華人被暗殺；一九九六年二月，有一名華人陳屍於哈冷梅米（Haarlemmermeer），身上有四種武器射出的四十九個槍傷！近年來，荷蘭又出現來自浙江省溫州的另一個華人幫派。溫州幫專搞敲詐勒索和搶劫，以巴黎為主要基地，橫行歐洲共同體，被認為是最具潛在威脅力道的華人黑道組織。

*

華人黑道幫會在西歐各地遍設分支單位，從事傳統的敲詐勒索勾當，只要有足夠的華人生意立足，他們就如影隨行，一定出現。法國有許多越南裔移民，他們經常和越南幫派合作；在義大利，他們有時和黑手黨聯手，也和那浦勒斯（Naples）、羅馬、米蘭和杜林（Turin）的黑道合作。他們和黑手黨有多年合作經驗，利用從阿爾巴尼亞偷渡進入義大利的非法移民，走私海洛因。不過，義大利黑道願意和他們合作做生意，卻不敢掉以輕心，深怕被他們吞沒，因而也防著他們，不讓他們坐大。西班牙沒有太多華僑，但華人黑道活動可一點也不少。一九九四年，西班牙當局報導，過去六年，非法移民顯著增加，華人黑道活動也上升。由於西班牙法令有漏洞，一九九三年以前一連多年，華人申請政治庇護的個案大幅上升，許多人甚至由蛇頭作陪來申請入境許可。現在，此一漏洞已經堵上。

德國境內的華人黑道活動頻繁。誠如前文所述，德國因為境內的美國駐軍，早就出現海洛因的問題。依美軍自己的統計，我們就知道問題的嚴重性。據估計，德境美軍有兩萬七千人定期使用硬毒品；單是一九七九年，九千名美軍因吸毒罪被捕，被扣押沒收的海洛因價值高達六千萬美元。

一九八〇年代有一段時間，德境華人幫派遇到土耳其人的嚴厲競爭（德國境內土耳其外勞高達一百萬人以上）。到了一九八三年，土耳其人由金新月進口海洛因，和華人黑道競爭。不過，他們還構成不了實質的威脅。從事販毒勾當的大多是個體戶，缺乏華人的效率、周密和專業。他們缺乏綿密的關係網。甚且，土耳其海洛因的純度沒有華人黑道的毒品那麼高，華人維持住大半江山。

在歐洲其他國家，華人幫派即使有活動，也微不足道。在北歐斯堪地那維亞半島，他們的名號聽都沒聽過；在丹麥只算得上跳樑小丑；在希臘和葡萄牙，根本就不見蹤影。在東歐國家，他們根本無法立足，因爲這些共產政權把他們當做顛覆份子，祕密警察盯得極緊。不過，近年來有研究指出，蘇聯特務機關國家安全委員會（KGB）有好幾次，對中國顧問或外交官挾帶走私海洛因，刻意故作不知情，或提供協助。允許華人走私海洛因的兩個共產國家是阿爾巴尼亞和保加利亞。阿爾巴尼亞獨裁者霍查（Enver Hoxha）個人對販毒抽成。

從一九五〇年代初期起，保加利亞就有系統地參與組織犯罪。保加利亞特務機關KDS，從事土耳其嗎啡磚、海洛因以及武器的走私買賣。他們偶爾會向華人購買海洛因，透過土耳其、巴基斯坦毒販，賣到歐洲和美國，再把得來的錢購置武器，供應巴基斯坦和中東的恐怖組織。這些生意全透過KDS控制的一家國營進出口公司Kintex進行，合作的對象有西西里島的黑手黨、黎巴嫩的歹徒，以及貪瀆的瑞士銀行家。今天，Kintex已改名爲KoKintex，但仍脫不了從事販毒買賣的嫌疑。

歐洲大陸的華人幫派相當活躍，荷蘭是他們的大本營；但是歐洲還有一個國家，華人幫派成立得比其他地方更早，且一度隱然是治安最大憂患。這個國家就是英國。

第二章　橫行英倫

華人至少自十九世紀初就進入英國居住。由於對東方的貿易擴張，以及東印度公司的活躍，有少數華人住在當時英國的主要港口倫敦。他們是在遠東受雇上船的船工，或許是爲了塡補往程時折損的人力空缺。一八一四年，有一小撮華人船工住在碼頭區附近。他們並非定居下來的人口，事實上也不喜歡住在英國，只要等到下一班船肯雇他，立刻就打道回國。隨著時間進展，英、中貿易上揚，更多華人受雇上船工作。有些幹船員，有些受雇在駛往東方的客輪上當僕役、廚師和洗衣工。

海員就業機會提升之後，倫敦東碼頭區附近的萊姆豪斯（Limehouse）與彭尼費特斯（Pennyfields）一帶，出現小型的華人社區。據一八六一年的人口普查，全英國有一百四十七名華人居民。二十年之後，也只有六百六十五人，但其中百分之七十五以上住在倫敦。

他們簇擁擠住在狹窄的街道上，亂糟糟，就好像老家廣州或太平山的巷弄胡同一般。這些華人開設供膳食的寮舍、食堂、洗衣坊、賭攤、妓院、一間小小的天后宮和鴉片館，供應過境華人船工之需。他們不和左鄰右舍交往，成爲自成一格的異國奇觀。維多利亞女王時期的英國人，跑到此地來觀賞男人紮辮子、船工用筷子吃東西的「奇景」。華人不理會遊客來來去去，是個守法的民族，大體上官方也不去干預，他們沒受到太多種族歧視。華人社區實質上並沒有華人婦女存在，他們的妓院是用白人妓女，她們也是住在唐人圈裡唯一的非東方人。

華人繁榮起來後，立刻成爲受壓榨欺負的對象。到了一八九〇年，倫敦東碼頭區至少有一個黑幫出現，收取保護費、開設幾間鴉片館、賭場和高利貸當舖。鴉片是最賺錢的玩意，雖然合法，對華人船工而言，卻十分昂貴。由於多數船工經常吸食鴉片，需求甚大，因此黑道自己進口，藉由走私而躲避上稅。英國警方根本不曉得華人社區出現黑社會幫派，因爲華人不會去報警，而幫派也從不踏出華人社區去活動。

其他幫會旋即跟進。義興幫在另一個大港口利物浦，開了一家寮舍。大約一九〇〇年，致公堂也在利物浦設立分支單位，迄今仍在尼爾森街十號設置會所，做爲華人社交場合，並自稱是華人互助組織。這不是個犯罪組織，或許稱得上是歐洲最古老的華人祕密會社，遵奉傳統價值，歷史可上溯至久遠以前。

華人幫派雖然往往壓榨商民，在第二次世界大戰以前的英國，他們在社會上起了互助作用，且愛國心切，提供麻將班之類的集會場所，讓華人有休閒聚會之地；一旦同胞和社區外的人士發生糾紛，也提供法律援助；華人彼此出現糾紛，由幫派來仲裁；以市場利率借錢給家有婚喪喜慶的同胞，提供青少年獎助學金，照料老弱貧窮者之保健。孫逸仙到英國募款，他們集資捐助共和革命；國共交戰，他們捐錢給蔣介石，贊助他剿共。

從一九〇〇年左右至一九四九年國民黨失守大陸這段期間，英國境內華人人口起伏不定，但平均超過四千人。到了一九五〇年代初期，情形變了。毛澤東得勝，數十萬難民逃往香港。由於英國承認蔣介石在台灣的流亡政府，認爲有責任接受這些政治難民，因而允許他們入境。英國政府爲了提升其殖民聲譽，也自願收容難民。鑒於許多殖民地力爭獨立，印度也在一九四七年取得自治地位，英國認爲在外交上有必要展現寬宏大量。

接納華人難民產生的效應是，許多華人從香港再轉往其殖民宗主國。這是個很自然的目的地，因爲他們持有英國護照。許多人來到英國，希望找到一個面積更大、與香港又不會相差太多的島國，一個能夠安家立命、發財致富的地方，因爲英國已走出戰後貧瘠的日子，商業在成長，工業也急起直追。

移民到英國的華人帶來廚藝，中餐館開始在各大都市出現。咕嚕肉、蛋炒飯、腰果雞大爲流行，取代了炸魚薯條餐。許多餐館東主、廚師、跑堂紛紛來到，接著是供應餐廳所需的生意人。華人人口從一九四九年的四千人左右，到了一九九五年已爆增至將近三十萬人。

許多移民是年輕人，把妻小家庭留在香港，隻身到異鄉打天下。除了在餐廳打工、侍候人吃飯外，他們沒有和英國人打交道；靠著日常生活，學幾句英語；在餐廳裡長時間工作，而且依照古老的傳統，埋頭苦幹。警方認爲他們是最奉公守法的社會成員，一點也沒錯。

華人愈來愈多，新的中國城開始出現，原先的居民一點也沒感覺不方便。西印度人、巴基斯坦人和亞洲其他國家移民之所以不受歡迎，受到威脅、迫害，是因爲他們被視爲狡猾地滲透進入英國社會，搶走英國人的工作機會，還搬進「白人」社區。華人封閉自守，並不去取得這類不動產，只集中在沒人要的、破敗的城區建築物。華人社區在利物浦、伯明罕、南漢普敦、卡地夫（Cardiff）和格拉斯哥（Glasgow）這種遭戰火蹂躪、破敗不堪的城市冒出來。

倫敦的萊姆豪斯地區已不復存在，戰時被炸光了。碼頭已式微，華人不再需要聚居當地，何況大部分華人現在也不是船工了。大約在一九六〇年，華人突然發現一個大好機會。蘇活區（Soho）是脫衣舞俱樂部、妓院、藝術家工作室、爵士酒吧和咖啡廳林立的紅燈區，租金低廉，吉拉德街（Gerrard Street）附近地區尤其便宜。華人嗅覺靈敏，開始進入。中餐廳打前鋒，供應華人顧客的生意隨後出現，食品行、書店、旅行社、美容理髮院、律師、會計師、銀行、中醫師、針灸師、草藥店、五金行、家具行，全都冒出來。看不到的是地下賭場、妓院和麻將館。由於他們不惹是非、只涉及華人本身，半承認這是華人生活的一部分，警方通常不去理會。一般認爲華人存在，大體上對英國有好處。當然，這些設施是由幫派經營，但警方對此沒有概念，不曉得華人幫派是何方神聖，也沒有人會去告訴他們。

時序進入一九六○年代，英國的華人幫派照樣運作。每一個華人商家繳交保護費，缺錢的餐廳跑堂被高利貸欺騙，孤單的男人上妓院尋求慰藉。情勢很可能會如此繼續下去——可是，因爲六○年代的搖擺動盪，以及海洛因肆虐這兩項因素影響，出現了變化。

*

一九六四年工黨親政下，英國經濟一片榮景，香港華人大量湧入英國。伴隨他們而來的是新的華人幫派，他們尋求擴張，尤其費心想做海洛因生意。英國是毒品的理想市場。社會正在激烈變化中，年輕人逐漸占有重要的一席之地，以往的道德意識備受挑戰，舊秩序蕩然無存。在當時的自由氛圍中，隨性所至作愛濫交、反抗權威、大麻菸盛行。海洛因是走向徹底解放的下一步。

直到一九六七年左右，十四K是英國唯一的華人黑社會犯罪幫派。他們何時抵達英國，已不可考，但一九五二年已出現蹤跡。他們在倫敦、利物浦和布里斯托（Bristol）三個城市勢力強盛，其次則是在曼徹斯特和南漢普敦。這些堂口各自獨立，他們雖和在香港以及全球各地的十四K有關聯，卻不隸屬於一個大一統的組織。他們並非歃血兄弟，即使同在英國境內卻互相爲敵，過去如此，現在亦然。他們彼此之間的關係，例如香港十四K供應海洛因給曼徹斯特十四K，並非兄弟同盟，而純屬商業往來。

哪一個幫會、在何時首先進口海洛因到英國，已經無法確認，不過其來源則相當清楚：由香港的吳錫豪經過阿姆斯特丹，送進英國。有可能是十四K經手：以十四K的組織架構和關係網絡，確實有這個能耐。但也有可能是和勝和經手，他們大約在此時出現於英國。大環境已經成熟，華人黑幫即將大展身手。

英國警方雖然得到美國聯邦麻醉暨危險藥物局（Federal Bureau of Narcotics and Dangerous Drugs，後來改組為聯邦緝毒局）和聯邦調查局強力預警，卻毫無準備去對付此一新問題。美國駐倫敦大使館甚至配置常設緝毒調查官員，負責蒐集毒品走私情報，滲透毒梟組織，辨識攜毒闖關者。他們比英國警方更熟悉毒品取道英國、進入美國的狀況。美國大使館這位官員和英國治安機關合作，他的工作方法令英方咋舌：他付錢給線民，讓線民佯裝買主，還用政府豐厚的資金實際買下毒品，以便建立該線民在毒販面前的可信度。直到今天，英國警方的線民還沒有薪酬，只能收受費用開銷，而且在政府行政事務、帳務皆需交待清楚的新時代，還得荒謬地和政府簽立雇用合約，表明志願當線民！

同一時期，在地球的另一端，情勢出現大變化。香港警方被廉政公署大力整肅。由於警界靠山已倒，保護無著，許多黑道認為香港是個危險之地，決定遷地為良。英國沒有實際的緝毒單位，對華人幫派又欠瞭解，成了上等的避風港。

*

整個一九八〇年代，英國各大華人幫會莫不爾虞我詐，競爭霸位，地盤變動就帶動權力起伏，華人幫會處於動盪局面。唯一不變的因素是受害人，他們必須應付需索，並且閉嘴噤口。犯罪型態比以前更多花樣，現在連加值稅詐騙案也玩，通常是透過合法設立的事業，逼他們玩法逃稅。如果查稅員發現弊端，倒楣的是那個守法的華人，被扣上侵吞稅款的罪名。毒品也走私進口，而且不限「A級」危險毒品如海洛因，還有各種較「軟性」的毒品如古柯鹼等等，其中有不少在荷蘭和德國製作，並由華人幫會交通走私進到英國，與歐洲毒梟有激烈競爭。

新幫派亦轉移碼頭到英國。英國政府於一九八四年簽署中英聯合聲明，要在一九九七年把香港主權回歸中國。之後的幾年間，香港出現一股不確定的氛圍，對黑道產生的衝擊並不亞於對生意人和大亨的影響。許多英國人前所未聞的黑道幫會開始遷入。其中又以和安樂（水房）與新義安幫為最大。

和安樂非常有組織，十分專業，其首腦人物有許多是合法公司成功的生意人；他們利用組織來拓展獲利、逃避稅金，以及洗淨來路不清的所得。他們以倫敦和南漢普敦為基地，也和愛爾蘭、荷蘭、德國和法國各地的和安樂保持聯繫，傾向於從事「沒有受害人」的生意，利用賭博、仿冒和盜版錄影帶等去賺錢，不過他們也會搞敲詐勒索。

一九九三年有個自稱和安樂打手的線人鍾偉恆（George Cheung Wai-hen，音譯）出庭作證一樁六名華人企圖持械加害對手林英傑（Lam Ying-kit，音譯）的案子，使我們得以略知和安樂在英國活動的一隅。鍾偉恆奉命殺害林英傑，卻於一九九一年九月七日和其他夥伴搞砸了。他向庭上描述入幫儀式。儀式於某天深夜兩點，在富勒姆（Fulham）區灰狗路（Greyhound Road）公主花苑中餐廳地下室舉行。儀式大體遵循傳統方式進行。鍾偉恆供稱，他必須照英國慣例，付三六・六英鎊介紹費給介紹人——演員鄧偉民（Tang Wai-ming，音譯）。鍾偉恆因與檢方合作，減刑為五年徒刑。

新義安在英國遵守商業規矩營運，其結構頗像一家組織嚴密的大公司。它擁有合法事業，從事白領犯罪，也專精在全球各地安排東方演藝娛樂，邀請亞洲藝人演唱、表演，聽眾和觀眾也不限於華人。

英國的第二大華人幫派是十四Ｋ。他們在利物浦和倫敦仍然勢力強大，其他城市也有堂口，欺壓華人商家，對於其他族裔的公司，如西印度人和亞洲人的小商店、小工廠，也有程度較低、但仍可觀的欺壓行爲。巴基斯坦人和印度人較易淪爲目標，西印度人傾向反抗，一遇威嚇就去報警；亞洲人較畏縮，極力避免麻煩。十四Ｋ從華人社區吸收徒眾，吸引逃家的學齡青少年或愈來愈多的中國大陸非法移民青年入幫。傳說也有非華人青年加入十四Ｋ，不過其眞實性無從證實。

可以證實的是，英國城市青年幫派往往模仿華人幫會，尤其是看了中國功夫、警匪動作片後，更是起了英雄崇拜之心。這些準「華人黑道」幫派，往往取名「小鬼幫」、「越南小子幫」，在倫敦富勒姆地區則出現ＳＷ三合會。他們偶爾會有華人弟兄，這些華人弟兄或許會再介紹他們結識眞正的華人黑道。這些幫派成員大部分爲白人，若有種族混合者，也以歐、亞混血爲多，罕見非、歐混血；他們的年齡大多在二十上下。雖是模仿，卻同樣兇狠，經常鎖定其他青少年恐嚇、搶劫或毆打。他們也強迫青少女賣淫，以威脅其本身或家屬之性命來迫使她們「效忠」。這些妓女經常不只替幫派工作，也替華人黑道經營的妓院工作，在這裡她們的陪宿費可以高達一小時兩百五十英鎊！

自從一九八八年以來，倫敦地下鐵和火車月台就出現許多華人不良少年幫派的塗鴉，和一些愛亂塗亂畫的足球流氓及街頭畫家爭奇鬥艷。當年十月，有個越南青年遭到勒殺，屍體丟進泰晤士河，當他屍身浮出時，穿著有蜘蛛網圖樣的恤衫，據信應是越南幫派制服。

*

今天英國最大的華人幫派是和勝和；它以曼徹斯特爲基地，在伯明罕、倫敦和格拉斯哥設有堂口，另在布里斯托、新堡和卡地夫也有小股人馬活動。其四九弟兄人數眾多，另有一批紅棍負責指揮調度。它以三合會慣有的方式吸收幫眾，但也含納生意人入會；這些生意人有些爲了本身安全考量，與他們結盟，也有些我們姑且稱之爲副會員（一時找不到更好的名詞），利用和勝和的犯罪活動做爲投資機會。各個堂口的四九弟兄，通常集中在一個華人文化俱樂部或練武學堂，在界定明確的都會區某處活動，很少侵入他人地盤。然而，在鄉村地區，他們很可能爭搶地盤，向很遠的華人商家勒索保護費。他們向遠在特魯洛（Truro）和大雅茅斯（Great Yarmouth）的中國餐廳勒索保護費的消息，亦時有所聞。

曼徹斯特以「龍城」地位聞名遐邇。這是百年前清廷朝諭准許重要都會在舉辦盛大的宗教或文化大典時，展現巨龍的現代版演繹。全世界在東方之外，只有三座城市得清廷正式頒諭，承認爲「龍城」——分別是澳洲的柏斯（Perth）、美國的舊金山和加拿大的溫哥華。

一九八〇年代的曼徹斯特成爲全世界華人社區成長最快的一座城市。華人居民從一九八〇年的七千人，到一九九〇年已超過三萬五千人，僅次於倫敦，是全英國華人第二多的城市。柴契爾夫人執政時期，本地重工業快速式微，地價下滑，華人乘勢買進，已散居全市各角落。爲了因應工業重挫，政府施行貿易鼓勵措施，使華人商家更添助力。然而，絕大多數華人生意集中在市中心約一平方公里面積的中國城。此一社區的重要性，從中國在此設立領事館，有一份中文日報、一個粵語的地方時事廣播電台，可見一斑。香港的代表航空公司國泰航空（Cathay Pacific）每天有波音七四七—四〇〇班機，往返曼徹斯特和遠東。

*

隨著一九八〇年代的時序進展，警方對華人幫派益發瞭解，也日益採取對付措施。華人幫派針對其受害人卻變本加厲欺壓，一則是挽回面子，一則是彌補收入短絀。華人商家仍然很怕黑道，卻開始不那麼順從。雖然英國並無證人保護措施，卻有愈來愈多人願意出來報案或「匿名檢舉」。

用不著說，黑道暴力事件仍繼續發生。一九八七年，有一群華人因砍殺鄭必偉（John Cheng Pik-wai，音譯），在格拉斯哥法院受審。鄭必偉擁有一家餐廳，爲一中年人，從一九七四年就在蘇格蘭定居。鄭必偉在華人社區備受敬重，是個武術大師。他被格拉斯哥華人尊若聖賢，平時樂善好施，樂於替人排難解紛，還布施中藥賑濟同胞。大凡宗教或文化事務，大家都樂於登門請教他的意見。由於傳授武功，他在英國各地有許多學生；這些學生有的是幫派份子，有的則不是。

整起事件除了兩點差異外，與一般的買兇殺人事件相比，並無不尋常之處。原本要置他於死，不料鄭必偉武功高明，防衛得法，保住性命；現在，他準備出庭作證。他對法官侃侃而談，使法官得以對格拉斯哥，乃至全英國的華人黑社會有了深入瞭解。而且，他指出誰是兇手。本名鄧偉民、曾在香港監獄當獄卒的和安樂成員，被認定有罪，以企圖殺人罪名判刑十二年。此人在曼徹斯特亦涉及另一起砍人事件，早就遭到通緝。

鄭必偉事件的影響極大。他勇敢站出來作證，令許多華人勇氣倍增，開始願意向警方報案。因此，華人黑道只好開始尋找新商機。到了一九九〇年代初期，終於讓他們找到了——或許應該說，他們重操舊業，又要從海洛因生意討生活。

自從一九七〇年代中期大張旗鼓取締販毒以來，英國的華人幫派一連十多年對海洛因淺嚐即止，把這門生意讓給別人去做。儘管警方和海關不斷改進查緝作業，海洛因還是大批流進英國。雖有緝毒人員雷厲風行查緝，愛滋病傳染令人聞之色變，古柯鹼亦大增，但海洛因仍是許多人鍾愛的毒品。走私客爲了服務癮君子，調整其系統來對付執法機關的新方法、新戰術。

走私進到英國的海洛因，大部分並非來自金三角，而是由巴基斯坦和中東黑道，勾結歐洲幫派從金新月走私進來。不過，仍有一部分是華人黑道取道阿姆斯特丹或中美洲，運毒進英國。

過去，要逮到華人黑道走私客，比較容易，因爲華人相當醒目。到了一九八〇年代末期，華人走私客也做了調整。他們放棄東方交通、華人海員或航空公司職員，一度利用奈及利亞人或加納人帶貨，後來集中利用西方人。揹著行囊四處旅行的人士，傾向於賺幾文外快，是上好目標，可是在海關官員眼裡，這種人畢竟太有嬉痞味道，未免風險太大。觀光客也不錯。有些觀光客同意冒險帶貨闖關，以便賺取暴利，支付度假費用。有些人則在不知情之下，行李遭機場或旅館的華人員工動了手腳，偷藏毒品，成了共犯。有些人則在海外旅遊時，結交了華人朋友，經不住他們請託，帶些禮物到英國給其親友。然而，一九九〇年代的海洛因走私客則是完全不同的一型人物。他（或者是她）現在更可能受過良好教育、旅行經驗豐富、機智、精明、有數字概念，挺像是在國際商場上縱橫捭闔的好手。

一九九〇年代，英國人吸食海洛因之風氣又告復活，華人幫會也參與其事。此風始於一九八五年，香港華人李公穆（Li Koon-mui，音譯）抵達英國。李公穆是阿姆斯特丹十四K山主，在當地經營一家賭場。他因爲有一連串販毒前科（一九七七年初次因走私毒品被判刑四年），遭荷蘭當局驅逐出境。此人亦以兇暴出名，曾經涉嫌以機關槍襲擊黑道對手。他在倫敦現身後不久，就出現數起華人幫派槍擊事件。這些事件並不尋常，因爲英國的華人幫派懾於英國嚴格的槍枝管制法令，傾向於不使用火器。

一九九五年初，吉拉德街出現新現象：中國大陸移民大量出現，並以福建人居多。與老僑相比，他們就和中國城那兩座石獅一樣醒目。他們穿著大陸製的低廉、老舊衣物，只會講普通話，向其他華人行乞。由於他們聚集在這兩座石獅附近，石獅開始被當地人稱爲「失業人口仲介所」。好心給他們工作機會的華人，發現他們偷懶、又不可靠。警方把他們當流浪漢或非法移民逮捕時，他們立刻申請政治庇護，只不過能夠如願的並不多。

這些伺機尋求庇護的流浪漢，大多數不符申請難民庇護的條件。準備比較充分的是一些華人異議份子，在天安門屠殺事件後獲准來英國居住。他們在倫敦成立「民主學社」，只要繳交五千英鎊，該會社就能提供一份幾可亂眞的假文件給尋求庇護的同胞。這些文件包括中國官方逮捕令、朋友警告此人千萬莫回老家的信函、家屬遭公安人員詰問的消息，甚至連懸賞抓人的海報都有。移民官看了，莫不同情心油然而生，就批准了授予庇護。

往後幾年，人口走私盛行；警方不時在倫敦各地抄查，找到二、三十人擠住在一間三房公寓，像沙丁魚般，還得輪流躺下來睡！十九世紀香港苦力寮舍重現在今天的倫敦。移民官不時也會從來自海牙或安特衛普、載運花卉或乾貨的貨櫃卡車裡，查到十幾二十名非法移民藏身其中。有時查到的偷渡客，多到令警方只能逮捕其中少許人——因爲沒有足夠地方收容他們！那些沒被捕的，立刻消失無蹤；被捕的則申請住屋及各種福利，往往都能如願。即使配屋供住，他們仍然長時間失業，其實也沒有就業能力。因而，很容易就被華人幫派吸收。

*

在英國定於一九九七年撤出香港之前的幾年，有段時間國際出現一股恐懼，深怕香港黑道在共產黨開進之前就從香港出走。英國國會一委員會於一九八五年發表一份報告後，此一恐懼感稍爲緩和。這份報告說：「我們滿意在英國境內並無三合會組織活動，只有一些幫派打著三合會名義製造恐慌。因此，威脅陰影是過度誇大，不符實情。『三合會』這個字眼其實可以自警方詞彙裡取消。」雖然香港黑道並未在一九九七年之前大舉出走，但此一委員會的結論卻太過離譜。

到了一九九八年，三合會組織依舊十分活躍。警方開始召開全國及區域會議，專門討論華人幫派活動，也派員到香港取經，接受有關華人幫派活動的訓練，同時亦增加便衣刑警偵查。鄭必偉遭狙殺事件令治安當局大爲憂心，負責處理鄭案的夏凱（John Sharkey）警官，在一項內部會議中宣稱：

我不敢苟同〔政府〕發言人有如此信心做此結論。三合會、幫派、社團，不管你怎麼稱呼他們，的確存在，且在聯合王國的英籍華人社區中活動。他們和其他一般幫派的區別在於其儀式、組織程度，以及號令井然。他們的特色在於有一套層級結構、作業祕語，以及效忠位於香港之上級。華人犯罪世界是幾乎無法打入的一個祕密社群。

夏凱半對半錯。英國的華人幫派並不聽令、效忠香港的龍頭老大，他們對儀式早已淡化到虛應故事。不過，他說的一點都不錯，他們存在於現代英國華人生活中的每一層面。

歷經長時期對此一問題的忽視（無知的成分大於懈怠），到了世紀交替之際，警方掃除華人黑幫的行動日益成功。大都會警署在對付三合會黑道犯罪上已逐漸發展出專才，近年來對非華人幫派搞出來的罪案，也日益有心得。今天，警方對華人幫派的滲透日益精細、有效，靠著在華僑社區裡布建情報蒐集人員、吸收線民，利用不同幫派之間的對立，往往可以從力圖打倒對手的另一幫派獲致情報。由於警方能力提升，華人黑道在英國活動的威脅，已不像過去那麼嚴重，大體上能夠掌控住他們的犯罪行爲。不過，要想打敗華人黑道，可沒那麼容易。

第三章　金山客

十九世紀中葉，中國出現「舊金山」這個字眼；它讓數十萬人懷抱希望，讓數百萬人陷入夢想。那指的是三藩市，成爲美國的代名詞，是冒險家和走投無路者的目的地。

廣東三邑的生意人，最早在一八三〇年代來到今天的加州，但是要到一八四八年華人才眞正開始大量湧入，數千人離鄉背井要逃離中國的赤貧生活。加州發現黃金，使得廣東、福建湧現淘金熱。船公司四處張貼布告，宣稱在一片糧價低廉、罕有癘疫、沒有危險的樂土，苦力做工一年就可以跟官老爺一樣富裕！一八四八年，兩千名廣東人外移；四年之後，單單在三藩市就有兩萬名華人進入加州。絕大部分是來挖金礦或當鐵路工人。

他們一登陸，就遭到剝削。在中國經營旅行社的黑道幫會，和三藩市的夥伴勾結。華工一抵達，就必須到和黑道組織有關聯的「會館」去登記。會館歡迎他們、安頓他們，必要時還替他們找工作，但也緊盯住他們，確保他們準時依約還清欠債。到了一八六二年，三藩市出現六個會館，合組了「中華公所」（the Chinese Consolidated Benevolent Association），美國人則通稱之爲「六大公司」（Chinese Six Companies）。

華人是最理想的勞動力，埋頭苦幹，任勞任怨，又溫馴聽話。五年之內，洛磯山以西百分之六十五的礦工全是華人。黃金挖得差不多了，他們轉到鐵路興建公司工作：若非華工之貢獻，美國西岸不會那麼早、那麼快打開，也不會有今天的繁榮——但是人命代價可不低，鐵路華工有七萬人死於疫疾、印第安人攻擊或工頭虐待。

美國在廣東人心目中或許像一座金山，其實根本不是這麼一回事。現實生活很殘酷，居住環境污穢，工時長得令人疲憊不堪。原本講得天花亂墜的高薪資，根本不能實現，因爲膳宿都得扣錢，有時候甚至連工具都是「出租」給華工使用。白人礦工把華人趕離上好礦脈，政府也拿一些種族歧視的法令欺壓他們。華人婦女絕對不准移民來美，兒童也不許入境，除非年紀大到能工作。

鐵路完工了，卻很少華工有財力回鄉。他們打算賺工資、存財富的希望全消失。沒有工可做，他們就追隨華人的傳統——調適。有人開中國餐館、糕餅店，有人開雜貨舖。街上出現華人洗衣店，富人家裡出現華人僕役。華人拿起剃刀開理髮舖；到了一八九〇年，三藩市過半生鮮蔬果出自華人耕作。但是，華人愈成功，就愈遭到歧視。

一八七七年七月，在白人勞動階級反華工團體的煽動下，三藩市爆發排華風潮，指控華人搶走所有的僕役工作。白人青少年幫派狂暴搶劫，火燒華人店家、住宅。美西各地一連多年，華人遭謀殺、私刑凌遲，在種族仇恨下被趕出城！

政客爲爭取選票，競相打出反華種族牌。鐵路才一完工，國會立刻制訂反華法令。鳥盡弓藏，兔死狗烹。華工效用已失！一八八二年五月，「排華法案」（Chinese Exclusion Act）通過，兩年後再延長效期。從此禁止一切華人移民來美國做工；華人一概不得申請歸化爲美國公民。然而，華商及眷屬准許入境，已經居留的華工可以取得離境及再入境簽證，不過這一條款後來亦取消。直到一九二四年以前，華人女性仍無法獲准永久居留，即使其丈夫已取得永久居留權。直到一九四三年，「排華法案」才廢止，華人有權歸化為美國公民。當時之所以有此舉措，也是出於需要拉攏蔣介石及國民政府堅持抗日的考量。華人移民仍受到限制，當時的新法令限制每年只准一百零五個華人移民名額！各州立法機關有自己一套排華法令。在加州，直到一九四八年以前，華人不准與白種人通婚。華人商家要繳交比較高的稅，與華人有財務往來要多收附加規費。華人不准捕魚、獵獸皮去轉售或與印第安人交易；華人不准擁有超過二十英畝以上的土地；華人不許在法庭作證（華人被認為即使發誓，也會說謊）；任何公司不准雇用華人。

面對這種環境，華人只有一條路可走——組織自助團體；這些自助團體通稱為「堂」。「堂」以互助團體的姿態出現，但很快就成為華人社區生活不可或缺的中樞，是非正式的本地華人管理機構，提供社會法治架構；排難解紛、仲裁爭端；經營信用組合和銀行體系；提供急難救助；開辦子弟學校。由於成員日益脫離同鄉或同宗關係，他們宣誓、透過宗教儀式來表示互守信義。換句話說，他們乃是祕密社團。

致公堂即是最早的一個堂。雖然由歹徒創立，起先並非犯罪組織，不過，它的確代表中國的旅行社，涉及非法移民的苦力生意。然而，它逐漸向旅行社購下移民的欠債，立刻就掌控大批人力，將他們安置就業，再予以壓榨，做為犯罪力量。其他的堂紛紛仿效，直到實際上沒有任何華人不歸屬一個堂口。

只要有華人社區出現的地方，堂就替大家服務，策畫最原始的衛生設施，成立守望相助單位，以防種族主義暴徒來襲。不過，他們主要收入來源是賭場、鴉片煙館、妓院和客棧。合法的鴉片固然堂皇運進來，非法的妓女也躲在箱子或布堆裡偷渡入境，或由溫哥華偷渡入美。在男性高達九成五的社區裡，女人變成奇貨可居的熱門商品，在市場上有如奴隸公開販售。賣淫，是僅次於賭博的賺錢生意。妓女在兩種營業場所工作。一是典型華人色彩，一間小房間，內置一床，木板隔間，入口懸掛布簾，裡頭的女人習慣身著黑色絲服。一是西方式的酒館，樓下是酒吧，樓上是房間。

華人社區被認爲是淫亂、放蕩之地，惡名昭彰。有種族歧視的宣傳逕指華人社區種種淫穢行徑，蓄養白奴、吸毒。所有的華人都被指爲鴉片煙鬼（其實有吸食鴉片煙習慣者，僅占四成）。很少有人提到堂，原因是當局對它所知極少。華人聚居之處現在已被正式稱爲「唐人街」，由於其放蕩奢靡，吸引了非亞洲人。白人歹徒發現在唐人街滿安全的，雖然少有加入華人堂口，卻立刻和堂口合作，把色情行當帶到唐人街之外。華人妓女艷幟高張，遠及堪薩斯、內布拉斯加，甚至是德州和墨西哥邊境，嫖客趨之若鶩。

到了一九〇〇年，美國西岸出現十來個堂口。除了提供「服務」，他們向華人商家收取規費；向政府官員行賄，別來調查唐人街各種活動，因而遲緩了華人融入美國社會的腳步。他們支持孫逸仙的共和革命，證明其愛國愛鄉，增添勢力。「協勝堂」始於三藩市，是個小小的互助組織，但一度壯大到成爲唯一在全美都有分支的堂口。一個世紀之後，其勢力猶不容小覷。

*

紐約唐人街是繼三藩市之後，美國第二個出現的華埠。一八七二年，有七百名華人，大部分是在興建鐵路熱潮過後，遷到美東落腳。在眾人跟進之下，到了一八九〇年，紐約唐人街華人人口已上升爲一萬五千人左右。和三藩市一樣，賭博、鴉片和賣淫是主要產業。紐約只有兩個堂口組織存在，一是安良堂，一是協勝堂。

兩者之間的堂鬥始於一八九九年。安良堂大老湯姆・李（Tom Lee）是個賭場老闆，主宰唐人街多年，直到莫達（Mok Duk，又名Mock Duck或Mark Dock）出現。莫達是個心狠手辣的協勝堂殺手，身懷兩把左輪手槍及一把菜刀，懷有推翻李湯姆和安良堂的野心。莫達和綽號「疤面人查理同」的協勝堂領袖林同勝（Lem Tong-sing，音譯）合作，放火燒了安良堂設在裴爾街（Pell Street）的寮舍，控制了裴爾街，並把安良堂賭館的地點密報給當局。此後，協勝堂稱霸裴爾街，安良堂獨占勿街直至一九四〇年代中期。

中間的幾十年裡，間或發生械鬥和暗殺。一九〇四年，比較小的一個四兄弟堂（Four Brothers Tong）也捲入戰火。一九〇六年，法官佛斯特（Warren W. Foster）居間調停，但是和平只維持了七天。六個月之後，大家又媾和，停火到一九〇九年，再度爆發堂鬥，恣意砍殺、槍擊，也有幾件轟動一時的兇殺案。例如：五名安良堂成員在戲院裡遇害，兇手以放鞭炮來掩飾槍聲；著名的京戲丑角阿歡（Ah Hoon，音譯）遇害，阿芳是安良堂成員，躲在一間上鎖的房裡，門外有保鏢守衛，不料，協勝堂殺手由屋頂放下繩索，攀著繩索，從窗外射殺他。單在一九〇九年，據估計就有三百五十名華人死亡；這些命案穿插點綴著由一名法官調停的斷斷續續、短暫停火。中華民國駐美大使和紐約警局也曾出面調停，於一九一三年成立華人和平公所（Chinese Peace Society），所有的堂口和中華公所都簽字。此一和平維持到一九二四年，因若干安良堂成員對組織不滿，捲走若干公款，投奔協勝堂而又打破。

至於莫達，逃過了李湯姆花一千美元買兇刺殺他的一劫。事實上，從三藩市雇來的兩名殺手余濤（Yee Toi，音譯）和升鐸（Sing Dock，音譯）竟然發生內鬥，余殺了升鐸。莫達從來不曾遭到暴力犯罪罪名起訴，唯一一次坐牢是在一九一二年因主持地下賭場罪名，被送進紐約州星星（Sing Sing）監獄關了六個月。莫達坐牢的期間，堂鬥沉寂下來，但他出獄後又重燃幫派戰火。最後，他退隱布魯克林區，過著富裕的生活。

每一次爆發堂鬥，故事都躍居全國新聞、雜誌頭條。東方人流血械鬥的故事浸染了人們的想像力，而在作家羅梅（Sax Rohmer）創造的「傅滿洲」這個角色達到極致。這些刻版的描述和報導，對華人社區毫無益處，給予群眾華人殘暴、不守法和貪瀆的印象。其實，除了堂口打手之外，華人是美國最守法的族裔。白人往往不敢進入唐人街。一八八九年六月，名作家吉卜林（Rudyard Kipling）在三藩市唐人街一家賭場，差點沒被亂槍打死。不過，這只是巧合，因爲他並非歹徒行兇的對象，只是湊巧走進去，撞上堂鬥而已。絕大多數白人在唐人街不會受到滋擾，最多只有遭扒手偷東西之虞；入夜之後，則只有同種的白人歹徒會對他們下手。

堂鬥使得民眾注意力聚焦在組織犯罪的問題上面，而且不是只注意華人幫派，還關切到愛爾蘭人、猶太人，及後來義大利人幫派的罪行。然而，儘管已有警覺，當局卻沒有太多行動去抑制堂鬥；他們日益強大，把犯罪活動及觸鬚更加深入，擴張到全美各地華人社區去。

華人逐步得到社會接納之後，大眾對唐人街和堂會的態度起了變化。到了一九三〇年代初期，華人家庭漸次遷來，兩性比例日趨平衡，對妓女的需求降低。第二次世界大戰一爆發，許多白人子弟參軍作戰，娼館生意門可羅雀，堂會收入大降。珍珠港事變之後，華人被視爲同樣遭受日本侵略的受害民族，堂會更進一步地位大降。他們必需做調整。到了一九四六年，華人社區領袖、商家結合中華公所施壓，許多堂會轉型爲互助組織。譬如，英安堂轉型爲「英安工商會」。他們因而承擔起社會責任，得到外界尊敬。他們也以愛國爲傲，慷慨捐輸給蔣介石領導的抗日作戰。蔣夫人宋美齡在美國年復一年被婦女界推選爲「年度風雲女性」。

若干堂口還是繼續作奸犯科，但是他們的活動也有了修正。色情、鴉片和賭博只供華人光顧。原本娼館所在，搖身變為餐館；唐人街不再是眾人迴避、不敢涉足之地，變成了觀光景點，吸引遊客上門。不分犯罪幫派或安分守己的堂口，開始從觀光和娛樂事業賺錢。

作奸犯科的堂口或許必須順應時代而做出調整，其領導人還是受各方敬畏。他們照常收受保護費，由於華人社區愈來愈富裕，他們的收入也水漲船高。他們的犯罪活動十分隱蔽，罕有人向警方報案，也僅欺負華人同胞。在外界眼裡，華人社區繁榮興盛，安定發展，殊不知潛藏多少罪惡。要到一九五一年，聯邦麻醉暨危險藥物局加州分局發表一份報告，揭露華裔犯罪情形，各州才警覺到堂口的眞相。然而，眞要有所行動，則又不然。堂口已經體制化，被認為已無法消除。

＊

從一九六五年起，由於移民配額和限制取消，華人大量移民進入美國。唐人街快速擴張。紐約華人人口由一九六〇年的兩萬人，上升到一九九五年的逾四十萬人。堂口擴大規模，也擴張活動以迎接新需求，尤其是大設地下賭場。越南裔及港、台黑道也大批湧入；他們和堂口完全不同，堂口即使搞犯法行動，還具有慈善性質。新來的黑道很快就滲透進入堂口。一九八五年聯邦調查局有一份報告指出，雖然絕大多數堂口成員是守法、重視鄉鄰的百姓，他們卻日益受到躲在背後的黑道操縱。

黑道勢力出現的一個外在跡象，就是年輕飛仔組成的幫派出現。在華裔美國人眼裡，這些街頭混混實在是另類人物，是特製的四九仔型打手。堂口領導人和黑道大哥很快就接納他們。第一個受到當局注意的是華青幫。華青幫，一九六四年成立於三藩市灣區，主要目標是保護成員不受其他華裔美國人欺負。接下來，鄺祖幫也在三藩市成立，它是以澳門首腦之名成立；鬼影幫，一九七二年在紐約成立；然後，飛龍幫、白鷹幫、群義幫和黑鷹幫等亦在紐約紛紛成立。

在堂口控制下，這些幫派發展爲作戰單位，各爲特定主子服務。鬼影幫成爲安良堂打手，飛龍幫替協勝堂效力。他們保護高利貸業主，守衛地下賭場，販售毒品以及收取保護費，換取壟斷權，例如賣鞭炮、香之權。

一九七○及八○年代，愈來愈多移民來美，愈來愈多幫派成立，競爭升高，命案也就頻頻增加。一九七七年特別腥風血雨。華青幫與企圖搶奪他們獲利豐厚、獨占的炮竹買賣之群義幫，爆發一連串火拚。起先，華青幫占上風，但是九月間，群義幫反擊。三名蒙面男子走進三藩市金龍大酒家，用一把點三八口徑手槍、兩把獵槍和一把來福槍掃射華青幫座上客。綽號「瘋馬文」（Crazy Melvin）的余姓殺手朝著一名客人開槍；余以爲此人是華青幫首腦，其實他是個日本籍法學院學生。余又把武器轉向鄰座三名華人年輕女性，殺了她們，並且把餐廳打得稀巴爛。另兩名持獵槍的殺手，衝上樓搜尋華青幫對象。一名侍者攔路，當場被殺。他們一樣不分青紅皂白開槍，打死兩名青少年學童。兇手逃逸後，現場已有五人陳屍，十一人重傷。這些受害人全都不是華青幫成員！三藩市當局大爲震驚。幾天之內，三藩市警局成立專案小組全力緝兇，六個月之後才宣告破案，警方對於幫會的掌握仍然有限。

兇殺案並未戢止。一九八三年，西雅圖一處地下賭場有十三人被殺；同年，紐約市飛龍幫血洗金星酒家的鬼影幫仇人。這兩起事件裡，無辜的旁觀者成了受害人。在大殺戮背後，個別的兇殺案也頻頻發生。

可是，似乎還是只有少數人會把這些幫派、堂口，與三合會型的組織犯罪聯想在一起。「三合會」這個名詞的確也要到一九八五年左右，才首見於美國執法機關官方文書上。一旦聯結起來，立刻出現陰謀論。他們是否受到遠東幫會組織的控制？歹徒是否有個中央統籌機關？他們是眞三合會，還是假三合會？研究分析指出，他們各自自主，但與海外組織有接觸；也很可能有鬆散的邦聯關係或委員會存在；他們也都各有儀式，不過這已是三合會眞正儀式的遺影。

當局慢慢才發覺，這些組織之所以和海外三合會聯繫，是出於一個主要因素：他們要從香港和泰國的潮州幫三合會取得毒品，尤其是海洛因。這層關係始於一九七〇年代，在聯邦調查局對付黑手黨成功，改變了美國毒品市場面貌之後。

紐約唐人街的成長，長久以來即是三合會和黑手黨衝突升高的根源。他們彼此仇視、敵對有一個特別的因素：唐人街和小義大利區是以堅尼路（Canal Street）爲界，壁壘分明；華人據守南方，義大利人獨霸北方，華人不敢越雷池一步，進入黑手黨地界，義大利人也鄙視華人，不肯和華人混在一起。

黑手黨對三合會的態度，可以黑手黨教父卡斯提拉諾（Paul Castellano）的一段話做爲代表。聯邦調查局調查員歐布連（Joseph F. O'Brien）和庫林斯（Andris Kurins）在卡斯提拉諾家中裝置竊聽器，錄下卡斯提拉諾這段話。他們倆後來合寫一本書《大哥大大》（*Boss of Bosses*），記述卡斯提拉諾大放厥詞：「對於華人，你一定要強悍。他們一覺得你軟弱，立刻就霸得不得了。你得把這些臭小子推到椅子上，拿指頭指著他鼻子說話。別把你那他媽的筷子伸到我盤子裡，你這他媽的斜眼混蛋。你懂了嗎？」

現在，華人力量大增，組織精進，向上城發展。義大利黑手黨退出地盤，出現眞空，這個因素遠勝過其他原因，造成三合會和華人幫派崛起。他們不僅取得貨品，也有發展良好的組織，透過組織可以走私進口，配銷毒品。起初，華人黑幫的海洛因並不受歡迎，因爲純度不高；但是，從一九七七年起，他們提升純度，到了一九八七年，已有純度百分之八十五的產品上市。愛滋病盛行，各方恐懼心上升，三合會又推出更純、更廉價的海洛因，可以吸食，不用注射，因此可避免共用針頭及感染愛滋病病毒之虞。直到一九九四年哥倫比亞古柯鹼大亨崛起之前，一連多年，華人黑道掌控了美國海洛因百分之九十五的市場。

當局終於開始瞭解情勢嚴重。一九八七年，聯邦調查局和緝毒局聯手全面對付華人組織犯罪，抽調菁英組成特別任務小組。一旦展開偵察，華人黑道從事毒品生意的規模之大，才告曝光。

一九八七年十二月，三名華人從曼谷搭機飛抵紐約，一出甘迺迪機場就被盯上，從車中搜出一百萬美元現金和七十五公斤海洛因。兩個月之後，六名香港華人和泰國人，把價值一億五千萬美元的海洛因，藏在陶製人像當中企圖闖關被捕，毒品也是來自曼谷。更大宗的毒品則藏在貨櫃中，藉由海洛因走私進口。通常船在加州入港，運銷全美，其中大部分送到紐約。政府調查人員指出，鬼影幫是美國國內一個販毒主力。堂口、三合會、幫派的關係，至此才算確立。

彷彿還需要更多證據似的，安良堂在一九七〇年代末期被一個在香港學得一身犯罪本事的男子接掌。陳謝秋（Chan Tse-chiu，音譯）曾在「五龍」底下任職於香港警署，一九七五年早了廉政公署一步逃到台灣。由於沒有機會在台灣建立犯罪據點，陳於當年稍後來到紐約。陳野心勃勃，觀察到協勝堂領導人山姆．王（Sam Ong）在位十五年，才剛交棒給弟弟王凱學（Benny Ong Kai-sui，音譯），王氏兄弟實力強勁，不易取而代之，遂捨協勝堂，加入安良堂。

陳給自己取個英文名「愛德華」，警方稱他爲「肥愛迪」。他投資若干餐廳、一家珠寶店和一家華人殯葬館等合法生意。他交好鬼影幫早期領導人雷英沛，雇用鬼影幫保護他和安良（編按：一九六〇年代以來，安良堂除去名稱中的「堂」字，避免給人幫會的聯想）的生意，也和香港的昔日同志取得聯絡。到了一九八〇年，陳已是安良主席、全美華人福利總會（National Chinese Welfare Council）主席，和紐約市政壇人物及警界交好。爲了加強其公共形象，他雇用紐約一家高檔公關公司當顧問。一九八四年，他捐獻巨資（謠傳是一千萬美元）給美國某位副總統候選人，其目的有二：一是希望取消移民法若干限制，一是希望「擁有」一名政客。

陳的勢力日益坐大，當王凱學年登七旬，陳就成了華埠大老。他出錢資助更多政客（其中一個因貪污罪名受到調查，自殺身亡），收買警員，成立「紐約東方銀行」（Oriental Bank of New York），買下一家連鎖電影院，也被推舉爲「大陸金龍商品公司」（Continental King Lung Commodities Group）總裁。金龍公司有替三合會洗錢之嫌。他也涉及了取道香港、由曼谷走私海洛因進入美國的生意。到了一九八三年，傳聞已指出他是個大毒梟。

聯邦調查局和緝毒局盯上他，在一九八四年十月，傳他出席總統組織犯罪委員會舉行的聽證會，他卻潛逃出境。政府的證詞指明他是紐約華埠犯罪大老。陳迄今下落不明，但是他的合法事業照常營運。謠言很多，有人說他在法國做海洛因買賣；有人說他躲在多明尼加共和國；有人說他回到台灣；有人說他在加拿大重起爐灶；有人說他在馬來西亞重建販毒網。他究竟藏身何處，沒人知道，但是威名仍存在小說中。戴利（Robert Daly）寫了一本小說《龍年》（*The Year of the Dragon*），書中的華人黑道老大戴祖（Joey Tai），即是取材他的生平事跡而寫。

陳退出江湖，王凱學雖已年逾七旬，重新在華人社區出現，很務實地不讓華埠再出問題。當他以八十七歲高齡逝世時，葬禮轟動江湖，連辦三天，全世界華人黑道都派人來致敬，使得聯邦調查局疲於奔命，拚命拍照蒐證。

＊

堂口和三合會不僅從犯罪和合法活動賺取收入，還得到國民黨掌控的台灣政府給予財務和政治支持。爲了交換此一支持，堂口和三合會保證美國華埠全面擁護國民黨，剷除一切左翼份子。國民政府強烈否認此一關聯，但這只是搪塞之詞。近年來，由於國民黨在台灣勢力日趨式微，台灣政府亟欲洗刷三合會之影響力，故意洩露或公布資訊，證實國民黨與華埠黑道的關係並不單純。

反國民黨的人士得不到寬宥。旅居三藩市的作家劉宜良（筆名江南）對台灣批評嚴厲，寫了一本書痛批蔣介石的兒子蔣經國，竟於一九八四年十月在自宅門口遭竹聯幫兇手狙擊身亡。美國中情局發現，下令殺人者是竹聯幫幫主陳啓禮，美方要求將他引渡到美國受審。台灣當局拒絕交人，在台北逕自起訴陳啓禮。陳啓禮在審判庭上供稱，他是奉情報局局長汪希苓之命執行任務。陳啓禮和汪希苓均被判無期徒刑，但是聯邦調查局後來發現，陳在獄中仍繼續遙控指揮竹聯幫，主導其海洛因買賣。

美國當局一注意到情勢嚴峻，立刻啓動一九七〇年代爲打擊組織犯罪滲透進入工會而制訂的掃黑法（Racketeer Influenced and Corrupt Organization，通稱 RICO）機制，全面偵緝華人黑道。聯邦調查局、國稅局、移民局、緝毒局、海關等聯邦機關，首度全面聯手展開掃黑作戰。一九八五年首度送到法院的案子，是雷英沛等二十五名鬼影幫份子，這些被告分別被判刑，刑期最高者爲三十年。

華人黑道在美國的犯罪活動還是以傳統罪行爲主，販毒、非法人口走私、敲詐勒索、賭博、賣淫、高利貸等，應有盡有。綁架勒贖也很常見。受害人可能是富有的華人或其家屬，或是久債不還的非法移民。通常肉票被綁架後，藏到某地，一陣痛打；若是年輕女性，甚至不免遭到強姦。勒贖金額毫無討價還價餘地，許多肉票往往不得生還。這門生意利潤豐厚，有些幫派甚至還競搶受害人。單單一九九五年，紐約市就接到三十四件擄人勒贖事件的報案，但官方估計報案僅占實際發生案件的百分之十至十五。幫派份子闖進民宅，痛毆居民、搗毀傢私、偷走財物，也日有所聞。同樣，敢報案者還是寥寥無幾。

新型犯罪也同樣來到美國。電腦軟體盜版猖獗，證明泛太平洋地區組織犯罪掛鉤的情況十分嚴重。一九九七年中期，警方在加州橘郡和洛杉磯破獲一起案子，抄出價值逾六百萬美元的微軟盜版軟體，以及三百五十萬美元現金。這些東西包含兩萬三千套盜版的微軟Window 95光碟、兩萬六千五百張在華南印製的假造微軟正品證明書。這些贗品品質高超，幾可亂眞。

黑道犯罪所得當然必須洗錢。美國的華人黑道幫會和其他國家黑道組織一樣，也大量投資不動產，在銀行以錯綜複雜的方式，用各種名義開了許多戶頭以亂人耳目。不過，他們在這方面遇到困難。美國銀行界受到政府嚴格監理，防止他們成爲不明來路髒錢的清洗管道。美國聯邦政府財政部建構一套「金融犯罪執法網路」（Financial Crimes Enforcement Network，簡稱FinCEN）。照財政部資深專家羅托洛（Lucrezia Rotolo）的說法，這套機制「既不是情報機關，也不是監理機關，更不是執法機關，而是兼具三種機關特性的更進一步之組織……我們緊盯著金錢流向，因爲我們曉得，錢才是犯罪集團最會感受到疼痛的要害。」配套法令要求美國所有的銀行，每筆進出只要超過一萬美元就得申報，洗錢構成刑事重罪，並且強迫一切涉及金錢、票據兌換的公司，一律要向聯邦註冊登記。然而，沒在美國登記設立的外國銀行，卻得以避開如此嚴密的監視體系。單是在加州，就有一百多家華資銀行；許多銀行是以中文進行交易，以阻滯調查。他們專做華人生意，成爲黑道財務重要中介，又難以監理。通常這些華資銀行門面不大，交易往來金額卻大得嚇死人。洛杉磯東郊的蒙特利公園市（Monterey Park）就是一個活生生的例子。蒙特利公園市面積僅有七平方英里，人口六萬，絕大部分是華人；一九八八年蒙市有十四家華資銀行，估計單是髒錢交易金額每日就有一百五十萬美元之多。不只金錢逃避監理。黃金、白金、鑽石、寶石等等也以髒錢購買，然後帶出國境，再轉售變現。

逃避偵查的另一個方法就是簽條制度。十八世紀中國商人爲了逃稅，設計出一套簽條制度；這套地下金融制度以會館和關係做基礎，打破姓氏、同鄉界限，任何華人都可利用。這套制度的中心關鍵就是一張簽單。你在甲地買了一張簽單，透過黑道組織，到乙地換領現金。這等於是未經銀行匯兌、背書的票據，可以兌現金，也可以換商品。換句話說，你在曼谷付一百萬泰銖買一張簽條，可以在阿姆斯特丹換取價値一百萬泰銖的海洛因。在今天，每一筆交易可透過加密的電子郵件或傳眞，傳遞到全球各地。執法人員迄今還罕於破獲簽條洗錢案件，即使查獲，往往也因爲密碼看起來正常無虞，無從瞭解內容，或是在法庭不被採信。許多國家的執法當局還根本搞不懂這套制度，因此未能滲透進入。

*

老式的堂口並未絕跡。最大的安良堂在全美各地均有分支組織，協勝堂亦然。此外，南加州和亞利桑納州有英安堂，三藩市和洛杉磯有萃勝堂，波士頓有平安堂。紐約也出現東安幫這個新的三合會組織，和香港的新義安有關聯。東安幫有一名領導人，是個可敬的生意人，被州長延攬爲顧問；他在一九九七年遭檢方以謀殺、密謀和敲詐罪名起訴，據稱，他每週從餐館業勒索到十萬美元以上，從保護賭場收入逾二十萬美元。

近年來執法機關多次出擊成功，重挫勢力擴張的幫派氣燄。大凡有華人居留的大城市，都有華青幫堂口存在，它和香港的十四K有聯繫。鬼影幫也在全美各地活動，鬼影幫幫主陳永陽（Chan Wing-yeung，音譯）於一九九五年遭檢方以詐欺罪名起訴；他被指控爲設在巴哈馬群島的長春貴金屬公司（Evergreen Bullion Company）幕後首腦，該公司從三百名投資人募到巨款，號稱投資貴金屬與外匯，卻盜取約一千萬美元。檢方透過監聽紐約唐人街他母親住宅的電話，取得大量不利於他的證據。翌年，他答應轉爲檢方證人，透過他和另三人的證詞，釐清了十七件未能破案的命案內情，其中多起命案即是一九九〇年代初期鬼影幫和東安幫火拚而起。

香港華人黑幫亦遷入美國，一部分是來美國打天下，一部分是替香港回歸之後前途未明預作綢繆。一九九七年下半年遠東各國貨幣崩跌，香港股市動盪，黑道的錢要搬家。把分支單位設到美國的幫會，據我們所知就有：台灣的竹聯幫，以及香港的十四K、和勝和、新義安、和安樂、和合桃等。和合桃把新義安趕出三藩市，其首腦雷蒙·周（Raymond Chow）於一九九六年涉及毒品買賣被定罪。

「金山」的富裕不僅吸引華人黑社會，也吸引亞洲其他國家幫派，其中又以越南人及越南華人爲最大。越南幫會雖然不是三合會，卻模仿他們，採用其入會儀式及類似的層級架構，把山主稱爲「大哥大」（從廣東話轉過來），副手稱爲「大佬」，再下則爲「馬仔」。

越南難民在一九七〇年代開始湧入美國。這些難民大部分受過西方教育，相當富有，其中有躲避共產主義赤禍的生意人、政客、律師、醫師等專業人士，以及昔日軍官，其中不免有部分人士曾積極參與販毒活動。跟在後面來的是「船民」（boat people），多半是要逃離貧窮的難民，也有不少是爲了躲避法律制裁的罪犯。接著，他們又把家眷接來美國。這些移民當中，有許多是沒有大人陪伴的青少年，渡海來美變成美國公民，因而可做爲留在越南的家人日後移民的希望。他們住在孤兒院，或被領養，或是異鄉獨居，與社會疏離，充滿失落感。他們組成小偷集團，有時候是和在香港擁擠的難民營裡結識的朋友勾結在一起，以便生存，也得到某種程度的認同感。在越戰炮火洗禮下長大的他們，習見暴力，格外兇狠，就和先前的華人青少年幫派一樣，遭到華人黑幫利用。

這些幫派取了西方名字，最著名的是黑鷹幫（Black Eagles），西貢牛郎（Saigon Cowboys，戰後由越南遷來），雷虎幫（Thunder Tigers）、粉紅騎士幫（Pink Knights），以及越青幫（Vietnamese Youth）。蛙人幫（Frogmen）由前南越陸軍特種作戰部隊人員組成，受過美軍訓練專司爆破、刺殺等任務。一九八〇年代中期，他們由街頭幫派發展成犯罪組織，現在與華人黑道產生衝突。越青幫在加州和華青幫競爭，努力搶占地盤。越裔的「生來殺人幫」（Born To Kill, BTK）在紐約市大開殺戒，於一九八六年和鬼影幫、飛龍幫聯手，成立「堅尼路商業協會」（Canal Business Association），根本不理會早先犯罪組織劃定地盤、井水不犯河水的約定。一九九〇年七月，BTK幫大佬在紐約被殺身亡，出殯隊伍穿過敵對幫派地盤前往墳場，有三名男子拿自動手槍朝悼客開火，喪家也開槍反擊，除了七人受傷外，倒沒有人喪生。兩年之後，BTK九名首腦人物遭到反黑法起訴，氣燄消失。目前，雖然該幫勢力減弱許多，卻已改造完成，據說，現在BTK代表「回來殺人幫」（Back to Kill）。

大圈仔從一九八〇年代開始，也在美國出現。他們往往持僞造文件，自稱是異議份子，以難民身分從香港入境。有一大票是在一九八九年天安門廣場大屠殺事件後幾個月內抵達美國，不過這些人大多是假民運人士，因爲他們至少自一九八七年起即在香港居住。有些人則是偷渡入境。絕大部分大圈仔是在中國遭通緝的歹徒，很快就在美國展開組織犯罪活動，尤其是從事海洛因走私買賣勾當。他們在中國已經學到保密的必要，因此最多以十人一組活動，並不是個單一的團體，不像許多人相信的那樣。許多人往往誤以爲

「大圈仔」是指任何與三合會無關的、來自中國的華人組織。他們固然不是三合會團體，也沒有固定的組織層級、不採行任何儀式，不過他們與三合會黑道也有掛鉤。

大圈仔不只走私海洛因，也走私人口。搞人口走私偷渡者，華語俗稱「蛇頭」，其中不乏女性。當中有個女性蛇頭鄭翠萍（編按：有「蛇頭皇后」之稱，涉及一九九三年「黃金冒險號」偷渡慘劇），一九九○年從尼加拉瓜（Niagara）走私人口跨越美國邊境。這些幫派到底走私了多少非法入境者，實在無從估計，但是美國移民局相信，每年應當在十萬人左右。根據美國人口普查數字來看，從一九八一年起的十年之內，亞裔人口增加百分之一百零八，到達七百二十萬人；到了二○○○年，預計新亞裔將達一千兩百萬人，占全美人口比例約百分之五。除了走私海洛因、偷渡移民之外，大圈仔也涉入綁架、持械搶劫、買賣武器和商業詐欺的活動。有些到了中年的大圈仔，離開美國，回到遠東居住，但仍與美國的夥伴合作，從遠東供應海洛因及提供一般援助。

一九九○年代美國又出現另一波的華人歹徒輸入。來自福建的幫派份子在洛杉磯、紐約出現，大多是非法移民。有些人加入飛龍幫等既有幫派，有些則自立門戶，但與三合會、其他幫派及大圈仔合作。福青幫已經是惡名最昭彰的一個組織。它的一名首腦王健飛（Paul Wong Kinfei，音譯），匪號「福州保羅」，公認是紐約市一大堆刑案的幕後黑手。被聯邦緝毒局認定是從事海洛因及非法移民走私販子之後，他逃離美國，在福州過著愜意生活。司法當局似乎不可能把他引渡回美國接受審判。另一個紐約黑道份子高良基（Guo Liang-qi，音譯），綽號「阿基」，弟弟在一場幫派爭執中被殺。他之所以會被遣送回美國，是因爲他在主權移交之前就在香港落網被捕。

美國大多數大城市都有三合會存在，或是與之有關、模仿它的華人幫派。德州達拉斯的「馬幫」

（Horse Gang）及「東方小子幫」（Oriental Boyz）從事收取保護費、販毒等等習見的犯罪活動。喬治亞州亞特蘭大市有生來殺人幫、協勝堂、鬼影幫和安良堂等幫派；波士頓以新義安較大。華府地區福青幫賣槍、販毒。芝加哥長久以來即由協勝堂勾結飛龍幫所「擁有」。一九九三年在紐澤西州大西洋城，就有七個堂口或三合會組織在爭槍地盤；兩年之前，三藩市鬼影幫成員錢健動（Chin Kin-fun，音譯）跑到俄亥俄州克里夫蘭市，策動一系列武裝搶劫和偷盜案件。遭到三合會及相關犯罪幫派侵入的，並不僅限於大都會地區，在密西西比州的畢羅西（Biloxi）、麻薩諸塞州的瀑河市（Fall River）和夏威夷州歐胡島都有華人幫派活動的蹤跡——他們在夏威夷與韓裔及菲律賓裔幫會聯手，製作安非他命。

美國在對抗如此繁複的犯罪組織上，面臨一場苦戰。情報難以蒐集，比對和解讀更是難上加難。除了老式的堂口、三合會、街頭幫派、越南幫派、越華、大圈仔、福青幫之外，現在又出現講普通話的台灣幫派、上海幫派，甚至還有日本黑道、菲律賓和韓國幫派。他們各自講不同方言，使得當局蒐集情報十分困難；而且他們各有一套行爲準則，分分合合，根本無從掌握事態發展。此外，他們又日益與義大利、多明尼加、俄羅斯和哥倫比亞幫會合夥做生意。他們組織嚴密、兇殘無情、難以滲透、見機行事，勇於開創新局。最近，這些三合會組織在洛杉磯聚會，企圖把台灣的洪門和竹聯幫、十四K、四海幫、華青幫等結合成爲一個義大利黑手黨式的大聯盟。我們不清楚此一集會是否已成功組成黑道大聯盟。甚且，一九九六年和合堂開始積極吸收其他幫派成員入會，這可是美國頭一遭出現吸納其他幫派成員的情事。紐約的小義大利城，現在已被中國城團團包圍住，象徵著華人幫派在大都會地區聲勢蒸蒸日上。總而言之，華人組織犯罪似乎橫掃千軍，無法擊敗。

＊

美國當然不是唯一叫苦連天的國家。加拿大有類似的一段歷史，現在也面臨同樣的問題。華人苦力在一八五八年湧入英屬哥倫比亞金礦打工。黃金熱潮一過，他們和美國華人苦力一樣，轉而興建鐵路，備受欺凌，受到歧視性的課稅和移民限制。然而，在此一「金山」北方的情況，比起老家依然好了太多，因而移民潮並未中止。溫哥華首先出現唐人街，白人深怕工作被搶走，華人更加受到仇視。一九〇七年九月，溫哥華唐人街爆發可怕的種族暴動。

華人足跡所到之處，三合會組織必然跟進。我們所知加拿大第一個三合會組織於一八六三年在貝克維爾（Bakerville）此一金礦市鎮出現。該組織名爲「紅山堂」，據說是三藩市某一堂口若干成員爲逃避加州的種族歧視欺凌，跑到北方來成立的分支。其他組織隨著到來，其中不少以互助組織之姿合法地存在至今。他們沒有美國華人堂口那麼好勇鬥狠，並沒有爆發堂鬥。他們在唐人街裡從事娼、賭和非法鴉片攤生意，收取會費，保護有急難需求的同胞。

只要華人黑道在華人社區裡活動，當局也不太去管他們，只擔心非法移民日增的問題。華人人口販子從二十一世紀初就引進非法移民，利用假護照或工作許可矇混；他們不僅協助華人偷渡，也協助歐洲人入境，尤其是義大利人，及稍後躲避納粹德國壓迫的猶太人。一九四六年，原本限制重重的入境法令廢除，華人移民大增。華人一增，黑道也進來，到了一九六〇年，「三合會」這個字詞已用來泛指亞裔的各種不法行動。

七年後，加拿大當局粗心地犯下大錯，進一步放寬移民法令；從一九六七至一九七二年間，就有九萬一千名華人移居加拿大。他們大部分是受過西方教育的香港華人，由於具有英國公民身分，不需入境簽證就可來到加拿大。少部分新移民是黑道人物，在建立合法生意掩護之後，以他們一貫的恐嚇手段接管了溫哥華和多倫多的唐人街。到了一九七〇年，吸食海洛因的案件大增。

到了一九八〇年，溫哥華有七個華人街頭幫派存在，其中最著名的「紅鷹幫」，專門向餐廳和華人學生勒索敲詐。青年學生長久以來就是黑道幫會欺負的對象。這些青年學生往往單身在加拿大居住，穿金戴銀，出入以豪華名車代步，炫耀財富，極易辨識。不僅遭敲詐勒索，有時還遭到綁架，被害人或家屬不敢向警方報案，贖金在香港或馬來西亞等地交付。紅鷹幫的勁敵一度是「蓮社」（Lotus Family）；直到一九八二年，越南華人幫派越青幫由美國發展過來，旋即不時出現幫派衝突。

在多倫多等地「聯公樂」勢力消退，越青幫卻相對崛起。到了一九九二年，越青幫和其他華人幫派勢力鼎盛。其實，他們只在中國城裡稱霸，仍舊搞傳統的收保護費、包娼包賭、放高利貸的勾當。加拿大皇家騎警相信，諸如毒品走私入口這種重大刑案，仍是聯公樂在經營。當然，聯公樂已不是莫學春當家，已由別人接手，利用大圈仔運送海洛因跨越州界，並利用薩卡其萬省（Saskatchewan）和蒙他拿（Montana）或曼尼托巴省（Manitoba）和北達科塔（North Dakota）之間較不起眼的美、加邊境道路，送進美國。

從一九九一年起，加拿大當局日益關切越南華人幫派、中國大陸非法移民幫派，以及大圈仔的威脅。這些幫派在多倫多的華人及越南社區肆虐，大家因害怕受到報復而不敢報案。亞裔社區命案頻頻，警方被迫承認，他們認爲族裔犯罪是大就會地區公安秩序最大的單一威脅。

目前的情勢混沌不明，且相當動盪。除了聯公樂之外，新義安和十四K也相當活躍。福建幫派在多倫多建立地盤，不僅與華人幫派、越南幫派競爭，也和柬埔寨、寮國幫派競爭。溫哥華警方一九九八年元月有一份報告，列出一九九六年中至一九九九年，二、三十件亞裔社區兇殺案迄未破案，而且破案機會相當渺茫。大圈仔也力圖鞏固地盤，擴大事業觸角，與競爭對手在必要時攜手合作，引起當局相當重視。警方情報顯示，大圈仔也一分為二，上年歲者搞毒品走私進口，年輕者繼續從事傳統活動。

可是，大圈仔也朝另一個更加危險的方向演變。從前，亞裔歹徒絕大部分在自己的族裔社區之內活動，可是，大圈仔現在卻打破傳統。他們安排人馬滲透進入銀行，研究銀行技術，再買來信用卡製作設備，做出幾可亂眞的複製信用卡。他們也開始勒索非華人開設的店家，也針對其他少數族裔（尤其是黑人）做闖空門的偷、搶行為。從走私非法移民上面，他們賺的錢大概不亞於販毒利潤。他們也獨霸熱門汽車盜銷生意，供應東南亞及中國對豪華汽車的需求。自從香港「大飛」輪船走私受阻，贓車買賣的型態也跟著改變。從美、加偷來的汽車，方向盤安在左方，正是中國所核可的車種。贓車送上貨櫃，運到全世界最忙碌的香港葵涌貨櫃碼頭。這是成千上百萬美元的生意。溫哥華售價五萬元加幣的一輛新車，在廣州以二手車出售，仍可賣到十倍價錢。車款往往以海洛因折價抵付。

北美洲各地當局莫不把華人組織犯罪視為今天執法上面臨的一項重大威脅，認為它比過去的黑手黨犯罪更可怕，而且比全世界任何組織犯罪幫派的威脅更加嚴重。「金山」的確名不虛傳。

第四章　醒熊和戰龍

前蘇聯也一樣面臨組織犯罪的新局面。俄羅斯「黑手黨」今天出現在西方新聞媒體的風頭，可比正宗義大利黑手黨還來得大——甚至英國情報員也得出動來對付俄羅斯黑手黨。華人黑道也一樣！

歐洲的華人黑道組織，特別是德國的華人黑道，與俄羅斯人掛鉤極深，在獨立國協（Commonwealth of Independent States）各地從事販毒、賣淫及人口偷渡的勾當。人口走私是最賺錢的生意，據估計，自從一九九二年以來，已有二十五萬人以上偷渡入境。一九九七年，追逐美好前景的華人支付三萬五千美元的高價，從廣州取道莫斯科、聖彼得堡、華沙、布達佩斯或布拉格，前往德國。在俄羅斯境內，他們得到俄羅斯黑幫的「保護」。前東歐集團政府也公然鼓勵移民入境。一九九二至九三年期間，匈牙利當局願意收費十萬美元，提供居留許可給香港華人，甚至在報章大登廣告。許多華人黑道欣然接受邀請，因爲他們搖身一變，可在後共產主義的新國家取得合法的公民身分。

華人黑道並不墨守成規，透過俄羅斯搞老套；在他們口中的「睡醒的北極熊」——莫斯科黑幫，教了他們許多新招數。

俄羅斯是一片亂象，只要有動亂的地方，就是犯罪活動活躍的地方。汽車生意是熱門的新興生意。許多歐洲歹徒在先進國家偷竊汽車，開到前東歐集團國家脫售。華人黑道插手此一生意是無可置疑的事實，阿爾巴尼亞共產政權傾覆之後，在杜瑞斯港出現一個忙碌的贓車市場，就是一則鮮明例證。這個贓車市場是由義大利黑手黨勾結從前幹祕密警察的阿爾巴尼亞歹徒經營，有幾名兼營人口偷渡及販售贓車的華人業務員。還有一門新生意是軍火買賣。俄羅斯在後冷戰時期不再需要龐大的軍隊，從軍營中售出或盜出的高品質武器充斥市面。俄羅斯犯罪集團在華人幫派積極參與下，把武器賣給第三世界國家。更糟的是，他們還從事核能物料買賣——單在一九九一至九二年，就有價值兩百億美元的核能物料失竊！

中、俄黑道結盟被認定是個嚴重威脅，不僅危及國際執法，也可能危及國家安全，因此若干國家悄悄把祕密情報機關從軍事情報偵查，轉移去關切犯罪偵防——這可是前所未見的現象。究竟會有何成效？猶待觀察；但是，希望顯然不高。與犯罪組織相比，即使國家祕情機關人力也不足以抗頡。

萬幸的是，中、俄雙邊關係並非一直平順。一九九三至九四年間在澳門的一樁事例就是證明：俄羅斯黑道人物蘇卡諾夫（Sergei Sukhanov）從海參威南下，在澳門大張艷幟，帶來若干高級妓女，在賭場召攬豪客。有錢的華人尋芳客對這些長腿金絲貓趨之若鶩；這下子，華人黑道不僅氣惱，還大失顏面。於是乎，出現一連串衝突，只差沒有全面爆發幫派大戰，不過，老俄守住陣腳。真正讓他們氣燄大挫的是一名來自香港的紐西蘭籍律師，口袋多金的阿德戴思（Gary Alderdice）。阿德戴思愛上了其中一名妓女沙孟莎洛娃（Natalie Samosalova），向她求婚。他帶著她飛到海參威，願意付十五萬美元替她贖身。不料，他和沙孟莎洛娃都被謀殺！香港、澳門警方聯手偵查，逼得俄羅斯黑幫銷聲匿跡。我們不清楚華人黑道提供多少助力給警方，但應可斷定他們曾積極協助調查。

*

這種親善的協助並不常見。澳門長久以來即以墮落稱著，本質就是個黑道城市。面積僅有十六平方公里，人口約五十萬上下，估計黑道份子約爲一萬人，絕大多數涉及賭博及色情相關產業。警力與黑幫份子的比例大約是二比三。澳門共有十大賭場，全有黑道出入，他們旗下妓女也有一萬人左右。澳門政府歲入的百分之四十，國內生產毛額的百分之五十，全來自賭博業；何鴻燊一九九六年從澳門賭博事業賺了約二十億美元，其中百分之三十繳給政府當稅金。由此可見華人黑道介入有多深。澳門就是他們的淘金寶地。

起碼在過去三十年或甚至更久遠的時間裡，黑道和葡萄牙人當局維持著不太平穩的共生共存關係，趁勢發財。他們搞高利貸、走私，也在賭場裡及附近媒介賣淫。一九九○年代，幫眾約五千人的十四K，掌控了七家賭場；和安樂幫眾約三千人，則在兩家賭場得勢。前者組織嚴密到家，龍頭老大一聲令下，幾分鐘內就可召來上百名四九仔；後者則逐漸坐大。以香港爲基地的新義安，在澳門也有相當實力，不過據信只限於特定與賭博相關之生意，不是全面發展勢力。香港警署人士聲稱，新義安的賭博業（在澳門是合法生意）由湯瑪斯·向（Thomas Heung）主持，此人也是向華炎家族成員。十四K與和安樂多年來有個鬆散的協議，維持住和平關係，並阻止新義安來插足澳門地盤。然而，一九九六年此一協議瓦解，造成澳門黑幫火拚。

事情的核心環繞在十四K及和安樂，爲了在一九九九年澳門主權交還中國之前，搶占有利地位而起。葡萄牙雖然沒有條約義務需把澳門主權交還給中國，卻同意放棄主權。爲了迎接政治變局，每個華人黑道組織都力圖占住上風，俾便增強與北京政府的談判地位，爭取新世紀的賭博業特許權。另一個因素是，澳門經濟和繁榮從一九九四年底開始下滑，到了一九九六年已出現房地產大崩盤。一九九六年底，數萬戶住宅（大部分是公寓）乏人問津，也不再有售出的可能。

爭搶的重心在於誰能掌控賭場的貴賓室？貴賓室取名「翡翠廳」、「黃金殿」、「寶石閣」、「鑽石宮」，專供高檔賭客使用；這些出手闊綽的豪客大多是香港、馬來西亞、印尼、台灣和日本的富商、職業賭徒，以及有錢的黑道大哥。每場賭局賭資動輒數十萬元，誰能掌控住貴賓室，等於是坐擁金山。

黑幫大戰始於一九九六年十一月，澳門政府職司賭博業的高級治安官員阿波里納立歐（Manuel Antonio Apolinario）中校遭人狙擊，兇手坐在摩托車後座開了兩槍，一槍打中他下顎，另一槍差點打斷他脊椎。澳門狹隘的街道，加上擁擠的交通，小型摩托車正是殺手最方便的逃亡工具。五月四日傍晚尖峰時刻，數名殺手騎乘摩托車，在鬧區亂槍掃射一輛汽車。車上三名乘客石永昌（Shek Wing-cheung，音譯）、馮慕弘（Fong Mou-hung，音譯）和羅永華（Lo Wing-hwa，音譯）當場斃命。石永昌是澳門十四K老大的左右手。

局勢可謂已經失控，澳門聲譽大壞；遊客人數下降，香港賭客裹足不前，市面生意大受打擊。眼見情勢不妙，十四K與和安樂展開和談。殺人事件暫時停歇，至少因賭而殺人的事件是沒有了。可是沒多久，有名男子遭人分屍肢解，並棄屍於一座廢棄工廠。還有一名室內設計師攜帶巨款到銀行，卻在路上遭幾名黑道份子綁架，可能是爲了勒索保護費不遂，又因爲此人把手提箱鎖扣在腕上，歹徒就把他的手砍斷，任令他流血過多而死。

六月間，傳出和談破壞。八月初，何鴻燊跳出來講話，他聲稱組織犯罪並未介入賭場營運，也預測暴力事件在幾週內就會終止。何鴻燊早先曾抱怨澳門司法機關對幫派份子太過寬鬆，呼籲恢復死刑；不久前他才和澳門及中國當局簽立一紙協議，准許他的澳門旅遊娛樂公司在主權移交後，仍有權經營賭場至二〇〇一年。

何鴻燊的預言並不準。總督府門外發生炸彈爆炸事件；汽車遭人以汽油彈引爆；即將開張新賭場的新世紀酒店門外，三名工人遭槍擊。十月十九日，凱悅酒店門口兩名男子在槍戰中喪生；一星期後，據聞是十四K要角的梁國宏（Leung Kwok-hung，音譯）在他住所的一樓大廳被人殺死，死者手中緊握著他的汽車鑰匙。一名年老的管理員也送了命。

此時澳門的市況已經糟到無以復加的地步。旅遊業下降百分之二十三，有些飯店住房率僅有百分之二十。美國國務院和澳洲外交部都警告國民不要到澳門旅遊，有些外商公司也撤資走人。外國新聞媒體把澳門比擬爲「東方芝加哥」、「九〇年代的卡薩布蘭加」，不過，若是把它稱做「新上海」，或許還更貼切。居民晚上不敢出門上館子吃飯，深怕子彈不長眼睛，被黑道槍戰流彈打中。平常營業到夜裡十點鐘的商店，現在也提早打烊，收入大減。計程車司機天黑後的生意掉了三分之二。連妓女也大嘆「等嘸人」。

澳門立法會趕緊通過一項嚴格的反黑法案，承諾嚴拏暴力犯罪份子。這項新法案取代了一九七八年的舊法，界定何謂「三合會」組織，明訂謀殺、媒介賣淫、綁架、搶劫和勒索等十九項罪行，都在查辦之列。在此之前，加入黑幫一向不算違法，但今後可判處三年有期徒刑；若查明身居幹部要職，最高可處十二年有期徒刑。外地黑道不准入境，任何黑道份子若出面舉發上級，可得到警方保護。

中國公安部門已和澳門警方就若干議題進行合作諮商，加強邊境巡防，並提議協同處理海上巡守、旅行證件驗證及交換情報等問題。有些澳門觀察家認爲，與黑道掛鉤的中國官員躲在幕後煽動這些暴力事件，擾亂當地治安。因爲，依據中葡移交協議，中國必須放手讓澳門自己管轄警力；如果澳門警力不足以維持治安，就得向中國求助。因此，北京當局有藉口介入，俾便全面掌控澳門。然而，此一說法的眞實性，仍未有證據可資證明。

黑幫火拚似乎已經過去，現在的狀況是，澳門黑道似乎回過來埋首賺錢，只要何鴻燊繼續保住賭場經營特權，就可和他共榮共存。一般認爲，澳門主權在一九九九年回歸之後，將是三合會、中國貪官和公安人員共治的局面。有些觀察家認爲，今後十五年的澳門將會如同一九二〇、三〇年代的上海一般，在一個有魅力、善權謀的二十一世紀杜月笙掌控下，成爲一個不平等之罪惡淵藪。十四K龍頭崩牙駒會不會是這一號人物，還有待觀察。這個野心因他在一九九八年五月遭到逮捕而有了些許挫折。澳門司警局局長白德安（Dr. Antonio Marques Baytista）出門慢跑，停在附近的座車卻遭人投彈炸毀。事後，崩牙駒在葡京酒店遭到逮捕，被控數項罪名。可是，崩牙駒說不定仍有機會全身而退。他被捕之後，收押他的看守所副主管荷西．徐（Jose Maria Hui）就因害怕會受報復而旋即辭職；公安局情報部負責人魯連可（Jose Lourenco）中校也宣布辭職，據說，他奉令出庭作證，嚇得辭官走人。（編按：後來崩牙駒被判十八年徒刑，出獄時年近六十。）

在世界上其他地方，華人黑道活動據信還不顯著——至少目前如此。華人黑道雖然從墨西哥把毒品和非法移民偷渡送進美國，過去也協助當地毒販解決技術問題，中美洲大體上還算沒事。雖然華人洗錢者在境外金融中心活躍，加勒比海算是沒有見到他們的犯罪蹤影。華人黑道與南美販毒組織做生意，現在已經曝光。哥倫比亞的古柯鹼大亨近年來除了古柯鹼，也兼種罌粟，現在接受華人黑道煉毒師傅傳授技術，生產海洛因，華人黑社會伸張勢力進入拉丁美洲，會有多成功，還有待觀察。

第五章　舊皇帝，新帝國

隨著香港在一九九七年回歸中國，全球擔心三合會將放棄傳統根據地，變成一個經過整合的全球性組織，不過整個一九八〇年代，三合會出走潮似乎沒有發生。因爲「中英聯合聲明」及「基本法」保障了香港五十年的穩定，香港除了政治形勢有所改變之外，其他幾乎沒什麼異動。

接著在一九八九年發生天安門事件。中國過去曾把毒販、貪官以及開設妓院和侵占公款的不法份子處決。如果中國當局派出坦克來鎮壓支持民主運動、手無寸鐵的學生，那麼不免有人擔心，他們會使出什麼方法來對付罪犯？這種惶恐在香港赤柱監獄最能感覺得到。在那裡，因販毒入獄的囚犯開始擔心，只要英國政府一走，他們就會被拉出去槍決。獄警完全不理會他們的憂慮，爲了穩定情緒，許多犯人開始唱歌，並探聽各種刑事情報。

三合會份子並沒有逃離香港，他們以比較理性的角度來看待香港主權移交。三合會的出走潮可能因而延後。畢竟將來不會有什麼改變：警察、廉政公署及海關人員都維持原狀。香港的經濟蓬勃發展，而且可能會繼續維持繁榮，所以對於犯罪企業來說，這裡依然充滿了機會。此外，中國本身也在發展。

自從一九八五年以來，中國在鄧小平朝市場經濟邁進的激進自由化改革下，已經出現明確而且無法逆轉的改變。毛澤東的《毛語錄》、中山裝、激勵工人的進行曲和單調的藍棉褲都已經消失無蹤。農民換上牛仔褲種田，女性上班族則穿著迷你裙，風姿綽約地走在廣州街頭。老一輩的人照常打麻將，年輕人則到卡拉OK唱歌，或到電影院看動作片，而不是看政治掛帥的電影。西方的搖滾樂仍然讓人聽了皺眉頭，而青少年也不需要西方的搖滾樂，因爲他們有自己的流行音樂。農民在市場上販賣自己耕種的產品，賺取利潤。因爲文化大革命而被遺忘多年的祖墳，此時已經翻修，廟宇也恢復生氣。另外，國有企業已經民營化，工廠開放外商投資。資產階級不再是受到打壓的賤民。

生意繁榮的地方也是犯罪的溫床。從一九九三到九五年，中國的暴力犯罪增加百分之十六，搶案增加百分之十五，詐欺案件更激增百分之二十七。單單在深圳，犯罪率就躍升百分之六十六，其中妨害社會善良風俗的案件驚人地成長了百分之九十二。這些犯罪大多與三合會有關，或是由三合會唆使的，因爲三合會在中國日漸活躍。有幾項因素助長三合會在中國的發展。第一，中國的失業問題嚴重，估計有三億人口沒有固定工作。這些心懷不滿的社會流動人口提供了理想的犯罪勞動力。那些沒有加入三合會及其他幫派的人，成了最好的剝削對象。第二，中國社會蠢動不安，這種亂象正好爲犯罪行爲提供掩蔽。第三，中國貪污橫行，沒有用錢買不到的東西：從取消違規停車罰單，到購買中國的攻擊用步槍，有錢都可以辦到。第四，由於推行民營化，「愛國派」企業家及獲准設立自家公司的政府部門，皆有投資的機會。公安局、司法部和人民解放軍都透過無孔不入的資本主義開始做生意賺錢，其中人民解放軍尤其積極，投資項目林林總總，例如職業籃球隊，還有在中國國家航空公司進行合理化改革時創立的區域性航空公司。

現在的中國，一如過去的北美及歐洲，正蘊藏著空前龐大的潛力及機會。

在深圳，三合會控制可觀的不法勾當，建立的賭博及毒品帝國在中國南部快速擴展，東南沿海的勢力往北延伸到上海。公安局消息人士指出，在深圳活動的許多幫派，包括沙頭幫、飛鷹幫及飛洪幫，這些中國犯罪組織聽命於香港三合會。在廣西，一個名叫「騎兵師」的幫派以梧州及南寧爲地盤，坐收保護費，兼營軍火走私生意。公安局以前都不談中國的組織犯罪，現在提到中國黑幫會，則用「類似黑手黨性質的組織」來形容。

隨著中國吸毒成癮的人數快速增加，四川及雲南目前大規模種植罌粟的情況爲一九五一年以來首見。在貪官污吏默許下，偏遠地區製造海洛英，由來自香港、台灣及泰國的潮洲黑幫勢力轉運販賣。除了販毒，這些人常常偷渡非法移民進入香港。儘管香港主權已經移交，爲了避免經濟移民從中國湧入香港，中國與香港之間的邊界依然關閉。他們也走私香菸，大量進行仿冒、盜版，並繼續行之有年的走私中國古物不法勾當。他們不只走私小件的藝術品，整組家具都可以小心拆解，再藏進布包或米缸中，然後神不知鬼不覺地偷運出境。在廣州，他們與軍方掛鉤，軍方資金介入的生意，黑白兩道都有。中國貪污盛行，手中滿滿外幣的三合會忙著到處送紅包、建立關係，收買每一個能夠買通的官員。

就如同蔣介石、杜月笙和黃金榮的年代，黑社會正在向政府靠攏。在鄧小平年老昏憒以前，曾數度稱三合會是愛國份子。他曾當著眾人的面說，三合會的人大多是好人，只有少數是壞份子，而且那些壞份子也沒有外界說得那麼壞。他甚至認爲他們是炎黃子孫。這種說法無異於認同他們謹守中國傳統。鄧小平的子女及近親若干人訪問香港時，不只一次接受三合會大哥級人物的酒宴款待。公安部長陶駟駒也曾呼應鄧小平的話。他在一九九三年對新聞界說，三合會愛港愛國，因此我們要歡迎他們，團結他們。此外，他還感謝三合會在一次國家領導人出國訪問時，派人嚴加保護。外界盛傳，他其實已經加入三合會，如果傳言屬實，他可能是加入中國最活躍的三合會組織「新義安」。

中共資深官員，也是前中國駐港外交官黃文放曾經公開表示，在一九八〇年代初期中國政府曾與香港三合會有過一項祕密協議，大意是說，在香港主權移交之後，只要他們不製造政治動亂，大家就可相安無事。中國政府的政策就是不與三合會爲敵。外交圈流傳一種說法：三合會有時會被要求代表中共的特務機關執行「濺濕工作」（暗殺任務），類似以前他們爲國民黨所做的。十四K就曾協助中國綁架兩名「遭通緝」的人士。一九九三年他們從澳門綁架澳洲籍華裔商人彭建東到深圳受審。彭建東在深圳涉嫌詐欺遭到追捕，後來被判刑十八年。不過他犯的罪似乎不是詐欺，而是他得罪了一個事業合夥人，這個人正是鄧小平的姪女。一九九五年，他們用類似手法綁架北京市委書記陳希同的情婦李慧。她從香港被強行帶回北京，希望她能鼓勵她的愛人坦白承認犯下貪污罪。在香港主權移交之前那幾年，三合會成爲新華社的間諜機構。新華社是中國官方新聞社，香港分社實際上形同中國「大使館」。香港的和安樂（水房）爲中國人民解放軍總參謀部第二部效力。中國總參二部相當於美國的中情局。

中國政府姑息黑幫勢力終究會帶來災難。中國犯罪學家估計，一九八六年中國參加組織犯罪幫派的人數有十萬人，到一九九四年激增至五十多萬人，現在這個數字可能高達一百五十萬人。公安局資深調查員李孫茂把這種現象歸咎於官員貪污腐敗，以及鄉村農民往工業城市移動，尋找工作機會。違法被捕的人當中，超過百分之七十五是想到大城市工作卻被幫派吸收的農民。然而，官員貪瀆手法不是只有收賄一種。一九九四年河南虞城縣公安局掃蕩一個敲詐勒索、操縱村里委員會和當地企業的黑幫。這個幫派成員有六十九人，幫派首腦何長利最後「坐擁」整個利明鎮，其實他就是官派的利民鎮副鎮長。

三合會在中國已經闖出一片天，這可以從香港新義安最近交出亮麗的成績單看出來。新義安在廣東站穩腳步，甚至在廣州自立門戶，設立一個名叫「黑太陽」的社團。新義安以社團的名義，多年來投資香港娛樂休閒事業，經營許多高級夜總會，九龍尖沙咀的「中國城」就是其中之一。香港警方表示，新義安對於自己的地位深具信心，一九九五年還在「中國城」夜總會舉行入會儀式。他們投資夜總會的地點不局限於香港，現在已經延伸到內地。深圳的百老匯夜總會及北京大型的「演歌台」，就是他們與陶駟駒合夥經營。在上海，他們與公安局資深官員合開「上海紳士俱樂部」。這是一家嚴格挑選會員的高級妓院，專爲共黨官員提供性服務；諷刺的是，這家俱樂部座落的大樓，曾經是杜月笙的辦公室所在地。新義安與公安局官員在海鷗酒吧及上海賓館的持股比例也各占一半。他們合資的事業還包括位於廣州的多家電影院。此外，公安局開設了另一家高級妓院「保密俱樂部」。

這中間一直存在一個矛盾的狀況。三合會涉及毒品買賣理當剷除，可是屬於三合會的社團居然獲得官方認可。貪污猖獗，農民成爲組織犯罪的打手，各堂會山主及貪污腐敗的官員坐收漁利。雖然中國政府在一九九六年鄭重宣布發起打擊犯罪及肅清貪污的「嚴打」運動，但情況似乎與帝國時期相差無幾。一九九八年起，中國政府開始以鐵腕對付組織犯罪份子，厲行重點打擊行動，並高調審判，犯罪者被處決或判重刑，但能否收遏阻之效，有待驗證。許多觀察家認爲這只是在做表面工夫，做得太少，而且爲時已晚。

*

中國官員爲了化解陶駟駒稱三合會愛國的言論，曾於一九九六年做出保證，在香港政權移交之後，三合會在香港將無立足之地。然而就像在中國一樣，三合會的犯罪活動在香港特別行政區這個最新的迷你省分，也逐漸得到寬恕。

香港經過英國殖民統治後，三合會勢力逐漸壯大，組織犯罪也層出不窮。雖然沒有直接公開的脈絡可循，可是三合會的後代子孫及其盟友，在政壇取得相當可觀的權勢，這種說法在媒體間廣為流傳。一九九七年北京在香港設立「臨時立法會」，主席是范徐麗泰。她出生於上海，一九四九年共黨戰勝前，隨同父親徐大統逃到香港。在英國殖民統治之下的香港，她被英國委任為立法局議員，並獲英國女王頒贈大英帝國司令勳章。一九九一年她極力支持「權利法案」，認同英國試圖在香港主權移交協定中增加這項法案，讓香港在一九九七年回歸中共前擁有民主政治的樣貌。不過，次年她的政治立場丕變。外界盛傳，她的父親不只是一名成功的上海商人，同時也是青幫中大哥級的人物，不過這種傳言從未獲得證實。甚至還有人說，范徐麗泰本人是杜月笙的後人，當然這很可能是政治上的惡意中傷。

范徐麗泰夫婦與英皇集團前主席楊受成在工作上關係密切。范徐麗泰的丈夫曾擔任該集團的查帳員，而范徐麗泰自己也曾在英皇集團任職，數年後赴加拿大照顧生病的女兒，後來她還捐腎拯救女兒的性命。楊受成是個中年多金的潮州商人，他創立的英皇集團在中國有大量的投資。他出手闊綽，曾在一九九四年付出一千七百萬港幣的高價標下象徵吉利的「九號」車牌，但也官非不斷。一九八〇年，香港皇家賽馬會一名職業騎師被控傷人，身為同一個賽馬會會員的楊受成試圖勸阻原告指證該名騎師，而吃上妨礙司法公正官司，遭判刑六個月。六年後，他非法經營賭博事業，被判處緩刑。他在一九九四年被控恐嚇及非法禁錮一名前雇員，可是當案子開庭審理時，檢方的目擊證人完全失憶，而被害人林義鈞也聲稱太害怕無法作證，結果檢方起訴失敗。法官在駁回這件案子時表示，他不確定正義是否已經獲得伸張，香港媒體則同聲痛批這種突然集體失憶的現象。次年三月，美國聯邦眾議員索拉茲（Stephen J. Solarz）原本積極爭取出任駐印度大使，但他與楊受成往來密切的消息曝光後，被要求主動退出。索拉茲極力為楊辯護，不過，外傳美國駐港總領事傳遞給他美國政府的機密情報顯示，楊受成確實有黑道背景，他只好放棄爭取。

一九九七年初，楊受成的集團取得外匯買賣的執照，可是管理機關「香港證期會」開出的條件是，楊受成與他的兩名兄弟皆不得涉入。儘管楊受成矢口否認加入三合會，但有關的各種指控，全都是廉政公署及警方調查得到的結果。

楊受成恐嚇林義鈞的案子還有內情。那次香港警方花了三天時間才將楊受成逮捕。楊受成根本沒有藏匿起來，原來是因爲逮捕他之前必須先取得層峰許可。中國國家主席江澤民與楊受成的會面，因爲楊受成被捕而被迫展延。

楊受成與中國政治高層的淵源要從一九八九年說起。那年發生天安門廣場大屠殺，導致中國陷入國際孤立，當時中國急需朋友，也是對北京下工夫的最好時機。楊受成開始砸重金在中國進行投資。一九九二年冬天，英皇集團與一家中國司法部附屬公司合資設立中國第一家民營銀行。一九九三年六月，司法部收購英皇集團八千四百萬股股權，成爲集團內僅次於楊受成的最大股東。楊受成在中國密集投資生意，並與中國高層往來，藉此證明他與三合會沒有關係。他的論點是，如果他是幫派份子，中國人不會與他打交道。無論如何，他的政治盟友還是無法一手遮天：一九九八年，楊受成坦承內線交易，被判罰款兩千零六十萬港幣，同時，兩年內不得擔任上市公司董事。

不管事實眞相爲何，如果有犯罪前科的商場大亨在中國能夠如此吃得開，那麼三合會勢力有多龐大，可想而知。

*

受三合會威脅的國家不僅限於中國。在鄧小平推行改革時期，三合會利用工廠民營化的機會，另闢新的犯罪管道。他們之前已經成功盜版電腦軟體、仿冒手錶、僞造信用卡，現在他們幹更大的買賣，其中一項就是仿冒飛機零件。所有飛機零件的製造都很精密，且大多需要個別取得檢驗合格證書：波音七四七飛機所用的零件，無一不是波音公司生產的眞品，也必定會經過嚴格的品質測試。仿冒的飛機零件使用低於標準的金屬原料製造，有些甚至還附上僞造的合格證書，儘管造得看似很耐用，卻容易發生故障。目前僞造的飛機零件只在中國流通，可是航空業界分析師憂心，這些零件流入全球市場只是遲早的事。

冷戰結束，中國除了需要維護國內安全之外，沒有必要維持那麼龐大的軍隊，因此軍隊勢必會裁減。那些退下來的軍人雖然失業，但擅於作戰，就成爲三合會吸收入會的最理想對象。此外，中國各地的軍火庫現在有一部分是多餘的。軍火失竊（或是被貪污的軍官盜賣）事件接連發生，這些槍械有的被犯罪份子及中國國內的三合會拿來做爲犯案工具，有的被運到國際軍火市場買賣。

藥品則是由毒品及仿冒品所分出來的一種高風險生意，其潛在利潤非常豐厚。在第三世界國家，專利藥品常常是一劑一劑散裝販售，盒裝藥品拆開零賣，既可獲取最大利潤，又能滿足窮人的需求。西方人會買一盒阿斯匹靈，擺在架上備用，但中國貧窮農民一次只會買三顆藥丸，不會只因爲一次頭痛，就把錢綁死在一整盒西藥上。多年來三合會採購西藥，貨源常常來自香港藥劑師丟棄的過期庫存，再到中國境內以劑爲單位銷售，或輸出到貧窮國家，尤其是非洲東部及中部國家。現在他們正開始自己製藥，品牌名稱與西藥雷同，以提高身價，例如：西方有Glaxo（葛蘭素），他們有Klazo。有時，這些藥品只是一種安慰劑。

除了海洛因及假藥之外，三合會還參與遠東地區的「設計師藥」（編按：興奮劑、迷幻藥等非法合成的藥物）交易。日本黑道長期製造一些日本人休閒時愛嗑的安非他命，最近他們已經開始製造「冰毒」

（甲基安非他命），而三合會也在中國採購或製造這種藥物。在香港及新加坡的夜總會和狄斯可舞廳，冰毒不難取得，除了冰毒之外，還可買到三合會製造的快樂丸，以及泰國或菲律賓種植的大麻。這些大麻透過三合會走私入境，有時日本黑道也涉入其中。

*

三合會與日本黑道淵源深厚。日本黑道是由一群祕密團體結盟而成，他們不只作姦犯科，歷史上他們屬於極右翼，涉及恐怖主義、政治貪瀆，政治立場極端。在一九三〇年以前，他們的活動範圍以日本為主，可是隨著日本擴張主義壯大，便往海外日本占領區發展，在這過程中常常與三合會互通有無。三合會販賣鴉片給他們，並提供女色，協助他們在一些國家有系統地掠奪當地的國家銀行、富商、宗教組織及非法社團。日本黑道在諱莫如深的億萬富豪兒玉譽士夫的帶領下，與日軍聯手聚斂有史以來為數最多的寶藏，即所謂的「山下奉文寶藏」，包括大量的黃金、寶石及其他貴重金屬，於一九四四到四五年間被埋在菲律賓，其中三分之一已經被挖掘出來，大多被菲律賓前獨裁者馬可仕私吞。一般認為，馬可仕已經利用香港三合會將部分寶藏拿到黃金市場拋售變現。

如今，只要是日本僑民居住的社區，就一定有日本黑道存在，尤其是夏威夷及加州。日本黑道與三合會有所接觸在所難免，但兩者勾結有多深則無法判定，不過在香港已經有案例可以證明兩者關係匪淺。一九七八年日本黑道有數名成員因為透過香港十四K輸入安非他命，而被日本警方逮捕。此外，一九八五年日本黑道從檀香山運出的一批安非他命及海洛因被查獲，三合會組織十四K被發現與這批船貨有關聯，日本黑道之前曾經傳授十四K如何在香港自行製毒。在台灣，日本黑道與台灣幫派份子往來密切，反共是他們的共同立場。如今他們正在建立更密切的合作關係，未來令人憂心。

＊

台灣政府正試圖擺脫黑道的牽扯，努力與黑道劃清界線。最近台灣警方一篇報告指出，台灣兩千一百萬人口中已知有幫派份子逾萬人，六年來犯罪率躍升百分之八十。台灣全國社會治安惡化，組織犯罪團體已經滲透進商界與政界。第二篇報告則說，與黑道關係友好的政治候選人會用暴力脅迫的方式爭取支持，而且貪污使得工程品質受損。典型的例子就是幫派份子威逼利誘官員把農地變更爲工業、商業或住宅用地，從而使土地價格三級跳。這篇報告進一步概述靠借據借貸的地下錢莊網絡，並描述台灣人民涉入國際毒品走私等不法勾當的細節。

一九九七年春天，台灣政府發起「幫派解散登記」，幫派份子只要在六十天內自首，一律既往不咎，結果有七分之一的幫派份子向警方自首，總共有一千五百二十八人決定脫離幫派，其中包括竹聯幫「天堂」堂主王國慶，以及四海幫副幫主董克誠。王國慶一語道出許多道上兄弟的心聲：「我只是想要丟掉身爲江湖中人的十字架，好好做個正常的生意人。」不過，許多觀察家認爲，這次寬大處理只是讓幫派份子有機會將自己的犯罪行爲合法化。

在台灣有四大黑社會組織，除了四海幫、竹聯幫以外，還有天道盟及松聯幫。四海幫、竹聯幫、天道盟等幫派正在籌組政黨，由於台灣法律並未禁止黑社會組織組黨，所以可能攔阻不了他們。他們希望合組一個伸張正義的聯盟，爲政府打擊組織犯罪行動提供建議，而且他們在台灣境內及海外都有勢力龐大的盟友，日本最大的黑社會組織「山口組」是其中之一。「山口組」在一九九六年七月派代表來台參加高峰會議，與會者包括黑道大哥及認同黑道的民意代表。一旦「聯合正義」聯盟成立，台灣將成爲全世界第一個擁有合法立案之組織犯罪政治聯盟的國家。

*

在白領犯罪方面，三合會的手法日益純熟。舉例來說，有些三合會成員可能被形容爲受過高等教育、樂於學習但誤入歧途的雅痞。他們的前輩在二十年前製作僞鈔，現在他們僞造有價證券憑證、債券及股票。他們坐在桌前，可能在做內線交易，透過股市洗錢，或是策畫一樁保險金詐騙案。他們詐騙保險金的行爲可說是極爲大膽創新。比方說，有一棟大樓可能虧損或是太過老舊，需要重新開發。大樓的主人就請來三合會縱火。事成之後，樓主可以領到一筆保險理賠金，三合會也可以抽成，而且因爲有這把火，他可以與三合會合作重建大樓事宜。此外，從香港運出的船貨在海上離奇「消失」。有時是連船帶貨全部「失蹤」，可能是在波濤洶湧的海浪中沉沒，或是被來去匆匆的颱風掃到。但數年之後，這艘船又會懸掛新國旗、換新名稱出現。

銀行安檢嚴密以及遠東金融市場的不確定性，導致一些三合會組織往外分散風險。由於他們無法像杜月笙當年在上海那樣有效地滲透銀行，現在他們把錢存放在境外天堂，如巴哈馬群島，以預防通貨膨脹。他們並成立許多空殼公司，以免受到亞洲四小龍經濟動盪拖累。亞洲四小龍經濟動盪多半是貪瀆造成，這種貪瀆現象三合會要負部分責任，如今他們把錢移往其他還算穩定的金融市場，卻還說未來如何難以預料，眞是諷刺。

三合會新的犯罪勾當之一是網路犯罪。網路犯罪的獲利可能與販毒一樣可觀，可是幾乎沒有任何風險。由於他們動手腳的對象是國際商業活動所倚賴的電腦，利潤更爲驚人。網路犯罪始於一九七九年代，那時只是簡單的駭客入侵。電腦的通關密碼可以透過電話線路迂迴取得，只要在電腦鍵盤上按幾個鍵，資金便能在瞬間非法轉移。這是不用炸藥、不用破解銀行保險庫密碼的銀行搶案。後來電腦軟體工程師及時研發「防火牆」程式及系統，防堵駭客非法進入電腦網路的敏感區域；「防火牆」每天更新，甚至每小時更新，幾乎滴水不漏。如今，非法入侵電腦已經過時，由新興的「阻斷服務攻擊」取而代之。

「阻斷服務攻擊」是十分祕密的犯罪活動。執法機關對此三緘其口，金融公司唯恐客戶失去信心，也拒絕承認曾遇過網路強盜。這項犯罪涉及最尖端的軍事武器及電腦科技程式。阻斷服務攻擊的方式有三種：高強度無線電頻率（HIRF）槍、電磁脈衝（EMP）砲彈及邏輯炸彈。HIRF及EMP這兩種武器都曾在波斯灣戰爭中使用，目的在癱瘓伊拉克通訊系統及航空電腦。它們沒有反坦克火箭筒大，但能「發射」強大電子火力來破壞電腦線路，甚至可以摧毀數百公尺外的硬碟。邏輯炸彈是一串軟體程式（類似電腦病毒的小程式），只要利用電話啓動或預設日期一到，就能「鎖住」電腦系統，讓硬碟內的資料加密無法進入。電腦被非法入侵之後，公司就無法取得電腦儲存的業務資料，這時駭客就聯絡電腦系統所有人要求贖金，以交換解密代碼。有時只要恐嚇將發動阻斷服務攻擊，就能迫使被害人花錢消災。事實上，這根本是二十一世紀的勒索保護費。

目前無法確定是否有華人犯罪份子涉入阻斷服務攻擊，也不清楚三合會是否參與其中，可是一直有報導說，三合會獲得前羅馬尼亞安全局特工的協助，與前蘇聯國安會官員勾結從事阻斷服務攻擊活動。無論眞相爲何，三合會已經擁有或取得這方面的電腦專業知識，要進行這種高獲利而且防不勝防的犯罪不成問題。許多人相信，將來三合會的涉入會更深。

在網路犯罪方面，三合會可以說充分利用無遠弗屆的網際網路。他們在網路上架設許多色情網站，所有國際生意從毒品交易到經營地下錢莊，都用電子郵件通訊聯絡。他們發出的電子郵件只要使用PGP之類的加密軟體保護，就能高枕無憂。即使郵件在傳送途中被人攔截，因爲有加密技術保護，也無法解讀。

最近三合會做的買賣範圍擴大，他們與國際戀童癖集團搭上線。這是從偷渡非法移民延伸出來、泯滅人性的生意，對三合會是新的嘗試，但讓一些觀察家跌破眼鏡。中國人向來很看重孩子，雖然有買賣小妾及妹仔的情況存在，但虐待兒童的案例在中國社會比較罕見。不過對三合會來說，錢重於一切。

三合會提供的小孩是從中國綁架、向貧窮人家購買，或是從孤兒院領出來的。然後這些孩童被交給中間人，通常是女性，她的護照上記載被害人是她的子女。她與被害人搭機飛往莫斯科或聖彼得堡，再繼續轉往德國或荷蘭。移民局官員根本看不出破綻，因爲「母親」的護照上清楚寫著那是她的小孩，而且在沒有受過訓練的西方人眼中，他們看起來就是母子或母女。一飛抵歐洲，這些孩童就被賣進戀童癖集團，後來怎麼樣就不知道了，因爲三合會接觸這門買賣的時間並不長。這些孩子大概被囚禁起來，淪爲性奴隸，一段時日之後也許被抓去拍片當「明星」，在玩殺人遊戲的影片中變成獵物被活生生殺死，不然就被推入火坑賣淫。

*

削弱三合會組織勢力，對每一位執法和立法人員都是勇氣的考驗，而其中最基本的反制行動，就是從破壞三合會召募新血下手。容易被江湖義氣迷惑的年輕人成爲勸導的首要目標，武術館及類似的年輕人社團受到當局監視，街頭幫派則遭到瓦解。不過，防止年輕人加入黑社會有其困難度：警方要對抗年輕人的同儕壓力，加上電影中描寫的幫派份子威風八面，對叛逆的都市年輕人來說，實在是難以抗拒的誘惑。

另一個有效的對策，是明文規定加入幫派觸犯刑事罪，即使是被動入會也不能免責，再搭配適當的懲罰措施，拘禁不是唯一辦法。許多國家有各種取代拘禁的替代方案，其中包括查扣資產、課徵高額罰款及驅逐出境。不過這並不能削弱三合會的意志：三合會是華人組織，對他們來說，不經一番寒徹骨，焉得梅花撲鼻香？將幫派份子送交管訓是一個選擇，不過效果不彰。三十六條誓詞對三合會組織成員發揮強大的影響力。

監控三合會一定要分工明確，香港警方有此體認，導因於一九七六年一篇祕密報告嚴重錯判形勢，促使警方在一九八〇年代中期分階段提出明確的因應措施。香港警方除了擁有一般完整的單位編制，處理刑事情報與妨害善良風俗、交通、兇殺等案件，每個警察管區都設有三合會調查單位，彙集有關資料向中央「有組織罪案及三合會調查科」報告。由於三合會等組織犯罪問題十分嚴重，「有組織罪案及三合會調查科」分成四組，每組負責處理特定的犯罪行爲。A組處理汽車犯罪，這涉及失竊汽車被偷渡到中國的案件。B組處理槍砲彈藥交易、三合會介入電影事業，以及與台灣警方聯繫有關幫派問題。C組負責與槍砲有關的重大刑案及白領犯罪。D組則與中國公安局保持聯絡。整個「有組織罪案及三合會調查科」則隨時與其他可能接觸三合會相關犯罪的單位聯繫，如：刑事情報科、商業罪案調查科及反毒罪案調查科，從而做出全面的研判，再協調警方行動，其他國家紛紛仿效此一架構，成效卓著。

警方滲透進入黑社會組織是最理想的狀況。所有警察一定想出千方百計，除了臥底，還用竊聽器及竊聽電話來打探消息。畢竟蒐集三合會組織核心的情報是基本工作。這些措施難免會侵犯民權，可是不得不這樣做，因爲打擊組織犯罪的行動不能有迴旋的空間。警方絕對不能宅心仁厚。三合會手段非常凶殘，

「三振出局」政策行不通：只要初犯就一定要判重刑。判重刑不只是一種懲罰，更會讓他們顏面掃地。其他罪犯會把失風被捕看成職業風險，不以爲意，可是對三合會弟兄來說，這可是失敗的標記，會被道上兄弟及被害人瞧不起。對警方來說，這也許是懲治三合會份子的獨特法寶。

華人社區居民普遍不願意得罪三合會，如何讓民眾勇於出面指證是更艱鉅的挑戰。在法院開庭審理三合會罪案時，目擊證人會有失憶或不到庭的傾向，畢竟，被控藐視法庭比起被亂刀砍死根本不算什麼。當被害人的子女可能被綁架或性侵時，檢警單位以公民責任勸說，但成效不彰。可是還是有辦法可以反制三合會對被害人的控制，譬如「證人保護計畫」就非常有效。這時需要委請彪形大漢出馬，一九九七年在紐約及倫敦的雇用價格，分別只要兩百美元和兩百五十英鎊。保護證人非常重要。警方的眼線及告密者，尤其那些決定轉爲污點證人的三合會份子也需要保護。即使污點證人與檢方達成認罪協商，仍會被短期羈押：變節者以前的道上兄弟會翻遍牢房找他報復。另一個辦法是引進美式大陪審團制度，證人可以交換免起訴處分。這些辦法的缺點，當然是得付出金錢的代價，然而最後的分析發現，鼓勵社區居民不畏黑幫勢力的最好辦法，就是警方有效監控。一旦三合會逍遙法外的神話被打破，鼓舞的力量就會加強，弱肉強食的惡性循環隨之宣告瓦解。

另外，有必要爲黑幫犯罪量身訂做法律。立法杜絕賄賂及敲詐勒索至爲重要，由於幫派犯罪的根本源頭是貪污，類似美國「反犯罪組織侵蝕合法組織法」（RICO）那樣的法律不可或缺。RICO成功掃蕩義大利裔黑幫集團，經過修訂的新版條文，對於對付組織犯罪集團也獲得很高的評價。根據這些法令，當局可以查扣資產，不只犯罪者的財務狀況遭調查，連其朋友、甚至親戚都一併清查，還可以判處重刑，以及課以高額罰款。儘管這類法令在美國已見成效，可是其他國家不是沒有相關立法，就是仍在催生階段。此外，比照香港模式，把加入黑社會組織列爲刑事罪的國家出奇地少。譬如，在英國加入黑幫就不是刑事罪，此一立法上的瑕疵是可以解決的，而且應該快速付諸實現。

雖然各國都有打擊境內黑幫犯罪的相關法令，但目前仍缺乏具體的國際性法條。有效防制國際毒品走私的法令確實存在，不過世界各國並沒有展開全面防範犯罪活動的協調合作。三合會至今仍然活躍，不單是因爲它本身詭計多端，敵人如一盤散沙，也難辭其咎。

國際社會普遍不願意承認幫會的潛力。太多政府視黑幫是地方性的問題，認爲他們只不過是一群敲詐勒索餐廳老闆的混混，因此就地處理即可。可是除了毒品之外，黑幫還牽扯更多非法活動，大家常常忘記黑幫已經不再是昔日混跡街頭的一群流氓。他們擁有專業技能、組織及意志力，能夠破壞任何國家安定的商業架構，他們也可能操控股市。

許多政府裝迷糊，對三合會及國際組織犯罪抱持駝鳥心態。三合會及國際組織犯罪存在是不爭的事實，許多國家並沒有採取遏阻行動。官方在處理這個問題上所用的經費及資源不夠充裕，相較之下，三合會擁有的財力與物資支援幾乎源源不絕。

各國政府一定得將組織犯罪列爲優先處理的重大事項。已開發國家必須掃黑來維持社會安定，而開發中國家必須防範組織犯罪的威脅，以免貪污阻礙了國家的進步。聯合國現在愈來愈有同感。一九九四年底，聯合國召開一項會議，探討「跨國界」組織犯罪問題。當時的聯合國祕書長蓋里（Boutros Boutros-Ghali）在會議上作出明確宣示。他說，國際性組織犯罪對世界和平及人類安全是一大威脅，並強調有必要成立一個國際刑事管轄單位。爲了達成這個目標，隸屬聯合國的「國際法委員會」奉命處理國際犯罪問題，並考慮在聯合國的支持下設立一個永久性刑事法庭，目前這項構想仍在討論階段（編按：「國際刑事法院」已於二〇〇二年正式成立，且獨立於聯合國之外運作，主要審理戰爭、種族滅絕、違反人道及侵略等罪行）。蓋里下結論說：「我相信，今天還有許多工作要做……現在有必要協調各國，發展出國際性方案。在協調時，各國一定要調配手中可用的資源對抗跨國界的犯罪，包括法律面及實際應用面。」他補充說，對聯合國會員國來說，分享犯罪情報，加速跨國調查，提供法律及技術支援給缺乏適當執法系統的國家，以及訂定刑事引渡雙邊協定，都勢在必行。

只靠警方的力量對抗黑幫勢力已不再足夠，黑幫的威脅現在值得情治單位等類似機構注意。美國已經指示中情局蒐集組織犯罪的情報，不過中情局有時還是會爲了達成自己的目的而與黑幫合作。英國負責國內安全情報的「軍情五局」（MI5）現在也會聯合其他的特務機關，好比南非的國安局及其他西方國家的安全單位，共同打擊組織犯罪。各國海關與警力互通消息，處理利益攸關的問題。美國財政部轄下的金融犯罪執法網路證明在監控及防堵方面頗有成效。歐洲各國政府仍籠罩在冷戰帶來的不安全感之中，正開始仿效建制類似法國TRACFIN、比利時CTIF及英國國家刑事情報局（NCIS）機構；澳洲已經建立自己的一套系統AUSTRAC。不過，各國之間尚未有一致而且具體的全球性合作。

總部設在法國里昂的國際刑警組織（Interpol），於一九九〇年特別設立一個組織犯罪單位，負責研究這個問題，並建立一個犯罪集團資料庫，協調和分析會員國提供的情報，把研究結果分送各國。它就像一個中央情報局，角色非常重要，但它並非如許多人所想的是一個國際執法機構，而國際執法機構正是目前需要的。

一九九三年設立的「歐盟警察組織」（Europol），則爲國際刑警組織的歐盟版。它可以提供必要的國際警力，但總部位置至今尚未確立，其法律地位仍有待各國批准。（編按：一九九五年七月，當時歐盟十五個會員國通過「歐洲警察公約」，成為歐盟警察組織的法源。一九九八年該組織正式成立，總部設於荷蘭海牙。）英國政府因爲新歐元及狂牛症危機等其他問題與歐盟心生芥蒂，遲遲不肯認可相關條約，這使得應該有所作爲的歐盟警察組織陷入政治泥淖。其他國家雖然奉行歐洲共同體的邊界開放政策，但對於跨國逮捕其他國家國民的構想敬謝不敏。一個義大利警察要如何在倫敦逮捕一名比利時嫌犯，至今仍是一個無解的問題。

隨著東歐共產集團瓦解及軍事威脅降低，現在應該是集合力量打擊全球組織犯罪集團的時候，因爲國際組織犯罪集團比敵對的政治體制更爲兇險。軍隊受政治力統馭，受到政治手段約束，幫派則我行我素不受控制，爲了錢可以不顧一切。當幫派介入政治時，所作所爲不問道德，只問利益。

展望未來治安並不樂觀。現在國際間有兩大犯罪集團：俄羅斯的黑手黨及香港的三合會。他們已經攜手合作。傳聞三合會、三合會系統之外的華人組織犯罪份子，以及國際恐怖團體之間都有接觸，只不過是暗中進行。

從國際社會缺乏決心以及三合會行事神祕、組織技巧熟練、手段凶殘及經驗老到等情勢來看，未來實在令人感到憂心。

編號：IN 0043	書名：黑社會之華人幫會縱橫史
姓名：	性別：________ 1.男 2.女
出生日期： 年 月 日	身份證字號：

________ **學歷：**1.小學 2.國中 3.高中 4.大專 5.研究所（含以上）

________ **職業：**1.學生 2.公務（含軍警） 3.家管 4.服務 5.金融
6.製造 7.資訊 8.大眾傳播 9.自由業 10.農漁牧
11.退休 12.其他

地址：__________ 縣（市）__________ 鄉鎮區 __________ 村 __________ 里
______ 鄰 __________ 路（街）______ 段 ______ 巷 ______ 弄 ______ 號 ______ 樓

郵遞區號 __________

（下列資料請以數字填在每題前之空格處）

________ **您從哪裡得知本書／**
1.書店 2.報紙廣告 3.報紙專欄 4.雜誌廣告 5.親友介紹
6.DM廣告傳單 7.其他 ________

________ **您希望我們爲您出版哪一類的作品／**
1.長篇小說 2.中、短篇小說 3.詩 4.戲劇 5.其他 ________

您對本書的意見／
________ 內　容／1.滿意 2.尚可 3.應改進
________ 編　輯／1.滿意 2.尚可 3.應改進
________ 封面設計／1.滿意 2.尚可 3.應改進
________ 校　對／1.滿意 2.尚可 3.應改進
________ 翻　譯／1.滿意 2.尚可 3.應改進
________ 定　價／1.偏低 2.適中 3.偏高

您的建議／

Into 43

黑社會之華人幫會縱橫史

The Dragon Syndicates – The Global Phenomenon of the Triads

作　者—馬丁・布斯（Martin Booth）
譯　者—林添貴、楊明暐
主　編—陳俊斌
編　輯—鄭寧寧
美術編輯—許立人、張瑜卿
執行企畫—洪小偉
董事長
發行人—孫思照
總經理—莫昭平
總編輯—林馨琴
出版者—時報文化出版企業股份有限公司
10803 台北市和平西路三段二四〇號三樓
發行專線—（〇二）二三〇六—六八四二
讀者服務專線—〇八〇〇—二三一—七〇五・（〇二）二三〇四—七一〇三
讀者服務傳真—（〇二）二三〇四—六八五八
郵撥—一九三四四七二四時報文化出版公司
信箱—台北郵政七九～九九信箱
時報悅讀網—http://www.readingtimes.com.tw
電子郵件信箱—history@readingtimes.com.tw
法律顧問—理律法律事務所　陳長文律師、李念祖律師
印　刷—偉聖印刷有限公司
初版一刷—二〇〇六年九月十八日
定　價—新台幣三八〇元
⊙行政院新聞局局版北市業字第八〇號

ISBN : 978-957-13-4536-9
Printed in Taiwan

國家圖書館出版品預行編目資料

黑社會之華人幫會縱橫史／馬丁・布斯（Martin Booth）著；林添貴、楊明暐譯.-- 初版. -- 臺北市：時報文化，2006 [民95]

面；　　公分. --（Into；43）

譯自：The dragon syndicates：the global phenomenon of the triads

ISBN 978-957-13-4536-9（平裝）

1. 天地會

546.92　　　　95016952